中国城乡发展一体化指数
（2017）
以全面建成小康社会为目标

Index of Urban-rural Development Integration in China (2017)
To Build a Moderately Prosperous Society in an All-round Way

朱 钢　张海鹏　陈 方　著

社会科学文献出版社
SOCIAL SCIENCES ACADEMIC PRESS (CHINA)

前　言

本书主要描述 2010~2015 年中国以及各地区城乡发展一体化实现程度现状、实现程度进展和实现程度排序，并对各地区城乡发展一体化过程中的主要短板和存在的主要问题进行评价。

2014 年和 2015 年连续出版了《中国城乡发展一体化指数——各地区排序与进展》，这个指数是在没有设定目标值情境下，测算了以 2006 年为基期的中国及各地区城乡发展一体化相对进程。相对进程测算虽然能够描述可进行地区比较的中国及各地区城乡发展一体化相对水平、在全国的相对位置，以及城乡发展一体化的提升程度，但缺陷是不能准确反映在某一个目标下（如全面建成小康社会目标）各地区城乡发展一体化的实现程度（即实际水平）。

为此，2016 年，本书对反映相对进程的指数指标体系进行了调整，并重新选择测算方法。新的指数以 2020 年全面建成小康社会为目标，以中共十七大明确提出的形成城乡经济社会发展一体化新格局的 2007 年为起点，分别设置上限和下限，测算中国及各地区城乡发展一体化实现程度和进程。2016 年出版了《中国城乡发展一体化指数（2014）——以全面建成小康社会为目标》，测算了 2010~2014 年[1]中国及各地区城乡发展一体化实现程度和进程。新指数与相对进程指数的构建都是基于相同的理论基础、概念框架和指数编制原则，[2] 但是从数据的可靠性、可得性和连续性出发，具体评价指标数量从 58 个减少到 31 个。

---

[1] 对于选择以 2010 年为起点的原因，《中国城乡发展一体化指数（2014）——以全面建成小康社会为目标》（朱钢、张海鹏、陈方著，社会科学文献出版社，2016）的前言部分已经做了说明。

[2] 朱钢、张军、王小映、张海鹏、陈方：《中国城乡发展一体化指数——2006~2012 年各地区排序与进展》，社会科学文献出版社，2014。

本书继续沿用 2016 年出版的指数所使用的指标体系和测算方法，测算了 2010~2015 年全国及各地区城乡发展一体化实现程度和进程。但出于数据可得性和可靠性考虑，本书对两个指标进行了调整。一是采用"城镇建设用地第二、第三产业产出率"替换原来的"城镇人口增长率/城镇建成区面积增长率"来衡量"土地相对利用率"。二是由于相关统计年鉴不再提供分省份的"农村自来水普及率"，故采用"村庄集中供水普及率"替代。为了保持数据的可比性，本书又重新计算了 2010~2014 年全国及各地区城乡发展一体化指数。

城乡发展一体化是一个动态、长期的过程，本书计划在今后持续开展对中国及各地区城乡发展一体化的研究和评价。在此过程中，本书将在力图保持指数年度可比的情况下，根据实际情况进行必要的调整，以便更加客观地反映中国及各地区城乡发展一体化水平、进程和存在的问题。

本书出版得到了社会科学文献出版社的大力支持，邓泳红、宋静为本书出版付出了辛勤的劳动和智慧，在此致以诚挚的感谢。

作者

2017 年 6 月

目 录

第一章 中国城乡发展一体化指数指标体系 001
　一　指标体系 001
　二　指标调整说明 003
　三　目标值调整与目标值设置 003
　四　数据来源与说明 005

第二章 中国及各地区城乡发展一体化指数 006
　一　城乡发展一体化总水平实现程度 006
　二　城乡发展一体化总水平实现程度进展 009
　三　城乡发展一体化总水平实现程度排序及变化 ... 012
　四　中国城乡发展一体化评价 014

第三章 中国及各地区经济发展一体化指数 027
　一　经济发展一体化指数 027
　二　经济发展指数 033
　三　产业协调指数 038
　四　要素配置指数 044

第四章 中国及各地区社会发展一体化指数 050
　一　社会发展一体化指数 050
　二　教育均衡发展指数 055
　三　卫生均衡发展指数 062
　四　文化均衡发展指数 069
　五　社会保障均衡发展指数 074

001

第五章　中国及各地区生活水平一体化指数 ……… 080
一　生活水平一体化指数 …………………………… 080
二　收入消费水平指数 …………………………… 085
三　居住卫生条件指数 …………………………… 091

第六章　中国及各地区生态环境一体化指数 ……… 098
一　生态环境一体化指数 ………………………… 098
二　水资源利用指数 ……………………………… 104
三　污染物排放指数 ……………………………… 110
四　环境卫生治理指数 …………………………… 115

第七章　北京城乡发展一体化 ……………………… 122
一　城乡发展一体化实现程度与进展 …………… 122
二　城乡发展一体化实现程度排序与变化 ……… 124
三　简要评价 ……………………………………… 126

第八章　天津城乡发展一体化 ……………………… 127
一　城乡发展一体化实现程度与进展 …………… 127
二　城乡发展一体化实现程度排序与变化 ……… 129
三　简要评价 ……………………………………… 130

第九章　河北城乡发展一体化 ……………………… 132
一　城乡发展一体化实现程度与进展 …………… 132
二　城乡发展一体化实现程度排序与变化 ……… 134
三　简要评价 ……………………………………… 136

第十章　山西城乡发展一体化 ……………………… 138
一　城乡发展一体化实现程度与进展 …………… 138
二　城乡发展一体化实现程度排序与变化 ……… 140
三　简要评价 ……………………………………… 142

目录

第十一章　内蒙古城乡发展一体化 …………………………… 144
一　城乡发展一体化实现程度与进展 …………………… 144
二　城乡发展一体化实现程度排序与变化 ……………… 146
三　简要评价 ……………………………………………… 147

第十二章　辽宁城乡发展一体化 ……………………………… 149
一　城乡发展一体化实现程度与进展 …………………… 149
二　城乡发展一体化实现程度排序与变化 ……………… 151
三　简要评价 ……………………………………………… 153

第十三章　吉林城乡发展一体化 ……………………………… 154
一　城乡发展一体化实现程度与进展 …………………… 154
二　城乡发展一体化实现程度排序与变化 ……………… 156
三　简要评价 ……………………………………………… 157

第十四章　黑龙江城乡发展一体化 …………………………… 159
一　城乡发展一体化实现程度与进展 …………………… 159
二　城乡发展一体化实现程度排序与变化 ……………… 161
三　简要评价 ……………………………………………… 163

第十五章　上海城乡发展一体化 ……………………………… 164
一　城乡发展一体化实现程度与进展 …………………… 164
二　城乡发展一体化实现程度排序与变化 ……………… 166
三　简要评价 ……………………………………………… 167

第十六章　江苏城乡发展一体化 ……………………………… 169
一　城乡发展一体化实现程度与进展 …………………… 169
二　城乡发展一体化实现程度排序与变化 ……………… 171
三　简要评价 ……………………………………………… 172

第十七章　浙江城乡发展一体化 ……………………………… 174
一　城乡发展一体化实现程度与进展 …………………… 174

二　城乡发展一体化实现程度排序与变化 …………………… 176
　　三　简要评价 …………………………………………………… 177

第十八章　安徽城乡发展一体化 …………………………………… 179
　　一　城乡发展一体化实现程度与进展 …………………………… 179
　　二　城乡发展一体化实现程度排序与变化 …………………… 181
　　三　简要评价 …………………………………………………… 182

第十九章　福建城乡发展一体化 …………………………………… 184
　　一　城乡发展一体化实现程度与进展 …………………………… 184
　　二　城乡发展一体化实现程度排序与变化 …………………… 186
　　三　简要评价 …………………………………………………… 187

第二十章　江西城乡发展一体化 …………………………………… 189
　　一　城乡发展一体化实现程度与进展 …………………………… 189
　　二　城乡发展一体化实现程度排序与变化 …………………… 191
　　三　简要评价 …………………………………………………… 192

第二十一章　山东城乡发展一体化 ………………………………… 194
　　一　城乡发展一体化实现程度与进展 …………………………… 194
　　二　城乡发展一体化实现程度排序与变化 …………………… 196
　　三　简要评价 …………………………………………………… 197

第二十二章　河南城乡发展一体化 ………………………………… 199
　　一　城乡发展一体化实现程度与进展 …………………………… 199
　　二　城乡发展一体化实现程度排序与变化 …………………… 201
　　三　简要评价 …………………………………………………… 202

第二十三章　湖北城乡发展一体化 ………………………………… 204
　　一　城乡发展一体化实现程度与进展 …………………………… 204

二　城乡发展一体化实现程度排序与变化 …………… 206
　　三　简要评价 …………………………………………… 208

第二十四章　湖南城乡发展一体化 ………………………… 209
　　一　城乡发展一体化实现程度与进展 ………………… 209
　　二　城乡发展一体化实现程度排序与变化 …………… 211
　　三　简要评价 …………………………………………… 212

第二十五章　广东城乡发展一体化 ………………………… 214
　　一　城乡发展一体化实现程度与进展 ………………… 214
　　二　城乡发展一体化实现程度排序与变化 …………… 216
　　三　简要评价 …………………………………………… 218

第二十六章　广西城乡发展一体化 ………………………… 219
　　一　城乡发展一体化实现程度与进展 ………………… 219
　　二　城乡发展一体化实现程度排序与变化 …………… 221
　　三　简要评价 …………………………………………… 222

第二十七章　海南城乡发展一体化 ………………………… 224
　　一　城乡发展一体化实现程度与进展 ………………… 224
　　二　城乡发展一体化实现程度排序与变化 …………… 226
　　三　简要评价 …………………………………………… 228

第二十八章　重庆城乡发展一体化 ………………………… 230
　　一　城乡发展一体化实现程度与进展 ………………… 230
　　二　城乡发展一体化实现程度排序与变化 …………… 232
　　三　简要评价 …………………………………………… 233

第二十九章 四川城乡发展一体化 …………………………… 235
一 城乡发展一体化实现程度与进展 ………………… 235
二 城乡发展一体化实现程度排序与变化 …………… 237
三 简要评价 …………………………………………… 238

第三十章 贵州城乡发展一体化 ……………………………… 241
一 城乡发展一体化实现程度与进展 ………………… 241
二 城乡发展一体化实现程度排序与变化 …………… 243
三 简要评价 …………………………………………… 244

第三十一章 云南城乡发展一体化 …………………………… 246
一 城乡发展一体化实现程度与进展 ………………… 246
二 城乡发展一体化实现程度排序与变化 …………… 248
三 简要评价 …………………………………………… 249

第三十二章 陕西城乡发展一体化 …………………………… 251
一 城乡发展一体化实现程度与进展 ………………… 251
二 城乡发展一体化实现程度排序与变化 …………… 253
三 简要评价 …………………………………………… 254

第三十三章 甘肃城乡发展一体化 …………………………… 256
一 城乡发展一体化实现程度与进展 ………………… 256
二 城乡发展一体化实现程度排序与变化 …………… 258
三 简要评价 …………………………………………… 259

第三十四章 青海城乡发展一体化 …………………………… 261
一 城乡发展一体化实现程度与进展 ………………… 261

二　城乡发展一体化实现程度排序与变化 …………… 263
　　三　简要评价 ……………………………………… 264

第三十五章　宁夏城乡发展一体化 …………………… 266
　　一　城乡发展一体化实现程度与进展 ……………… 266
　　二　城乡发展一体化实现程度排序与变化 …………… 269
　　三　简要评价 ……………………………………… 270

第三十六章　新疆城乡发展一体化 …………………… 272
　　一　城乡发展一体化实现程度与进展 ……………… 272
　　二　城乡发展一体化实现程度排序与变化 …………… 275
　　三　简要评价 ……………………………………… 276

第一章
中国城乡发展一体化指数指标体系

2014年出版的《中国城乡发展一体化指数——2006～2012年各地区排序与进展》[①]对中国城乡发展一体化指数构建的理论与概念框架、指数编制的基本原则进行了详细论述，2016年出版的《中国城乡发展一体化指数（2014）——以全面建成小康社会为目标》[②]则对以全面建成小康社会为目标的中国城乡发展一体化指数的指标选取原则、指标体系、指标解释、目标值设置依据与设置、目标值解释、测算方法等进行了详细描述，本书将只保留指标体系、目标值设置，并对个别指标的调整以及目标值调整进行说明，其他内容不再重复。

一 指标体系

以全面建成小康社会为目标的中国城乡发展一体化指数指标体系包括4个方面，每一个方面都构成中国城乡发展一体化指数的一级指标，4个一级指标分别是经济发展一体化、社会发展一体化、生活水平一体化和生态环境一体化。

每个一级指标由若干个二级指标构成，每个二级指标再由若干个三级指标构成，每个三级指标由1～2个具体指标衡量。本书构建的中国城乡发展一体

[①] 朱钢、张军、王小映、张海鹏、陈方：《中国城乡发展一体化指数——2006～2012年各地区排序与进展》，社会科学文献出版社，2014。

[②] 朱钢、张海鹏、陈方：《中国城乡发展一体化指数（2014）——以全面建成小康社会为目标》，社会科学文献出版社，2016。

化指数指标体系包括4个一级指标、12个二级指标、24个三级指标以及31个具体指标（见表1-1）。

表1-1 中国城乡发展一体化指数指标

一级指标	二级指标	三级指标	具体指标	单位
经济发展一体化	经济发展	GDP水平	人均GDP	元
		城镇化率	人口城镇化率	%
	产业协调	城乡二元经济	二元对比系数	
		农业发展	第一产业劳动生产率	万元/人
			农业综合机械化率	%
	要素配置	劳动力配置	非农产业劳动力比重	%
		资金配置	农业贷款相对强度	
			财政支农相对程度	
		土地配置	土地相对利用率	亿元/平方公里
社会发展一体化	教育均衡发展	农村教育人力资源水平与城乡差异	农村义务教育教师平均受教育年限	年
			城乡义务教育教师平均受教育年限比（农村/城市）	
		农村人力资源水平与城乡差异	农村人口平均受教育年限	年
			城乡人口平均受教育年限比（农村/城市）	
	卫生均衡发展	农村妇女健康和保健水平	农村孕产妇死亡率（县级孕产妇死亡率）	1/10万
		农村医疗卫生人力资源水平与城乡差异	农村每千人口卫生技术人员	人
			城乡每千人口卫生技术人员比（城市/农村）	
	文化均衡发展	文化传播可及性	开展互联网业务的行政村比重	%
			农村宽带入户率	%
	社会保障均衡发展	城乡基本医疗保障差异	城乡居民基本医疗保障水平比（城市/农村）	
		城乡最低生活保障差异	城乡居民最低生活保障标准比（城市/农村）	
生活水平一体化	收入消费水平	农村居民收入与城乡差距	农民人均可支配收入	元
			城乡居民收入比（城市/农村）	
		城乡居民消费差距	城乡居民生活消费支出比（城市/农村）	
	居住卫生条件	农村安全饮用水	村庄集中供水普及率	%
		农村卫生厕所	农村无害化卫生厕所普及率	%

续表

一级指标	二级指标	三级指标	具体指标	单位
生态环境一体化	水资源利用	农业用水效率	农田灌溉水有效利用系数	
	污染物排放	化学需氧量排放强度	亿元GDP化学需氧量排放量	吨
		二氧化硫排放强度	亿元GDP二氧化硫排放量	吨
	环境卫生治理	城市生活垃圾处理	城市生活垃圾无害化处理率	%
		农村生活垃圾处理	对生活垃圾进行处理的行政村比例	%
		农村生活污水处理	对生活污水进行处理的行政村比例	%

二 指标调整说明

1. 土地配置

具体指标"土地相对利用率"的衡量由"城镇人口增长率/城镇建成区面积增长率"调整为"城镇建设用地第二、第三产业产出率",计算方法为:(第二产业增加值+第三产业增加值)/城镇建设用地面积,体现城镇化过程中土地集约利用程度。该指标在一定限度内为正向指标,数值越大,表明城镇化土地相对利用率越高。

2. 农村安全饮用水

具体指标由"农村自来水普及率"调整为"村庄集中供水普及率",这里假设城市自来水普及率为100%。该指标为正向指标,数值越大,表明农村居民居住卫生条件越好,城乡差距越小。

三 目标值调整与目标值设置

1. 目标值调整

土地相对利用率(城镇建设用地第二、第三产业产出率):该指标数值越大,表明城镇建设用地集约利用程度越高。《国家新型城镇化规划(2014~2020年)》提出,到2020年常住人口城镇化率为60%左右;与此同时,人均城市建设用地严格控制在100平方米以内。《"十三五"全国计划生育事业发展规划》提出,到2020年全国总人口数量约为14.2亿人。按照以上规划目标,2020年全国将有约8.5亿城镇常住人口,建设用地总量控制在8.5万平方公里。《中华人民共和国国民经济和社会发展第十三个五年规划纲要》提出，到2020年国内生产总值比2010年翻一番，按照第一产业增加值占国内生产总值8%计算，第二、第三产业增加值大约为65万亿元（2010年价格），据此，全国城镇每平方公里建设用地第二、第三产业增加值的目标值设置为7.5亿元（2010年价格）。

2. 目标值设置

按照目标值设置的依据，① 确定2020年全面建成小康社会设定下中国城乡发展一体化各个具体指标应达到的目标值（见表1-2）。

表1-2 中国城乡发展一体化指数目标值

指标	2007年全国平均值	目标值
人均GDP(元)	23411	≥61000
人口城镇化率(%)	45.90	≥60
二元对比系数	0.18	≥0.35
第一产业劳动生产率(万元/人)	1.12	≥2.40
农业综合机械化率(%)	35.20	≥68
非农产业劳动力比重(%)	59.20	≥80
农业贷款相对强度	0.48	≥1
财政支农相对程度	0.66	≥1
土地相对利用率(亿元/平方公里)	4.12	≥7.50
农村义务教育教师平均受教育年限(年)	14.21	≥15.80
城乡义务教育教师平均受教育年限比(农村/城市)	0.95	≥0.98
农村人口平均受教育年限(年)	7.18	≥8.50
城乡人口平均受教育年限比(农村/城市)	0.76	≥0.80
农村孕产妇死亡率(县级孕产妇死亡率)(1/10万)	34.30	10≤
农村每千人口卫生技术人员(人)	2.70	≥4.70
城乡每千人口卫生技术人员比(城市/农村)	2.37	2≤
开展互联网业务的行政村比重(%)	48.10	100
农村宽带入户率(%)	6.00	≥50
城乡居民基本医疗保障水平比(城市/农村)	8.80	2≤
城乡居民最低生活保障标准比(城市/农村)	2.60	1
农民人均可支配收入(元/人)	4555	≥12000
城乡居民收入比(城市/农村)	3.33	≤2
城乡居民生活消费支出比(城市/农村)	3.53	≤2

---

① 朱钢、张海鹏、陈方：《中国城乡发展一体化指数（2014）——以全面建成小康社会为目标》，社会科学文献出版社，2016。

续表

指标	2007年全国平均值	目标值
村庄集中供水普及率(%)	62.70	≥90
农村无害化卫生厕所普及率(%)	34.80	≥70
农田灌溉水有效利用系数	0.48	≥0.60
亿元GDP化学需氧量排放量(吨)	85.70	≤25
亿元GDP二氧化硫排放量(吨)	79.90	≤20
城市生活垃圾无害化处理率(%)	62.00	100
对生活垃圾进行处理的行政村比例(%)	11.70	≥90
对生活污水进行处理的行政村比例(%)	3.40	≥30

四 数据来源与说明

（1）各类统计年鉴：《中国统计年鉴》《中国教育统计年鉴》《中国教育经费统计年鉴》《中国卫生统计年鉴》《中国卫生和计划生育统计年鉴》《中国民政统计年鉴》《全国第六次人口普查》《中国财政年鉴》《农村金融年鉴》《中国农村统计年鉴》《中国劳动统计年鉴》《国土资源年鉴》《中国区域经济统计年鉴》《中国人力资源和社会保障年鉴》《中国环境统计年鉴》《中国城乡建设统计年鉴》，以及各省、自治区、直辖市统计年鉴。

（2）《中华人民共和国国民经济和社会发展第十三个五年规划纲要》。

（3）相关部委统计公报和统计年报。

（4）人均GDP，第一产业劳动生产率，城镇建设用地第二、第三产业产出率，农民人均可支配收入，亿元GDP化学需氧量排放量、亿元GDP二氧化硫排放量等数据采用平减指数计算（以2010年不变价计算）。

（5）个别数据在部分年份缺失，可能造成个别年份某些指标出现异常现象，因而不能准确、客观地反映这些指标个别年份的城乡发展一体化实际进展和趋势，但个别异常值对总体趋势结果没有实质性影响。

第二章
中国及各地区城乡发展一体化指数

本章依据作者构建的中国城乡发展一体化指数指标体系、衡量标准以及目标值,描述在2020年全面建成小康社会目标下,2015年中国城乡发展一体化总水平[①]实现程度、总水平实现程度进展以及各省份总水平实现程度排序,并对中国城乡发展一体化现状及存在的主要问题进行评价。

一 城乡发展一体化总水平实现程度

(一)城乡发展一体化整体水平继续稳步提高,总水平实现程度达到57.05%

2015年,中国城乡发展一体化总水平实现程度为57.05%(见表2-1),比2014年提高5.58个百分点,比2010年提高33.87个百分点。

(二)一半以上省份总水平实现程度超过50%

2015年,有16个省份城乡发展一体化总水平实现程度超过50%,比2014年增加5个省份(吉林、江西、河南、湖北和陕西),黑龙江和重庆城乡发展一体化总水平实现程度非常接近50%,分别为49.71%和47.42%(见表2-1)。

---

① 中国城乡发展一体化总水平表示的是中国城乡发展一体化整体水平,由本书构建的中国城乡发展一体化总指数表示,本书在不同地方交替使用总指数和总水平。

第二章　中国及各地区城乡发展一体化指数

表2–1　中国及各地区城乡发展一体化总水平实现程度

单位：%

地　区	2010年	2011年	2012年	2013年	2014年	2015年
北　京	87.29	86.40	87.41	89.00	89.86	90.60
天　津	75.85	79.56	81.45	84.22	84.72	85.42
河　北	28.77	36.47	42.45	47.63	52.67	60.20
山　西	19.96	25.82	32.03	37.19	41.42	46.58
内蒙古	8.49	17.73	26.28	32.50	40.00	44.82
辽　宁	35.97	42.27	46.14	53.19	57.22	63.07
吉　林	25.12	31.23	36.50	39.86	43.60	50.08
黑龙江	26.26	30.70	35.56	40.69	43.79	49.71
上　海	81.83	84.95	89.03	89.55	91.24	90.93
江　苏	74.30	79.28	83.39	86.06	88.49	90.13
浙　江	74.14	77.40	81.78	84.18	85.32	87.76
安　徽	15.21	22.67	27.96	34.42	40.94	46.95
福　建	49.16	54.86	61.79	66.18	70.17	74.81
江　西	20.95	29.50	35.57	40.40	44.39	50.59
山　东	50.01	57.15	63.84	67.69	74.20	77.74
河　南	25.30	37.00	37.48	42.94	47.64	52.71
湖　北	17.70	26.23	31.73	38.93	45.53	51.02
湖　南	6.97	19.40	25.30	30.49	35.52	42.14
广　东	37.39	44.77	48.97	51.15	59.43	63.63
广　西	1.26	11.38	18.70	24.60	31.41	38.01
海　南	34.60	42.43	47.88	53.67	59.43	58.70
重　庆	12.38	20.50	29.08	35.05	40.05	47.42
四　川	1.69	12.66	18.29	22.80	32.10	39.15
贵　州	-39.73	-32.51	-21.88	-9.42	-6.25	5.12
云　南	-18.58	-12.75	-6.97	3.41	10.72	15.29
陕　西	20.22	29.20	35.05	42.20	47.59	50.47
甘　肃	-18.39	-9.56	-0.18	4.40	10.93	15.31
青　海	-21.68	-9.82	4.69	1.26	5.43	9.44
宁　夏	-7.99	-3.12	-4.11	14.39	23.91	29.98
新　疆	5.95	10.17	13.25	26.30	32.13	38.47
全　国	23.18	31.85	38.77	45.42	51.47	57.05

注：在描述实现程度时，符号"-"表示实现程度低于2007年全国平均水平，后同。

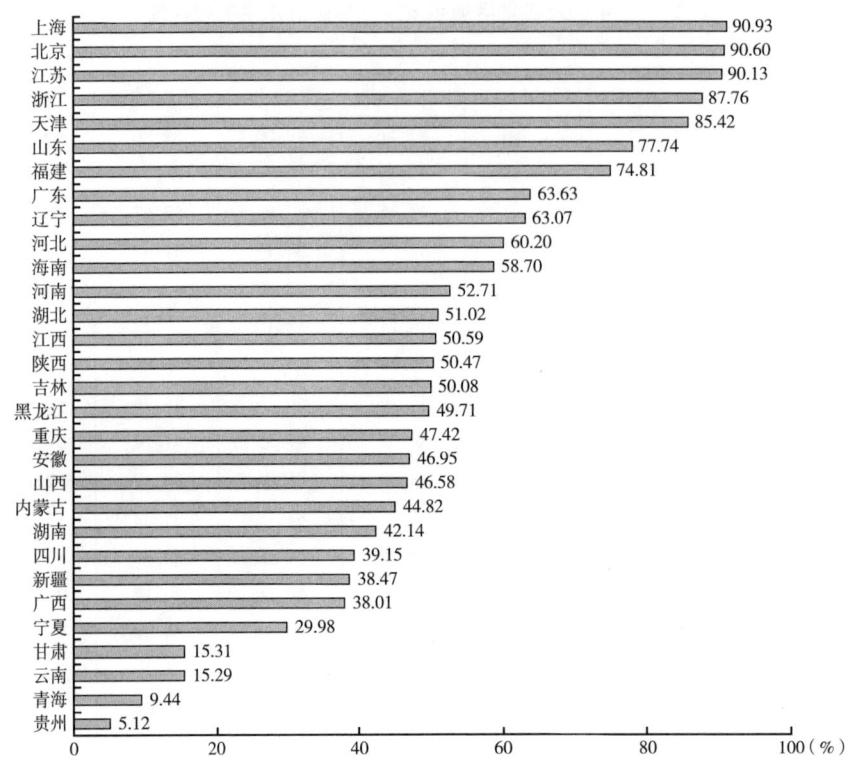

图 2-1　2015 年各地区城乡发展一体化总水平实现程度

（三）北京、上海和江苏等省份总水平实现程度接近实现目标

2015 年，北京、上海和江苏 3 个省份城乡发展一体化总水平实现程度分别为 90.60%、90.93% 和 90.13%，接近实现目标。浙江和天津总水平实现程度分别为 87.76% 和 85.42%，也比较接近实现目标（见表 2-1）。

（四）贵州等4个省份总水平实现程度低

2015 年，贵州、云南、甘肃和青海 4 个省份城乡发展一体化总水平实现程度尚未达到 20%，宁夏实现程度也较低；有 5 个省份总水平实现程度低于 33.33%，较 2014 年减少 3 个。贵州虽然继续保持最快进展，但起点最低；青海不仅起点较低，而且进展缓慢，远低于全国平均进展，在西部地区 11 个省份中仅快于陕西；2015 年，这两个省份城乡发展一体化总水平实现程度依然很低，分别只有 5.12% 和 9.44%（见表 2-1）。

二 城乡发展一体化总水平实现程度进展

（一）2015年进展速度继续下降，但下降幅度减小

2015 年，中国城乡发展一体化总水平实现程度比 2014 年提高了 5.58 个百分点，比 2014 年进展速度下降了 0.47 个百分点，比 2010～2015 年平均进展低 1.19 个百分点，延续了进展逐年下降的趋势。但下降幅度减小，比 2014 年下降幅度（0.60 个百分点）减少 0.13 个百分点（见表 2-2）。

表 2-2　中国及各地区城乡发展一体化总水平实现程度进展（环比提高）

单位：百分点

地　区	2011 年	2012 年	2013 年	2014 年	2015 年	2010～2015 年年均
北　京	-0.89	1.01	1.59	0.86	0.74	0.66
天　津	3.71	1.89	2.77	0.50	0.70	1.91
河　北	7.70	5.98	5.18	5.04	7.53	6.29
山　西	5.86	6.21	5.16	4.23	5.16	5.32
内蒙古	9.24	8.55	6.22	7.50	4.82	7.27
辽　宁	6.30	3.87	7.05	4.03	5.85	5.42
吉　林	6.11	5.27	3.36	3.74	6.48	4.99
黑龙江	4.44	4.86	5.13	3.10	5.92	4.69
上　海	3.12	4.08	0.52	1.69	-0.31	1.82
江　苏	4.98	4.11	2.67	2.43	1.64	3.17
浙　江	3.26	4.38	2.40	1.14	2.44	2.72
安　徽	7.46	5.29	6.46	6.52	6.01	6.35
福　建	5.7	6.93	4.39	3.99	4.64	5.13
江　西	8.55	6.07	4.83	3.99	6.20	5.93
山　东	7.14	6.69	3.85	6.51	3.54	5.55
河　南	11.70	0.48	5.46	4.70	5.07	5.48
湖　北	8.53	5.50	7.20	6.60	5.49	6.66
湖　南	12.43	5.90	5.19	5.03	6.62	7.03
广　东	7.38	4.20	2.18	8.28	4.20	5.25
广　西	10.12	7.32	5.90	6.81	6.60	7.35
海　南	7.83	5.45	5.79	5.76	-0.73	4.82
重　庆	8.12	8.58	5.97	5.00	7.37	7.01
四　川	10.97	5.63	4.51	9.30	7.05	7.49

续表

地区	2011年	2012年	2013年	2014年	2015年	2010~2015年年均
贵 州	7.22	10.63	12.46	3.17	11.37	8.97
云 南	5.83	5.78	10.38	7.31	4.57	6.77
陕 西	8.98	5.85	7.15	5.39	2.88	6.05
甘 肃	8.83	9.38	4.58	6.53	4.38	6.74
青 海	11.86	14.51	-3.43	4.17	4.01	6.22
宁 夏	4.87	-0.99	18.50	9.52	6.07	7.59
新 疆	4.22	3.08	13.05	5.83	6.34	6.50
全 国	8.67	6.92	6.65	6.05	5.58	6.77

注：在描述实现程度进展时，符号"-"表示实现程度下降，后同。

（二）2015年，近半数省份进展都超过全国平均进展和上年进展，上海和海南实现程度下降

分省份看，2015年有13个省份城乡发展一体化总水平进展超过全国平均进展，有14个省份进展超过上年。进展速度最快的是贵州，比上年提高了11.37个百分点，比全国平均进展快1倍，比2014年进展快近2.6倍。2015年贵州城乡发展一体化总水平进展大幅加快主要是教育均衡发展、卫生均衡发展实现程度较大幅度提高，导致社会发展一体化进程加快；但是，贵州2015年进展加快也与上年进展大幅减缓相关（见表2-2）。

2015年，上海和海南城乡发展一体化总水平实现程度略微下降，分别下降了0.31个和0.73个百分点（见表2-2），下降的主要原因是两个省份的城乡居民生活消费差距均有所扩大。

（三）2015年，东北地区进展明显加快，进展最快，西部地区进展继续减缓

2015年，东部、中部、西部和东北地区[①]城乡发展一体化总水平实现程度

---

① 本书未包括港澳台地区，由于数据采集上的困难，也不包括西藏自治区，其余30个省份划分为四大区域，即东部、中部、西部和东北地区。东部地区包括北京、天津、河北、上海、江苏、浙江、山东、福建、广东、海南10个省份，中部地区包括山西、安徽、江西、河南、湖北、湖南6个省份，西部地区包括内蒙古、广西、重庆、四川、贵州、云南、陕西、甘肃、青海、宁夏、新疆11个省份，东北地区包括辽宁、吉林、黑龙江3个省份。

进展分别为2.44个、5.76个、5.95个和6.08个百分点,东北地区进展最快;中部和东北地区进展加快,其中东北地区进展明显加快,比2014年快2.45个百分点,比2010~2015年年均进展快1.05个百分点(见表2-3)。2015年东北地区城乡发展一体化总水平进展加快主要是由于教育均衡发展、卫生均衡发展和农村环境卫生治理实现程度进展大幅加快。

表2-3 四大区域城乡发展一体化总水平实现程度进展(环比提高)

单位:百分点

项目	2011年	2012年	2013年	2014年	2015年	2010~2015年年均
东部地区	4.99	4.47	3.13	3.62	2.44	3.73
中部地区	9.09	4.91	5.72	5.18	5.76	6.13
西部地区	8.21	7.12	7.76	6.41	5.95	7.09
东北地区	5.62	4.66	5.18	3.63	6.08	5.03
全国	8.67	6.92	6.65	6.05	5.58	6.77

2015年,西部地区城乡发展一体化总水平实现程度比上年提高了5.95个百分点,虽然高于全国平均进展,依然保持了较快发展,但进展继续减缓,比2014年进展慢0.46个百分点,比2010~2015年年均进展慢1.14个百分点(见表2-3)。西部地区进展减缓主要是由于农村居民收入增长大幅减缓、城乡居民收入差距缩小幅度大幅减缓,由此导致收入消费水平实现程度进展大幅减缓。

(四)2010~2015年,全国进展呈逐年减缓趋势

2010~2015年,中国城乡发展一体化总水平实现程度虽然呈逐年提升态势,但进展却呈逐年减缓趋势,2015年进展比2011年低3.09个百分点。贵州进展最快,年均达到8.97个百分点,比全国平均进展快2.2个百分点。年平均进展最慢的是北京,仅为0.66个百分点(见表2-2)。贵州进展虽然最快,但由于起点最低,2015年时实现程度依然最低,仅略高于2007年全国平均水平。北京进展较慢则是由于实现程度起点高,2010年已接近实现目标(见表2-1)。

(五)2010~2015年,西部地区进展最快,东部地区进展最慢

2010~2015年,西部地区城乡发展一体化总水平实现程度年均提高7.09

个百分点，高于全国平均提高幅度，也远高于其他 3 大区域的提高幅度；但是，提高幅度基本呈持续减缓趋势，2014 年和 2015 年已连续两年提高幅度低于 2010~2015 年平均提高幅度。

东部地区城乡发展一体化总水平实现程度提高幅度基本呈逐年下降趋势，年均提高了 3.73 个百分点，远低于同期全国平均提高幅度。10 个省份进展均低于全国平均水平，北京、天津、上海、江苏和浙江 5 个省份提高幅度均不及同期全国平均提高幅度的一半。东部地区提高幅度较小，与其起点较高有关。

中部地区城乡发展一体化总水平实现程度年均提高 6.13 个百分点，低于同期全国平均提高幅度。6 个省份中，湖南实现程度提高幅度相对较高，高于同期全国平均水平，安徽和湖北则接近于全国平均水平（见表 2-2）。

东北地区城乡发展一体化总水平实现程度年均提高 5.03 个百分点，远低于全国平均水平，但快于东部地区。3 个省份年均提高幅度均低于同期全国平均水平（见表 2-2、表 2-3）。

三　城乡发展一体化总水平实现程度排序及变化

（一）2015 年排序：东部地区居前，西部地区靠后，整体排序变化较小

2015 年，城乡发展一体化总水平实现程度排名前 5 的依次是上海、北京、江苏、浙江和天津；排名后 5 的依次是宁夏、甘肃、云南、青海和贵州。

总体上看，东部地区城乡发展一体化总水平实现程度较高，整体排序居前。排序前 10 名中，除辽宁外，其余均为东部地区省份，并且占据前 8 位；东部地区 10 个省份中唯一没有进入前 10 行列的海南位列第 11。

西部地区城乡发展一体化总水平实现程度较低，整体排序居后。11 个省份中，有 9 个省份位列后 10 行列，陕西排名居中游，排在第 15 位；重庆位列第 18。

东北地区的吉林和黑龙江排名居中游，分别位列第 16 和第 17，辽宁虽进入前 10 行列，但位列第 9。

中部地区 6 个省份中，3 个省份位居中上游，3 个省份位居中下游。

2015 年与 2014 年相比，整体排序变化不大，前 8 位和后 6 位没有发生变

化，河南、安徽、内蒙古和湖南的排序也没有发生变化。其余12个省份的排序发生变化，但变化很小，仅为1~2个位次（见表2-4）。

表2-4 各地区城乡发展一体化总水平实现程度排序

排序	2010年	2011年	2012年	2013年	2014年	2015年
1	北京	北京	上海	上海	上海	上海
2	上海	上海	北京	北京	北京	北京
3	天津	天津	江苏	江苏	江苏	江苏
4	江苏	江苏	浙江	天津	浙江	浙江
5	浙江	浙江	天津	浙江	天津	天津
6	山东	山东	山东	山东	山东	山东
7	福建	福建	福建	福建	福建	福建
8	广东	广东	广东	海南	广东	广东
9	辽宁	海南	海南	辽宁	海南	辽宁
10	海南	辽宁	辽宁	广东	辽宁	河北
11	河北	河南	河北	河北	河北	海南
12	黑龙江	河北	河南	河南	河南	河北
13	河南	吉林	吉林	陕西	陕西	湖北
14	吉林	黑龙江	江西	黑龙江	湖北	江西
15	江西	江西	黑龙江	江西	江西	陕西
16	陕西	陕西	陕西	吉林	黑龙江	吉林
17	山西	湖北	山西	湖北	吉林	黑龙江
18	湖北	山西	湖北	山西	山西	重庆
19	安徽	安徽	重庆	重庆	安徽	安徽
20	重庆	重庆	安徽	安徽	重庆	山西
21	内蒙古	湖南	内蒙古	内蒙古	内蒙古	内蒙古
22	湖南	内蒙古	湖南	湖南	湖南	湖南
23	新疆	四川	广西	新疆	新疆	四川
24	四川	广西	四川	广西	四川	新疆
25	广西	新疆	新疆	四川	广西	广西
26	宁夏	宁夏	青海	宁夏	宁夏	宁夏
27	甘肃	甘肃	甘肃	甘肃	甘肃	甘肃
28	云南	青海	宁夏	云南	云南	云南
29	青海	云南	云南	青海	青海	青海
30	贵州	贵州	贵州	贵州	贵州	贵州

（二）2010~2015年整体排序变化：东部地区居前、西部地区居后的格局未发生变化，各省份排序也较为稳定

2010~2015年，城乡发展一体化总水平实现程度排序前10位中，东部地区始终占据9位,上海、北京、江苏、浙江、天津、山东和福建始终占据前7位,广东除2013年外,其他年份均占据第8位;而在后10位中,西部地区始终占据9位,宁夏、甘肃、云南、青海和贵州则始终占据后5位。东北地区整体基本处于中上游,辽宁始终在第9位和第10位之间徘徊,但黑龙江和吉林排序基本呈下降趋势。中部地区整体基本处于中下游,河南排序相对较高,而湖南则基本排在第22位。

2010~2015年,有26个省份排序发生变化,仅山东、福建、甘肃和贵州4个省份排序非常稳定,没有发生变化。

虽然大多数省份排序有所变化,但年际变化幅度很小,排序较为稳定,其中,21个省份年际排序变化仅在1~2位。排序变化幅度最大的是黑龙江和湖北,分别下降和上升了5位(见表2-4)。

四　中国城乡发展一体化评价

(一)城乡发展一体化实现程度持续全面提升

1. 总水平及4个一体化实现程度逐年提高

2015年,中国城乡发展一体化总水平实现程度为57.05%,比2014年提高了5.58个百分点,保持了自2010年以来逐年持续提高的态势,距实现目标还有不到1/2的路程。4个一体化实现程度也全部逐年提升(见图2-2、表2-5)。

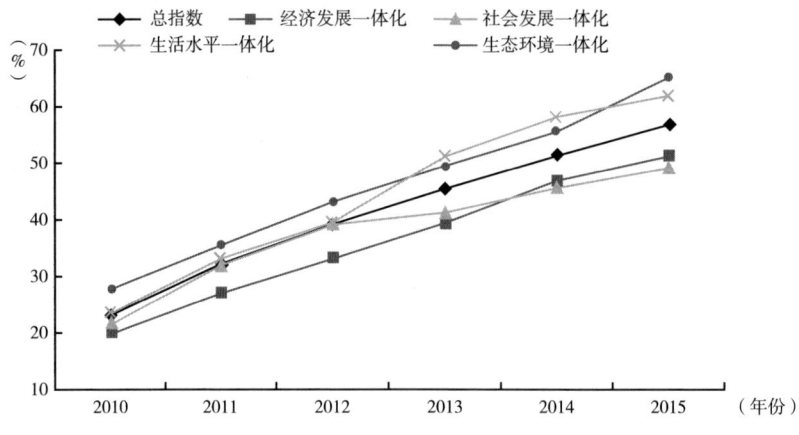

图2-2　中国城乡发展一体化总水平及4个一体化实现程度

表2-5 中国城乡发展一体化总水平及4个一体化实现程度

单位：%，百分点

项目	2010年	2011年	2012年	2013年	2014年	2015年	2015年比2010年提高
经济发展一体化	19.92	27.14	33.24	39.98	46.53	51.56	31.64
社会发展一体化	21.79	31.88	39.17	41.04	45.76	49.10	27.31
生活水平一体化	23.16	32.97	39.46	51.11	58.35	62.10	38.94
生态环境一体化	27.87	35.40	43.21	49.54	55.24	65.45	37.58
总指数	23.18	31.85	38.77	45.42	51.47	57.05	33.87

2. 生态环境一体化实现程度逐年提高，实现程度最高

2015年，生态环境一体化实现程度为65.45%，比2014年大幅提高了10.21个百分点，进展明显快于2014年。2010～2015年，生态环境一体化实现程度逐年提高，并在2015年重新超越生活水平一体化实现程度，在4个一体化中实现程度最高，距实现目标仅有约1/3的路程（见图2-3、表2-5、表2-6）。

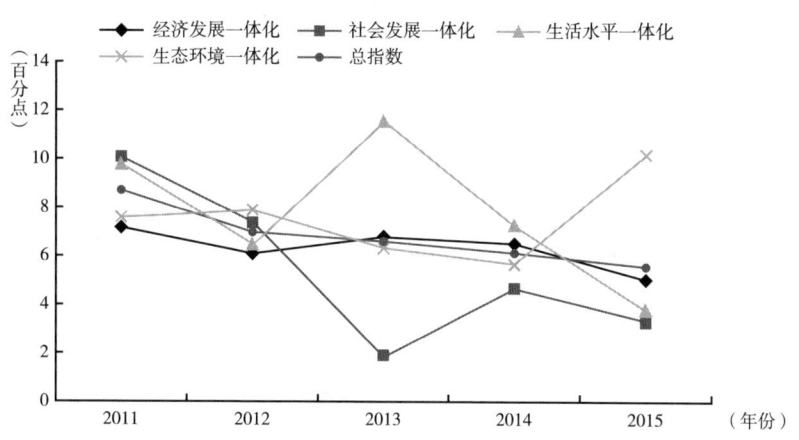

图2-3 中国城乡发展一体化总水平及4个一体化实现程度进展

生态环境一体化实现程度进展较快主要得益于污染物排放以及环境卫生治理状况的明显改善。随着国家不断加大对环境污染的治理力度，单位GDP化学需氧量和二氧化硫排放量明显降低。污染物排放不仅在2010年时实现程度已经相对较高，在12个二级指标中实现程度最高；而且进展较快，在12个二级指标中，实现程度提升幅度仅次于收入消费水平和环境卫生治理。2015年污染物排放实现程度已经达到88.23%，距2020年实现目标仅有约10%的路程。

表2-6 中国城乡发展一体化总水平及4个一体化实现程度进展

单位：百分点

项目	2011年	2012年	2013年	2014年	2015年	2010~2015年年均提高
经济发展一体化	7.22	6.09	6.74	6.55	5.02	6.33
社会发展一体化	10.09	7.29	1.87	4.72	3.34	5.46
生活水平一体化	9.81	6.49	11.65	7.24	3.75	7.79
生态环境一体化	7.53	7.81	6.33	5.70	10.21	7.52
总指数	8.67	6.92	6.65	6.05	5.58	6.77

另外，城市生活垃圾处理实现程度起点较高，进展也较快；农村生活环境治理方面，虽然农村生活污水处理率实现程度较低，但由于农村生活垃圾处理率实现程度的大幅提高，2015年已达到73.9%，距实现目标只有约1/4的路程，由此带动环境卫生治理实现程度达到相对较高的水平。

3. 生活水平一体化实现程度逐年提高，进展最快，实现程度较高

2015年生活水平一体化实现程度为62.1%，比2014年提高3.75个百分点。生活水平一体化实现程度仅次于生态环境一体化实现程度，高于总水平、经济发展一体化和社会发展一体化实现程度，距实现目标仅有约2/5的路程（见表2-5）。

生活水平一体化实现程度不仅逐年提高，而且进展最快，2015年比2010年提高了38.94个百分点，年均提高7.79个百分点（见表2-6）。

生活水平一体化实现程度较高、进展快主要得益于农民收入和消费水平持续相对较快增长，城乡居民收入消费差距逐年缩小。2015年与2010年相比，城乡居民收入差距由1:3.23缩小到1:2.73（以农村居民收入为1）。另外，由于农村居民收入有较大幅度提高，带动了消费水平的不断提高，城乡居民消费支出差距不断缩小，由2010年的1:3.07缩小到1:2.32（以农村居民消费为1）。

4. 社会发展一体化和经济发展一体化实现程度逐年提高，但实现程度相对较低

2015年，社会发展一体化实现程度达到49.1%，比2014年提高3.34个百分点，提升幅度下降。社会发展一体化实现程度虽然逐年提高，但由于起点相对较低，进展最慢，实现程度最低，距2020年目标还有1/2以上的路程（见表2-5、表2-6）。

2015年，经济发展一体化实现程度达到51.56%，比2014年提高5.03个百分点，进展大幅减缓。经济发展一体化实现程度虽然逐年提高，但由于起点最低，进展较慢，因此，实现程度较低，距 2020 年目标还有近 1/2 的路程。2013 年之前，经济发展一体化实现程度最低，但自 2013 年以来，进展明显快于社会发展一体化，并在 2014 年实现超越（见表 2-5、表 2-6）。

（二）城乡发展一体化进程有所减缓，2020年实现目标形势严峻

1. 城乡发展一体化总水平和 4 个一体化实现程度进展基本呈下降趋势

尽管城乡发展一体化总水平以及 4 个一体化实现程度不断提高，生态环境一体化和生活水平一体化实现程度较高，但是，一个不容忽视的问题是，城乡发展一体化总水平实现程度进程逐年减缓，自 2013 年以来实现程度提升幅度连续 3 年低于 2010~2015 年年均提升幅度。

4 个一体化中，经济发展一体化和社会发展一体化实现程度进展基本呈减缓趋势；生活水平一体化实现程度虽然年均进展最快，但在 2013 年大幅提升后，已连续两年大幅下滑，进展低于 2010~2015 年平均水平；2013~2014 年，生态环境一体化实现程度进程连续两年下滑，只是由于 2015 年进展大幅提升，才使 2010~2015 年进展保持较高水平（见图 2-3、表 2-6）。

2. 按目前进程水平，城乡发展一体化整体将难以如期实现目标

按 2010~2015 年实现程度平均进展水平，生活水平一体化和生态环境一体化将在 2020 年如期实现目标，总水平接近实现目标，经济发展一体化和社会发展一体化距实现目标还有一定差距。

按 2015 年进展水平，仅生态环境一体化将在 2020 年如期实现目标，总水平及其他 3 个一体化与实现目标还有一定差距，特别是社会发展一体化差距较大（见表 2-7）。

表 2-7　2020 年中国城乡发展一体化实现程度预计

单位：%，百分点

项目	2015 年实现程度	2015 年进展	2010~2015 年年均进展	预计（按年均进展）实现程度	预计（按 2015 年进展）实现程度
经济发展一体化	51.56	5.02	6.33	83.21	76.66
社会发展一体化	49.10	3.34	5.46	76.40	65.80
生活水平一体化	62.10	3.75	7.79	100	80.85
生态环境一体化	65.45	10.21	7.52	100	100
总指数	57.05	5.58	6.77	90.90	84.95

3. 仅少数东部发达省份可以如期或接近实现目标

分省份看，按2015年各省份城乡发展一体化总水平实现程度以及2010~2015年实现程度平均进展，只有上海、江苏、浙江、福建和山东5个省份能够实现目标。但如果按2015年进展，则所有省份都将无法如期实现目标，北京、天津、河北、辽宁、上海、江苏、浙江、福建、山东等省份也只能接近实现目标（见表2-8）。

表2-8 2020年中国及各地区城乡发展一体化总水平实现程度预计

单位：%，百分点

地区	2015年实现程度	2015年进展	2010~2015年年均进展	预计（按年均进展）实现程度	预计（按2015年进展）实现程度
北京	90.60	0.74	0.66	93.91	94.30
天津	85.42	0.70	1.91	94.99	88.92
河北	60.20	7.53	6.29	91.63	97.85
山西	46.58	5.16	5.32	73.20	72.38
内蒙古	44.82	4.82	7.27	81.15	68.92
辽宁	63.07	5.85	5.42	90.17	92.32
吉林	50.08	6.48	4.99	75.04	82.48
黑龙江	49.71	5.92	4.69	73.16	79.31
上海	90.93	-0.31	1.82	100	89.38
江苏	90.13	1.64	3.17	100	98.33
浙江	87.76	2.44	2.72	100	99.96
安徽	46.95	6.01	6.35	78.69	77.00
福建	74.81	4.64	5.13	100	98.01
江西	50.59	6.20	5.93	80.23	81.59
山东	77.74	3.54	5.55	100	95.44
河南	52.71	5.07	5.48	80.12	78.06
湖北	51.02	5.49	6.66	84.34	78.47
湖南	42.14	6.62	7.03	77.31	75.24
广东	63.63	4.20	5.25	89.87	84.63
广西	38.01	6.60	7.35	74.76	71.01
海南	58.70	-0.73	4.82	82.80	55.05
重庆	47.42	7.37	7.01	82.46	84.27
四川	39.15	7.05	7.49	76.61	74.40
贵州	5.12	11.37	8.97	49.97	61.97
云南	15.29	4.57	6.77	49.16	38.14
陕西	50.47	2.88	6.05	80.72	64.87

第二章 中国及各地区城乡发展一体化指数

续表

地区	2015年实现程度	2015年进展	2010~2015年年均进展	预计（按年均进展）实现程度	预计（按2015年进展）实现程度
甘肃	15.31	4.38	6.74	49.01	37.21
青海	9.44	4.01	6.22	40.56	29.49
宁夏	29.98	6.07	7.59	67.95	60.33
新疆	38.47	6.34	6.50	70.99	70.17
全国	57.05	5.58	6.77	90.92	84.95

4. 仅东部地区接近实现目标

分区域看，按2015年各区域城乡发展一体化实现程度以及2015年进展，只有东部地区和东北地区的生态环境一体化将如期实现目标；如按2010~2015年实现程度平均进展，只有东部地区的生活水平一体化和生态环境一体化将如期实现目标。但总体上看，到2020年，东部地区除经济发展一体化与实现目标尚有一定差距外，总水平和其他3个一体化都将如期或接近实现目标（见表2-9）。

表2-9 2020年4大区域城乡发展一体化实现程度预计

单位：%，百分点

项目	2015年实现程度	2015年进展	2010~2015年年均进展	预计（按年均进展）实现程度	预计（按2015年进展）实现程度
总指数					
东部地区	77.99	2.44	3.73	96.65	90.18
中部地区	48.33	5.76	6.13	78.98	77.12
西部地区	30.32	5.95	7.09	65.76	60.08
东北地区	54.29	6.08	5.03	79.46	84.70
经济发展一体化					
东部地区	63.96	1.22	2.71	77.52	70.06
中部地区	35.00	4.72	6.23	66.16	58.60
西部地区	16.25	5.03	4.80	40.24	41.39
东北地区	65.00	2.77	4.16	85.79	78.85
社会发展一体化					
东部地区	74.67	3.30	3.62	92.77	91.17
中部地区	54.91	4.64	3.90	74.39	78.11
西部地区	31.88	3.06	6.00	61.86	47.19
东北地区	56.88	6.17	2.61	69.93	87.70

续表

项目	2015年实现程度	2015年进展	2010~2015年年均进展	预计（按年均进展）实现程度	预计（按2015年进展）实现程度
生活水平一体化					
东部地区	88.10	0.98	4.55	100	92.98
中部地区	49.68	6.11	6.68	83.10	80.26
西部地区	41.40	6.11	8.12	82.01	71.94
东北地区	37.34	4.82	5.39	64.29	61.43
生态环境一体化					
东部地区	85.24	4.25	4.05	100	100
中部地区	53.73	7.56	7.71	92.27	91.50
西部地区	31.74	9.61	9.44	78.92	79.80
东北地区	57.92	10.58	7.98	97.82	100

（三）经济发展一体化和社会发展一体化滞后

1. 实现程度较低

2015年，经济发展一体化和社会发展一体化实现程度分别为51.56%和49.10%，分别比2010年提高了31.64个和27.31个百分点，虽然实现程度明显提高，但由于起点较低、进展相对较慢，因此，发展较为滞后，实现程度不仅远低于生活水平一体化和生态环境一体化，也低于总水平。经济发展一体化实现程度分别比总水平、生活水平一体化和生态环境一体化实现程度低5.49个、10.54个和13.89个百分点；社会发展一体化实现程度分别比总水平、生活水平一体化和生态环境一体化实现程度低7.95个、13.00个和16.35个百分点。经济发展一体化和社会发展一体化距2020年目标还有约一半的路程。有18个省份经济发展一体化实现程度距实现目标还有一半以上的路程，贵州、云南和甘肃3个省份经济发展一体化实现程度尚未达到2007年全国平均水平。

2. 进展相对缓慢，与生活水平一体化和生态环境一体化的差距逐渐扩大

2010~2015年，经济发展一体化和社会发展一体化实现程度进程均明显低于生活水平一体化和生态环境一体化实现程度进程，且差距日益扩大。经济发展一体化实现程度与生活水平一体化和生态环境一体化实现程度的差距分别扩大了7.3个和5.94个百分点；同期，社会发展一体化实现程度与生活水平一体化和生态环境一体化实现程度的差距分别扩大了11.63个和10.27个百分点。

3. 城乡二元经济和要素配置不合理仍是经济发展一体化实现程度提高的主要短板

近年来,中国经济增长率有所下滑,但依然保持了较高的增长;同时,人口城镇化率持续提高(见图 2-4),因此,经济发展实现程度依然较快提高,并达到相对较高水平,2015 年为 62.96%,距离实现目标只有约 1/3 的路程。但是,城乡二元经济问题十分严重,由此导致产业发展不协调。另外,城乡要素配置不合理,减缓了要素配置实现程度的提高。城乡二元经济问题和城乡要素配置不合理是制约经济发展一体化实现程度提升的主要问题。

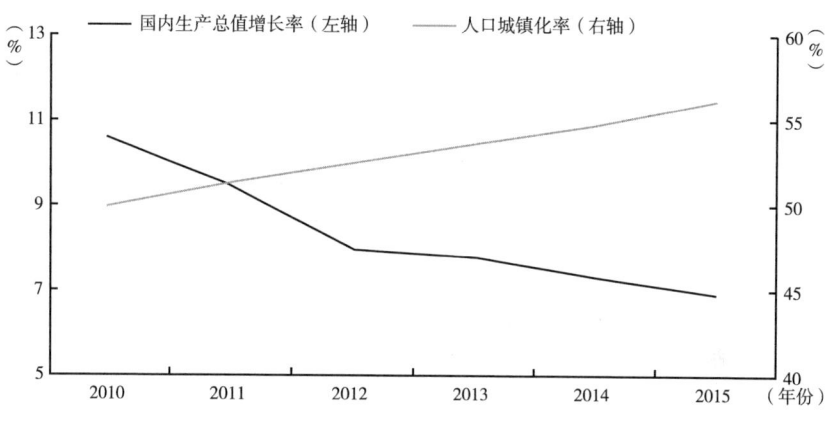

图 2-4 经济增长率和人口城镇化率

(1)城乡二元经济持续改善但十分缓慢,二元经济问题依然十分突出

近年来,中国农业劳动生产率不断提高,现代农业发展进程加快,城乡二元经济问题也呈逐年持续改善趋势,但改善程度十分有限,城乡二元经济问题依然十分严重。一是二元经济实现程度很低,距离实现目标还有约 4/5 的路程;二是有 18 个省份二元经济甚至出现恶化,特别是东部地区有 6 个省份实现程度下降,由此拖累东部地区城乡发展一体化总水平提前实现目标。城乡二元经济问题导致产业协调实现程度处于较低水平,2015 年,产业协调实现程度分别比经济发展、经济发展一体化和城乡发展一体化实现程度低 19.58 个、8.18 个和 13.67 个百分点,在 12 个二级指标中仅高于卫生均衡发展和教育均衡发展。

(2)城乡要素配置不合理

2015 年,要素配置实现程度为 48.32%,实现程度较低,分别比经济发展、经济发展一体化和城乡发展一体化总水平实现程度低14.64个、3.24个和8.73个百分点,距离实现目标还有一半以上的路程。虽然要素配置实现程度逐年提高,城乡要素配置不合理得到一定程度的改善,但进展较为缓慢,2015年比2010年实现程度仅提高了25.19个百分点,在12个二级指标中,进展仅快于教育均衡发展。要素配置不合理主要表现在城乡金融资金流动不合理和城镇化土地利用效率低上。

从资金配置整体上看,其实现程度要高于要素配置,但这得益于财政支农相对程度较高。以第一产业增加值占GDP比重与财政支农支出占财政支出比重的比值衡量的财政对农业的相对支持水平不断提高,2012年,财政支农相对程度已提前9年实现目标,2015年仅有4个省份未实现目标。但是,金融资金城乡流动极不合理,绝大多数省份信贷资金对农业的支持明显不足。2015年,以农业贷款年末余额占全社会贷款年末余额的比重与第一产业增加值占GDP比重的比值衡量的农业贷款相对强度实现程度为5.13%,仅及2007年水平。2015年,虽然有5个省份提前实现目标,但有12个省份实现程度尚未达到2007年全国平均水平。

城镇化土地利用效率较低。2010～2015年,城镇化土地利用效率不断提高,全国每平方公里城镇建设用地第二、第三产业增加值由4.43亿元增加到5.78亿元,但利用效率依然较低,尚未达到目标的50%。相比较而言,东部地区土地利用的集约程度较高,北京、天津、上海、江苏等省份每平方公里城镇建设用地第二、第三产业增加值远远高于全国平均水平,已提前实现目标,浙江、福建和广东等省份也接近实现目标;但有1/3的省份尚未达到或仅及2007年全国平均水平,距实现目标还有巨大差距。

4. 教育发展不均衡和卫生发展不均衡是社会发展一体化实现程度提高的主要短板

2015年,卫生均衡发展和教育均衡发展实现程度分别为27.49%和34.57%,是所有12个二级指标中实现程度最低的,直接导致社会发展一体化实现程度处于较低水平。同时,不仅实现程度低,而且进展十分缓慢,2015年卫生均衡发展实现程度仅比2014年提高1.12个百分点,而教育均衡发展实现程度则下降了1.47个百分点,是12个二级指标中进展最慢的。2010～2015年,教育均衡发展和卫生均衡发展实现程度分别提高了16.22个和26.06个百分点,前者是12个二级指标中进展最慢的,后者实现程度进展也仅快于教育均衡发展和要素配置实现程度。

虽然农村义务教育教师素质不断提高，城乡义务教育教师素质差距不断缩小，农村人口受教育水平不断提高，农村妇女健康和保健水平不断提高，农村医疗卫生服务人力资源数量不断增加，但由于起点较低，进展缓慢，因而，教育均衡发展和卫生均衡发展实现程度整体提高程度较小，农村人力资源数量和质量依然较差。另外，城乡人口受教育水平、城乡医疗卫生服务人力资源差距有所扩大，由此减缓了教育均衡发展和卫生均衡发展实现程度的提高，并最终制约了社会发展一体化实现程度的提高。在城镇化提高的过程中，城乡人力资源差距扩大是实现城乡发展一体化所面临的一个重要问题，需要引起各级政府的重视。

（四）东北地区农村居住卫生条件和环境亟待改善

2010~2015年，我国经济增长虽有所减缓，但依然保持了较快增长，人均GDP年均增长7.3%（按2010年不变价）；与此同时，农村居民收入增长较快，年均增长11%（按2010年不变价）。经济发展指数和农村居民收入水平指数实现程度得到大幅度提升。但是农村居住卫生条件没有得到相应速度的改善，农村居住卫生条件实现程度提升幅度远远低于经济发展和农民收入实现程度的提升幅度。

农村居住卫生条件和环境卫生治理实现程度与经济发展、农民收入实现程度之间不匹配主要发生在东北地区，东部地区则高度匹配。2015年，东部地区经济发展实现程度为88.16%，农村居住卫生条件实现程度为89.34%，环境卫生治理实现程度为82.44%，居住卫生条件实现程度甚至略高于经济发展实现程度；与之相反，2015年，东北地区人均GDP、农民人均可支配收入实现程度分别达到71.36%和75.16%，但农村安全饮用水普及率和农村生活垃圾处理率实现程度分别只有18.80%和29.29%，而无害化卫生厕所普及率与2007年全国平均水平还有一定差距（见表2-10）。

表2-10 经济发展与农村居住卫生条件和环境卫生治理实现程度（2015年）

单位：%

项目	人均GDP	农民人均可支配收入	农村安全饮用水普及率	农村卫生厕所普及率	农村生活垃圾处理率
东部地区	87.98	92.66	88.65	90.03	91.76
中部地区	38.49	67.46	17.45	40.91	53.92
西部地区	37.84	43.86	40.52	30.01	41.08
东北地区	71.36	75.16	18.80	-31.06	29.29

另外，东北地区农村居住卫生条件和环境卫生治理实现程度进展缓慢，使这两项指标与经济发展实现程度之间的差距有所扩大（见图2-5）。

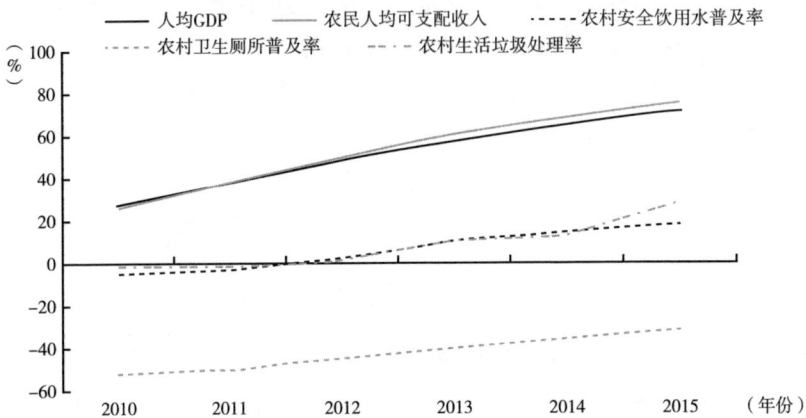

图2-5 东北地区经济发展与农村居住卫生条件和环境卫生治理实现程度

（五）区域发展差距持续全面缩小

2015年，以省份为单位的中国城乡发展一体化实现程度的区域差距继续全面缩小，保持了逐年全面缩小的态势（见表2-11、图2-6）。

2010～2015年，除社会发展一体化以及教育均衡发展、卫生均衡发展和社会保障均衡发展实现程度在个别年份出现差距扩大的情形外，中国城乡发展一体化区域差距呈现逐年持续全面缩小的态势，城乡发展一体化总水平和4个一体化实现程度区域差距大幅缩小，其中生态环境一体化区域差距缩小幅度最大（见表2-11、图2-6）。

表2-11 中国城乡发展一体化区域差距变化（变异系数）

项目	2010年	2011年	2012年	2013年	2014年	2015年
总指数	1.3166	0.9665	0.7837	0.6309	0.5373	0.4552
经济发展一体化	1.7625	1.4195	1.1666	0.9698	0.8202	0.7138
经济发展	2.0366	1.4627	1.1184	0.9174	0.7606	0.6366
产业协调	2.3834	2.2811	2.0480	1.7893	1.5206	1.3756
要素配置	1.8221	1.4782	1.2400	1.0320	0.8943	0.8138
社会发展一体化	1.0069	0.7022	0.6157	0.5119	0.5322	0.4879
教育均衡发展	1.2096	1.3435	1.1247	1.0678	0.9542	0.8588

续表

项目	2010年	2011年	2012年	2013年	2014年	2015年
卫生均衡发展	3.1208	1.7587	1.9935	1.4300	1.6489	1.6374
文化均衡发展	0.7685	0.5731	0.5057	0.4225	0.3869	0.3455
社会保障均衡发展	0.5604	0.3003	0.2287	0.2098	0.2153	0.1772
生活水平一体化	1.2676	0.9096	0.7472	0.6340	0.4984	0.4202
收入消费水平	1.2481	0.7912	0.6382	0.5398	0.3585	0.3104
居住卫生条件	1.6547	1.3662	1.1527	0.9991	0.8730	0.7556
生态环境一体化	1.9419	1.4033	1.0035	0.7481	0.6038	0.4722
水资源利用	2.8882	2.2730	1.8587	1.4261	1.2014	0.9962
污染物排放	3.1430	1.9204	1.1469	0.8089	0.6317	0.4812
环境卫生治理	1.2562	1.0028	0.8485	0.7050	0.6075	0.4449

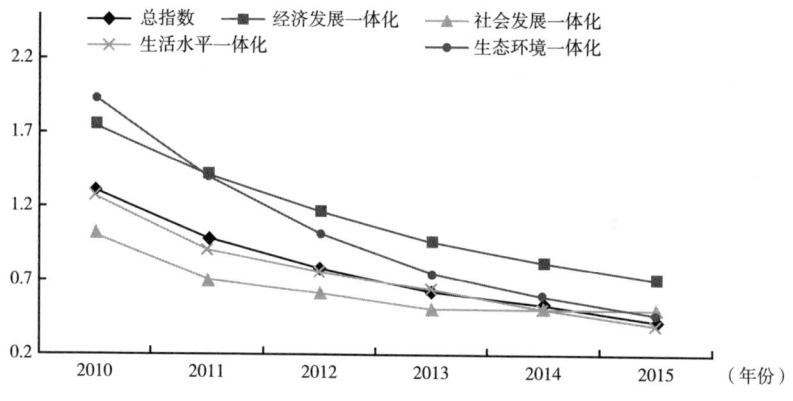

图2-6 中国城乡发展一体化区域差距变化（变异系数）

2015年，中部、西部、东北地区与东部地区城乡发展一体化总水平实现程度的差距继续缩小，西部地区与中部地区差距缩小，但中部、西部地区与东北地区之间的差距略微扩大（见表2-12）。

2010~2015年，中部、西部、东北地区与东部地区的差距呈逐年持续缩小的态势，西部地区与其他地区之间的差距除个别年份有所波动外，基本也呈逐年缩小态势（见表2-12）。

（六）区域差距依然较大

尽管城乡发展一体化实现程度区域差距不断缩小，但区域差距依然较大。

表2-12 4大区域城乡发展一体化总水平实现程度差距

单位：百分点

项目	2010年	2011年	2012年	2013年	2014年	2015年	2015年比2010年缩小
东部与中部	41.65	37.56	37.12	34.54	32.98	29.66	11.99
东部与西部	64.46	61.25	58.60	53.98	51.19	47.67	16.79
东部与东北	30.22	29.59	29.40	27.35	27.35	23.70	6.52
中部与西部	22.81	23.69	21.48	19.44	18.21	18.01	4.80
中部与东北	-11.43	-7.96	-7.72	-7.18	-5.63	-5.96	5.48
西部与东北	-34.24	-31.65	-29.20	-26.63	-23.84	-23.97	10.27

注：表中数据表示的是两个区域比较时，前者实现程度比后者高出的程度，符号"-"表示前者比后者低。"2015年比2010年缩小"中的数据表示的是两个区域差距缩小的程度。

2015年，有14个省份城乡发展一体化总水平实现程度距2020年目标还有一半以上的路程，有4个省份尚未达到目标的1/5。有5个省份经济发展一体化实现程度尚未达到目标的1/5，其中贵州、云南和甘肃尚未达到2007年全国平均水平。有3个省份社会发展一体化实现程度尚未达到目标的1/5，其中青海尚未达到2007年全国平均水平。有1个省份生活水平一体化实现程度尚未达到目标的1/5。有2个省份生态环境一体化实现程度尚未达到目标的1/5。

中国区域之间城乡发展一体化实现程度存在巨大的差距，并主要体现为东部地区全面领先、西部地区全面落后。

2015年，东部地区城乡发展一体化总水平及社会发展一体化、生活水平一体化和生态环境一体化实现程度均远高于其他区域；经济发展一体化实现程度虽略低于东北地区，但经济发展和要素配置实现程度均远高于东北地区。相比之下，西部地区城乡发展一体化总水平以及4个一体化实现程度除生活水平一体化实现程度高于东北地区外，整体全面落后于其他地区。同时，城乡发展一体化总水平以及4个一体化实现程度，特别是经济发展一体化实现程度与实现目标还有较大差距（见表2-13）。

表2-13 2015年4大区域城乡发展一体化实现程度

单位：%

项目	总指数	经济发展一体化	社会发展一体化	生活水平一体化	生态环境一体化
东部地区	77.99	63.96	74.67	88.10	85.24
中部地区	48.33	35.00	54.91	49.68	53.73
西部地区	30.32	16.25	31.88	41.40	31.74
东北地区	54.29	65.00	56.88	37.34	57.92

第三章
中国及各地区经济发展一体化指数

一 经济发展一体化指数

（一）经济发展一体化实现程度

1. 经济发展一体化水平继续提升，实现程度达到 51.56%

2015 年，中国城乡经济发展一体化实现程度为 51.56%，比 2014 年提高 5.03 个百分点，延续了逐年提升的态势。

2. 多数省份实现程度尚未超过 50%

2015 年，仅有 12 个省份经济发展一体化实现程度超过 50%，仅江苏实现程度超过 80%，贵州、云南和甘肃 3 个省份实现程度尚未达到 2007 年全国平均水平（见图 3-1、表 3-1）。

3. 东北地区经济发展一体化水平首次超越东部地区，西部地区严重滞后

2015 年以前，东北地区经济发展一体化水平与东部地区之间的差距较小，2014 年仅相差 0.49 个百分点。2015 年，东北地区经济发展一体化进展快于东部地区，实现程度达到 65.00%，首次超越东部地区；2015 年中部、西部地区实现程度虽有所提高，但仍处较低水平，分别只有 35.00% 和 16.25%，西部地区与实现目标差距较大（见表 3-2）。

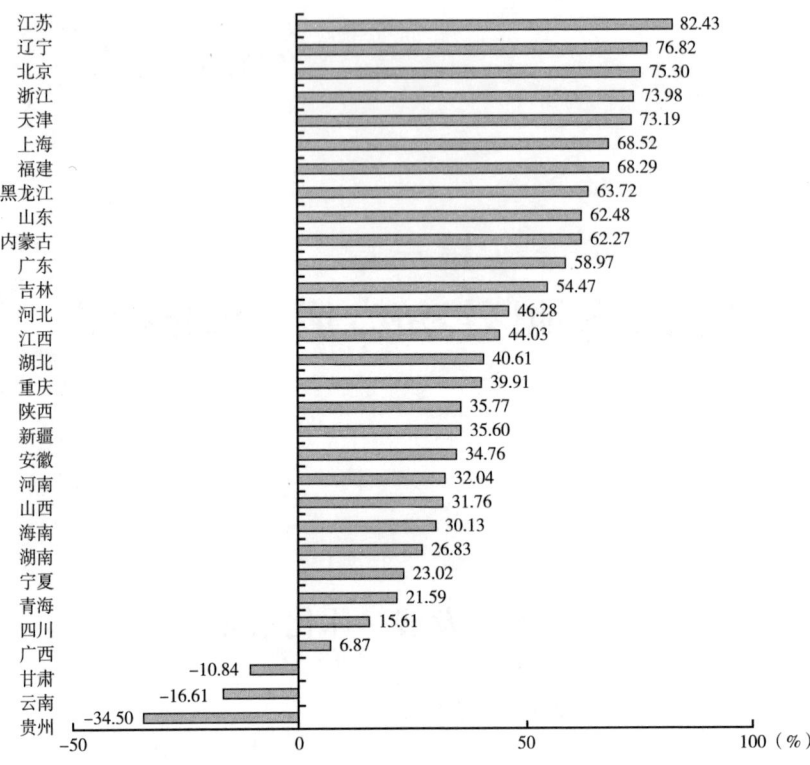

图 3-1 2015 年各地区经济发展一体化实现程度

表 3-1 中国及各地区经济发展一体化实现程度

单位：%

地 区	2010年	2011年	2012年	2013年	2014年	2015年
北 京	73.56	72.27	72.69	74.62	76.08	75.30
天 津	66.68	71.77	72.25	73.35	73.48	73.19
河 北	22.67	28.82	34.66	39.82	42.95	46.28
山 西	10.92	17.05	23.28	28.54	31.15	31.76
内蒙古	34.15	41.77	47.86	54.25	58.36	62.27
辽 宁	56.40	63.65	68.03	73.07	75.33	76.82
吉 林	30.49	33.15	38.41	43.81	49.83	54.47
黑龙江	45.75	49.77	54.95	58.39	61.55	63.72
上 海	70.39	70.56	70.19	67.96	69.93	68.52
江 苏	75.40	74.95	77.99	80.35	81.65	82.43
浙 江	62.24	65.58	71.72	73.11	73.81	73.98

续表

地区	2010年	2011年	2012年	2013年	2014年	2015年
安徽	5.93	10.49	17.98	24.27	29.76	34.76
福建	42.04	49.90	56.68	61.80	66.64	68.29
江西	9.42	18.64	26.08	31.57	37.39	44.03
山东	40.61	43.27	46.85	52.14	57.35	62.48
河南	7.34	30.38	20.13	26.55	29.16	32.04
湖北	-6.25	10.49	16.54	23.15	31.47	40.61
湖南	-4.28	7.41	13.34	17.99	22.78	26.83
广东	39.14	45.08	48.20	52.34	56.75	58.97
广西	-18.47	-13.49	-9.40	-3.77	1.00	6.87
海南	11.24	14.43	18.89	25.04	28.72	30.13
重庆	14.01	12.74	19.37	24.48	33.93	39.91
四川	-16.28	-7.78	-0.58	5.25	10.98	15.61
贵州	-42.02	-56.21	-51.47	-46.43	-40.14	-34.50
云南	-43.32	-39.25	-32.76	-27.21	-21.89	-16.61
陕西	7.90	15.95	22.15	26.97	32.03	35.77
甘肃	-39.57	-32.00	-25.98	-21.01	-15.51	-10.84
青海	-3.90	3.27	9.01	14.24	18.61	21.59
宁夏	9.20	1.22	5.07	9.47	16.31	23.02
新疆	13.03	12.80	15.56	22.41	29.70	35.60
全国	19.92	27.14	33.24	39.98	46.53	51.56

表3-2　各区域经济发展一体化实现程度

单位：%

地区	2010年	2011年	2012年	2013年	2014年	2015年
东部地区	50.39	53.66	57.01	60.05	62.73	63.96
中部地区	3.85	15.74	19.56	25.34	30.29	35.00
西部地区	-7.75	-5.54	-0.11	5.33	11.22	16.25
东北地区	44.22	48.86	53.80	58.42	62.24	65.00

（二）经济发展一体化实现程度进展

1. 2015年进程继续减缓

2015年，经济发展一体化实现程度比2014年提升了5.03个百分点，比上年进展下降了1.52个百分点，进展速度连续第2年下降。湖北、宁夏和江西等省份进展较快,北京、天津和上海等东部地区省份实现程度下降(见表3-3)。

表3-3 中国及各地区经济发展一体化实现程度进展

单位:百分点

地区	2011年	2012年	2013年	2014年	2015年	2015年比2010年提高	年均提高
北京	-1.29	0.42	1.93	1.46	-0.78	1.74	0.35
天津	5.09	0.48	1.10	0.13	-0.29	6.51	1.30
河北	6.15	5.84	5.16	3.13	3.33	23.61	4.72
山西	6.13	6.23	5.26	2.61	0.61	20.84	4.17
内蒙古	7.62	6.09	6.39	4.11	3.91	28.12	5.62
辽宁	7.25	4.38	5.04	2.26	1.49	20.42	4.08
吉林	2.66	5.26	5.40	6.02	4.64	23.98	4.80
黑龙江	4.02	5.18	3.44	3.16	2.17	17.97	3.59
上海	0.17	-0.37	-2.23	1.97	-1.41	-1.87	-0.37
江苏	-0.45	3.04	2.35	1.30	0.78	7.03	1.41
浙江	3.34	6.14	1.39	0.70	0.17	11.74	2.35
安徽	4.56	7.49	6.29	5.49	5.00	28.83	5.77
福建	7.86	6.78	5.12	4.84	1.65	26.25	5.25
江西	9.22	7.44	5.49	5.82	6.64	34.61	6.92
山东	2.66	3.58	5.29	5.21	5.13	21.87	4.37
河南	23.04	-10.25	6.42	2.61	2.88	24.70	4.94
湖北	16.74	6.05	6.61	8.32	9.14	46.86	9.37
湖南	11.69	5.93	4.65	4.79	4.05	31.11	6.22
广东	5.94	3.12	4.14	4.41	2.22	19.83	3.97
广西	4.98	4.09	5.63	4.77	5.87	25.34	5.07
海南	3.19	4.46	6.15	3.68	1.41	18.89	3.78
重庆	-1.27	6.63	5.11	9.45	5.98	25.90	5.18
四川	8.50	7.20	5.83	5.73	4.63	31.89	6.38
贵州	-14.19	4.74	5.04	6.29	5.64	7.52	1.50
云南	4.07	6.49	5.55	5.32	5.28	26.71	5.34
陕西	8.05	6.20	4.82	5.06	3.74	27.87	5.57
甘肃	7.57	6.02	4.97	5.50	4.67	28.73	5.75
青海	7.17	5.74	5.23	4.37	2.98	25.49	5.10
宁夏	-7.98	3.85	4.40	6.84	6.71	13.82	2.76
新疆	-0.23	2.76	6.85	7.29	5.90	22.57	4.51
全国	7.22	6.10	6.74	6.55	5.03	31.64	6.33

2. 2010~2015年经济发展一体化水平逐年提升,但进展基本呈逐年下降趋势,实现目标形势十分严峻

2010~2015年,经济发展一体化实现程度逐年提高,2015年比2010年提高了31.64个百分点,快于城乡发展一体化总水平实现程度进展。但是,进展速度却基本呈现逐年下降的态势(见表3-3、图3-2)。由于经济发展一体化实现程度起点较低,进展速度又较为缓慢,因此,按目前进展,到2020年将只能实现目标的80%;30个省份均无法如期实现目标,仅内蒙古、福建和辽宁实现程度有可能超过90%。

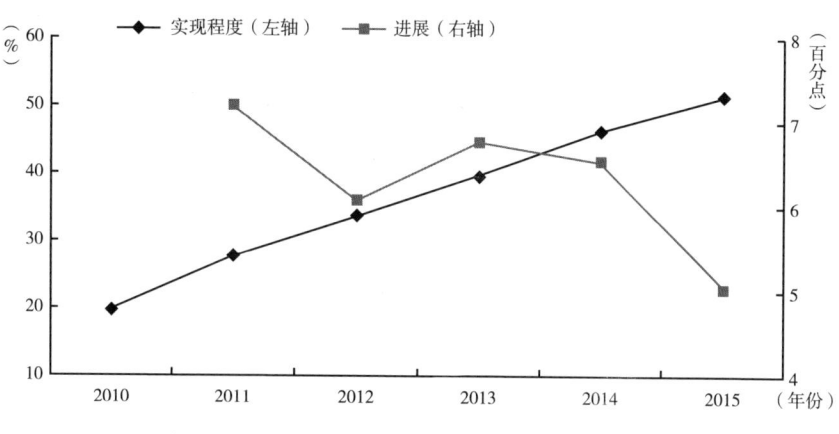

图3-2 经济发展一体化实现程度与进展

(三)经济发展一体化实现程度排序及变化

1. 2015年排序:中西部地区靠后

2015年,经济发展一体化实现程度排名前5的均为东部地区省份,前10位中,东部地区占据8个,整体排序居前,但海南排序靠后;西部地区整体靠后,后5位均为西部地区省份,后10位中有7个省份来自西部地区,但内蒙古进入前10行列;中部地区整体排序也较为靠后,6个省份中有2个位于后10位,排序最高的江西也仅排在第14位(见表3-4)。

2. 2010~2015年整体排序变化:东部地区居前、中西部地区居后的格局没有发生变化

2010~2015年,东部地区整体排序依然居前,但海南排序下降较大,进入后10行列;西部地区整体排序略有下降;由于中部地区经济发展一体化进展远快于其他3个区域,因此,整体排序有所上升,相较于2010年,2015年6个省份中,除山西排序下降外,其他省份排序均不同程度上升,特别是湖北排序大幅上升了10位,但整体排序依然靠后(见表3-4)。

表3-4 各地区经济发展一体化实现程度排序

排序	2010年	2011年	2012年	2013年	2014年	2015年
1	江苏	江苏	江苏	江苏	江苏	江苏
2	北京	北京	北京	北京	北京	辽宁
3	上海	天津	天津	天津	辽宁	北京
4	天津	上海	浙江	浙江	浙江	浙江
5	浙江	浙江	上海	辽宁	天津	天津
6	辽宁	辽宁	辽宁	上海	上海	上海
7	黑龙江	福建	福建	福建	福建	福建
8	福建	黑龙江	黑龙江	黑龙江	黑龙江	黑龙江
9	山东	广东	广东	内蒙古	内蒙古	山东
10	广东	山东	内蒙古	广东	山东	内蒙古
11	内蒙古	内蒙古	山东	山东	广东	广东
12	吉林	吉林	吉林	吉林	吉林	吉林
13	河北	河南	河北	河北	河北	河北
14	重庆	河北	江西	江西	江西	江西
15	新疆	江西	山西	山西	重庆	湖北
16	海南	山西	陕西	陕西	陕西	重庆
17	山西	陕西	河南	河南	湖北	陕西
18	江西	海南	重庆	海南	山西	新疆
19	宁夏	新疆	海南	重庆	安徽	安徽
20	陕西	重庆	安徽	安徽	新疆	河南
21	河南	湖北	湖北	湖北	河南	山西
22	安徽	安徽	新疆	新疆	海南	海南
23	青海	湖南	湖南	湖南	湖南	湖南
24	湖南	青海	青海	青海	青海	宁夏
25	湖北	宁夏	宁夏	宁夏	宁夏	青海
26	四川	四川	四川	四川	四川	四川
27	广西	广西	广西	广西	广西	广西
28	甘肃	甘肃	甘肃	甘肃	甘肃	甘肃
29	贵州	云南	云南	云南	云南	云南
30	云南	贵州	贵州	贵州	贵州	贵州

二 经济发展指数

（一）经济发展实现程度

1. 实现程度相对较高，提升速度较快

2015 年，经济发展实现程度为 62.96%，比 2014 年提高 8.29 个百分点（见表 3-5），在 12 个二级指标中，实现程度相对较高。

2. 有 9 个省份已提前实现目标，地区间差异较大

2015 年，内蒙古、辽宁、福建和广东 4 个省份也提前实现目标，提前实现目标的省份增加到 9 个，山东接近实现目标。但有 13 个省份进程仍未过半，其中甘肃、云南和贵州 3 个省份实现程度还未达到 2007 年全国平均水平（见表 3-5、图 3-3）。

表 3-5 中国及各地区经济发展实现程度

单位：%

省份	2010 年	2011 年	2012 年	2013 年	2014 年	2015 年
北 京	100	100	100	100	100	100
天 津	100	100	100	100	100	100
河 北	1.63	9.54	17.50	25.59	32.67	42.99
山 西	10.73	20.78	30.06	38.18	44.51	50.19
内蒙古	65.73	78.34	90.36	95.43	98.30	100
辽 宁	74.98	81.71	87.58	93.55	97.86	100
吉 林	37.33	43.21	50.00	56.16	62.14	67.69
黑龙江	39.42	46.84	52.35	57.63	62.55	68.49
上 海	100	100	100	100	100	100
江 苏	88.89	96.29	100	100	100	100
浙 江	86.56	92.43	98.12	100	100	100
安 徽	-13.75	-3.71	5.93	14.14	21.88	29.81
福 建	61.69	71.27	82.89	90.99	97.46	100
江 西	-9.44	-0.30	9.47	17.65	25.95	34.47
山 东	36.70	46.75	57.55	68.16	78.39	89.72
河 南	-24.66	-13.36	-3.16	5.28	14.02	23.58
湖 北	19.45	31.93	42.39	50.48	59.40	68.16
湖 南	-7.83	2.56	11.89	20.27	28.80	38.23

续表

省份	2010年	2011年	2012年	2013年	2014年	2015年
广东	77.48	82.95	87.62	93.12	98.31	100
广西	-24.40	-14.82	-5.52	2.19	9.28	15.89
海南	14.42	20.31	27.05	34.34	41.27	48.92
重庆	30.71	43.25	55.49	65.69	75.53	82.73
四川	-22.93	-12.88	-2.87	5.52	13.72	21.71
贵州	-56.37	-49.55	-41.83	-34.01	-23.51	-13.62
云南	-49.90	-39.77	-27.99	-20.78	-14.15	-5.91
陕西	4.44	14.89	29.61	39.14	48.43	57.30
甘肃	-44.30	-38.13	-29.50	-21.75	-13.71	-5.87
青海	-3.23	5.60	14.42	22.04	30.03	35.47
宁夏	11.37	22.02	29.31	37.71	46.59	55.82
新疆	-8.20	-2.76	2.71	8.31	17.75	24.68
全国	23.91	32.25	40.04	47.57	54.67	62.96

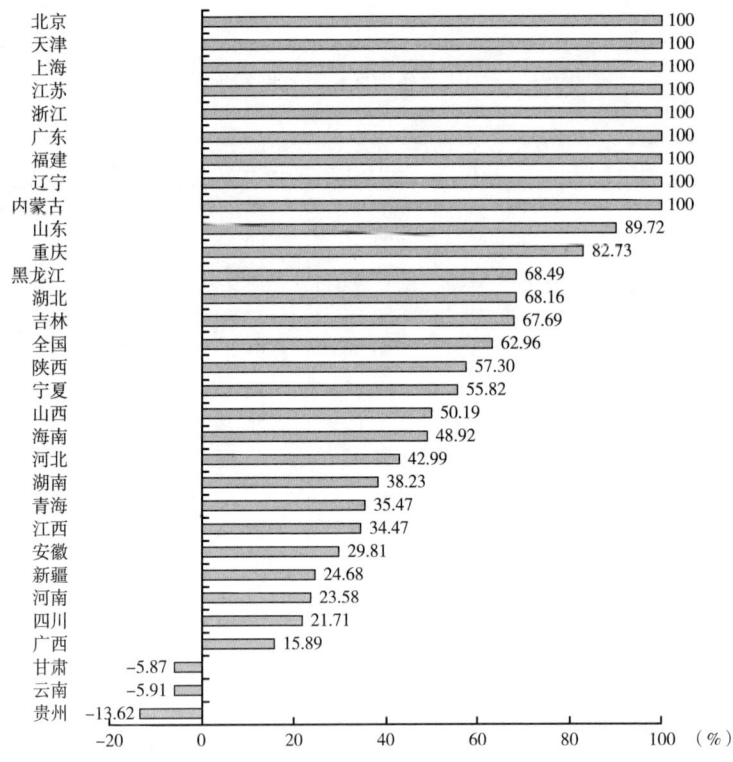

图3-3　2015年各地区经济发展实现程度

3. 东部地区接近实现目标

2015年，东部地区经济发展实现程度为88.16%，接近实现目标；东北地区实现程度也较高，达到78.72%；而中部和西部地区经济发展实现程度较低，分别只有40.74%和33.47%，与东部和东北地区差距较大（见表3-6）。

表3-6 各区域经济发展实现程度及进展

单位：%，百分点

地区	2010年	2011年	2012年	2013年	2014年	2015年	2015年比2010年提高
东部地区	66.74	71.96	77.07	81.22	84.81	88.16	21.42
中部地区	-4.25	6.31	16.10	24.33	32.43	40.74	44.99
西部地区	-8.83	0.56	10.38	18.14	26.21	33.47	42.30
东北地区	50.58	57.25	63.31	69.11	74.18	78.72	28.14

（二）经济发展实现程度进展

1. 2015年进展加快，初步遏制住连续下滑的势头

2015年，经济发展实现程度比2014年提升了8.29个百分点，进展速度比2014年快1.19个百分点，初步遏制住进展持续减缓的势头。山东、河北、贵州、河南、湖南和宁夏进展较快，均超过9个百分点（见表3-7）。

表3-7 中国及各地区经济发展实现程度进展

单位：百分点

地 区	2011年	2012年	2013年	2014年	2015年	2015年比2010年提高	年均提高
北 京	0	0	0	0	0	0	0
天 津	0	0	0	0	0	0	0
河 北	7.91	7.97	8.09	7.08	10.32	41.36	8.27
山 西	10.05	9.28	8.12	6.34	5.68	39.46	7.89
内蒙古	12.61	12.02	5.07	2.87	1.70	34.27	6.85
辽 宁	6.73	5.88	5.96	4.31	2.14	25.02	5.00
吉 林	5.88	6.80	6.15	5.98	5.55	30.36	6.07
黑龙江	7.41	5.52	5.27	4.92	5.94	29.06	5.81
上 海	0	0	0	0	0	0	0
江 苏	7.41	3.71	0	0	0	11.11	2.22
浙 江	5.88	5.68	1.88	0	0	13.44	2.69
安 徽	10.04	9.65	8.21	7.74	7.93	43.56	8.71
福 建	9.58	11.62	8.10	6.47	2.54	38.31	7.66

续表

地 区	2011年	2012年	2013年	2014年	2015年	2015年比2010年提高	年均提高
江 西	9.14	9.77	8.17	8.31	8.52	43.92	8.78
山 东	10.05	10.80	10.61	10.24	11.33	53.03	10.61
河 南	11.30	10.20	8.44	8.74	9.56	48.24	9.65
湖 北	12.47	10.47	8.09	8.92	8.76	48.71	9.74
湖 南	10.39	9.34	8.38	8.53	9.43	46.06	9.21
广 东	5.47	4.67	5.49	5.19	1.69	22.52	4.50
广 西	9.57	9.30	7.71	7.09	6.61	40.28	8.06
海 南	5.90	6.73	7.29	6.94	7.64	34.50	6.90
重 庆	12.53	12.24	10.20	9.84	7.20	52.02	10.40
四 川	10.05	10.01	8.39	8.21	7.98	44.64	8.93
贵 州	6.82	7.72	7.82	10.50	9.89	42.75	8.55
云 南	10.13	11.78	7.21	6.63	8.24	43.99	8.80
陕 西	10.45	14.72	9.52	9.30	8.86	52.86	10.57
甘 肃	6.17	8.63	7.75	8.04	7.84	38.43	7.69
青 海	8.83	8.82	7.62	7.99	5.43	38.70	7.74
宁 夏	10.65	7.29	8.40	8.88	9.22	44.44	8.89
新 疆	5.44	5.47	5.60	9.44	6.93	32.88	6.58
全 国	8.34	7.80	7.53	7.10	8.29	39.05	7.81

2. 2010~2015年进展基本呈逐年下降趋势，但依然较快，有望如期实现目标

2010~2015年，经济发展实现程度逐年提高，由23.91%提高到62.96%，提高了39.05个百分点（见表3-7），在12个二级指标中，进展速度仅次于收入消费水平、环境卫生治理和污染物排放。但是，总体来看，进展基本呈逐年下滑趋势，直到2015年才遏制住下滑势头。按目前进展，经济发展将如期实现目标。

3. 中部、西部地区进展快，东部和东北地区在较高实现程度基础上保持了较快进展

2010~2015年，中部和西部地区经济发展实现程度快速提升，分别提升了44.99个和42.30个百分点；东部和东北地区经济发展实现程度虽然远低于中部、西部地区，但在实现程度较高基础上仍然保持了较快的进展，按目前进展，东部和东北地区地区将如期实现目标（见表3-6）。

但是，各大区域经济发展实现程度进展均呈逐年下降的趋势（见图3-4），这个问题需要引起重视，东部和东北地区需要保持目前的进展速度，而中部、西部地区还需要加快发展。

第三章　中国及各地区经济发展一体化指数

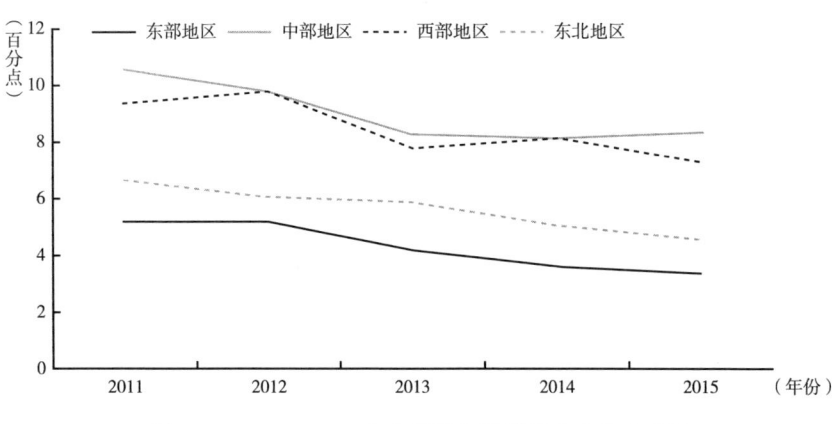

图3-4　2011～2015年各区域经济发展实现程度进展

（三）经济发展实现程度排序及变化

1. 2015年排序：东部地区整体居前，中西部地区靠后

2015年，东部地区经济发展整体排位居前，有8个省份位于前10名行列，并占据前6位，但海南和河北排名相对靠后；中西部地区排序整体靠后，排名后10位的省份中有7个来自西部地区，3个来自中部地区；西部地区的内蒙古已提前实现目标，并与其他8个省份并列第1；中部地区则没省份进入前10名行列（见表3-8）。

2. 2010～2015年整体排序变化：整体排序格局变化不大

2010～2015年，虽然中西部地区实现程度进展远快于东部和东北地区，但由于2010年时实现程度起点低，差距较大，因此，各大区域的整体排序格局变化较小，依然保持东部地区遥遥领先、东北地区相对靠前、中西部地区居后的格局。同时，省份之间排序的变化也较小，均未超过3位（见表3-8）。

表3-8　各地区经济发展实现程度排序

排序	2010年	2011年	2012年	2013年	2014年	2015年
1	北京	北京	北京	北京	北京	北京
1	天津	天津	天津	天津	天津	天津
1	上海	上海	上海	上海	上海	上海
1	江苏(4)	江苏(4)	江苏	江苏	江苏	江苏
1	浙江(5)	浙江(5)	浙江(5)	浙江	浙江	浙江

续表

排序	2010年	2011年	2012年	2013年	2014年	2015年
1	广东(6)	广东(6)	内蒙古(6)	内蒙古(6)	广东(6)	广东
1	辽宁(7)	辽宁(7)	广东(7)	辽宁(7)	内蒙古(7)	内蒙古
1	内蒙古(8)	内蒙古(8)	辽宁(8)	广东(8)	辽宁(8)	辽宁
1	福建(9)	福建(9)	福建(9)	福建(9)	福建(9)	福建
10	黑龙江	黑龙江	山东	山东	山东	山东
11	吉林	山东	重庆	重庆	重庆	重庆
12	山东	重庆	黑龙江	黑龙江	黑龙江	黑龙江
13	重庆	吉林	吉林	吉林	吉林	湖北
14	湖北	湖北	湖北	湖北	湖北	吉林
15	海南	宁夏	山西	陕西	陕西	陕西
16	宁夏	山西	陕西	山西	宁夏	宁夏
17	山西	海南	宁夏	宁夏	山西	山西
18	陕西	陕西	海南	海南	海南	海南
19	河北	河北	河北	河北	河北	河北
20	青海	青海	青海	青海	青海	湖南
21	湖南	湖南	湖南	湖南	湖南	青海
22	新疆	江西	江西	江西	江西	江西
23	江西	新疆	安徽	安徽	安徽	安徽
24	安徽	安徽	新疆	新疆	新疆	新疆
25	四川	四川	四川	四川	河南	河南
26	广西	河南	河南	河南	四川	四川
27	河南	广西	广西	广西	广西	广西
28	甘肃	甘肃	云南	云南	甘肃	甘肃
29	云南	云南	甘肃	甘肃	云南	云南
30	贵州	贵州	贵州	贵州	贵州	贵州

注：括号中数字表示该省份在未实现目标前的当年排序。

三　产业协调指数

（一）产业协调实现程度

1. 实现程度较低

2015年，产业协调实现程度为43.38%，实现程度较低，比城乡发展一体化总水平和经济发展一体化实现程度分别低 13.67 个和 8.18 个百分点，在 12 个二级指标中仅高于教育均衡发展和卫生均衡发展。

2. 2/3 以上的省份实现程度尚未过半

2015 年，仅有 8 个省份产业协调实现程度超过 50%，实现程度最高的黑龙江也仅为 77.06%；20 个省份产业协调实现程度低于全国平均水平，其中有 7 个省份的实现程度还未达到 2007 年全国平均水平（见表 3-9、图 3-5）。

表 3-9 中国及各地区产业协调实现程度

单位：%

地区	2010 年	2011 年	2012 年	2013 年	2014 年	2015 年
北 京	35.77	32.04	34.00	34.74	32.94	25.89
天 津	14.34	29.50	31.31	34.50	35.13	34.63
河 北	48.21	53.81	56.69	59.07	59.53	58.61
山 西	-17.60	-14.64	-9.85	-6.25	-3.66	-3.53
内蒙古	19.47	21.98	22.93	28.74	31.40	33.84
辽 宁	51.33	58.94	60.67	63.04	61.40	62.78
吉 林	36.42	36.37	39.85	44.13	51.32	56.06
黑龙江	65.68	65.80	70.95	72.75	75.88	77.06
上 海	32.80	30.24	25.92	20.45	28.62	25.37
江 苏	73.77	62.04	60.75	59.70	59.31	59.35
浙 江	41.40	42.22	51.80	49.56	46.20	41.59
安 徽	39.55	39.13	44.43	47.24	51.12	55.29
福 建	17.14	24.00	27.67	29.12	30.02	29.70
江 西	17.00	25.32	30.13	35.42	40.70	48.54
山 东	38.52	35.90	37.77	40.62	43.30	47.02
河 南	32.32	64.46	33.84	36.79	32.54	29.37
湖 北	-18.26	-0.15	1.93	8.57	19.21	29.11
湖 南	-2.58	9.08	9.95	9.20	10.29	11.91
广 东	-6.79	-0.77	0.88	2.61	4.84	7.22
广 西	-12.63	-11.51	-12.53	-5.88	-3.39	0.16
海 南	61.09	62.93	66.79	69.15	71.01	67.66
重 庆	-13.52	-24.33	-22.21	-23.77	-12.07	-6.59
四 川	-14.62	-15.89	-13.76	-8.89	-4.17	-0.26
贵 州	-53.65	-79.00	-75.78	-73.30	-70.39	-66.90
云 南	-56.54	-57.35	-53.71	-50.46	-46.06	-42.30
陕 西	-3.19	4.08	6.58	6.82	9.33	10.54

续表

地区	2010年	2011年	2012年	2013年	2014年	2015年
甘　肃	-45.78	-41.46	-38.30	-35.09	-30.74	-26.46
青　海	-6.32	-2.38	1.83	7.38	9.03	10.50
宁　夏	4.93	-14.92	-11.71	-10.30	-5.17	-0.05
新　疆	70.42	61.69	58.53	66.33	67.66	69.80
全　国	12.72	18.81	24.25	32.13	39.88	43.38

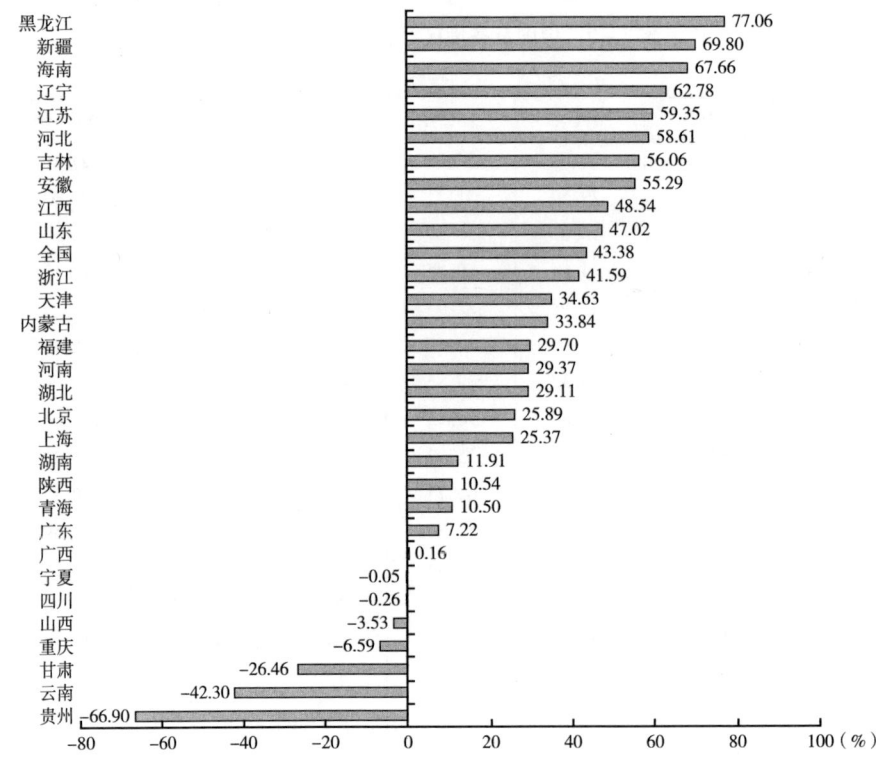

图3-5　2015年各地区产业协调实现程度

3. 东北地区实现程度较高，西部地区严重滞后

2015年，东北地区产业协调实现程度最高，为65.30%，远高于其他3个区域，3个省份实现程度均超过50%，其中黑龙江为30个省份最高。西部地区实现程度尚未达到2007年全国平均水平，但新疆实现程度相对较高，位居全国第2，其他10个省份实现程度均低于全国平均水平，其中有6个省份的实现程度尚未达到 2007 年全国平均水平。东部和中部地区实现程度较低，距实现目标还有较大差距（见表 3-9、表 3-10）。

表 3-10 各区域产业协调实现程度

单位：%

地区	2010 年	2011 年	2012 年	2013 年	2014 年	2015 年
东部地区	35.63	37.19	39.36	39.95	41.09	39.70
中部地区	8.41	20.53	18.41	21.83	25.03	28.45
西部地区	-10.13	-14.46	-12.56	-8.95	-4.96	-1.61
东北地区	51.14	53.70	57.16	59.97	62.87	65.30

（二）产业协调实现程度进展

1. 2015 年进展大幅减缓，部分省份实现程度下降

2015 年，产业协调实现程度比 2014 年提升了 3.5 个百分点，延续了逐年提升的势头；但进展大幅下降了 4.25 个百分点，连续第 2 年下降；北京等 8 个省份实现程度下降，湖北、江西等省份进展较快（见表 3-11）。

表 3-11 中国及各地区产业协调实现程度进展

单位：百分点

地区	2011 年	2012 年	2013 年	2014 年	2015 年	2015 年比 2010 年提高	年均提高
北 京	-3.73	1.96	0.74	-1.80	-7.05	-9.88	-1.98
天 津	15.16	1.81	3.19	0.63	-0.50	20.29	4.06
河 北	5.60	2.88	2.38	0.46	-0.92	10.40	2.08
山 西	2.96	4.79	3.60	2.59	0.13	14.07	2.81
内蒙古	2.51	0.95	5.81	2.66	2.44	14.37	2.87
辽 宁	7.61	1.73	2.37	-1.64	1.38	11.45	2.29
吉 林	-0.05	3.48	4.29	7.19	4.74	19.64	3.93
黑龙江	0.12	5.15	1.80	3.13	1.18	11.38	2.28
上 海	-2.56	-4.32	-5.47	8.17	-3.25	-7.43	-1.49
江 苏	-11.73	-1.29	-1.05	-0.39	0.04	-14.42	-2.88
浙 江	0.82	9.58	-2.24	-3.36	-4.61	0.19	0.04
安 徽	-0.42	5.30	2.81	3.88	4.17	15.74	3.15
福 建	6.86	3.67	1.45	0.90	-0.32	12.56	2.51
江 西	8.32	4.81	5.29	5.28	7.84	31.54	6.31

续表

地 区	2011年	2012年	2013年	2014年	2015年	2015年比2010年提高	年均提高
山 东	-2.62	1.87	2.85	2.68	3.72	8.50	1.70
河 南	32.14	-30.62	2.95	-4.25	-3.17	-2.95	-0.59
湖 北	18.11	2.08	6.64	10.64	9.90	47.37	9.47
湖 南	11.66	0.87	-0.75	1.09	1.62	14.49	2.90
广 东	6.02	1.65	1.73	2.23	2.38	14.01	2.80
广 西	1.12	-1.02	6.66	2.49	3.55	12.79	2.56
海 南	1.84	3.86	2.36	1.86	-3.35	6.57	1.31
重 庆	-10.81	2.12	-1.57	11.70	5.48	6.93	1.39
四 川	-1.27	2.13	4.87	4.72	3.91	14.36	2.87
贵 州	-25.35	3.22	2.48	2.91	3.49	-13.25	-2.65
云 南	-0.81	3.64	3.25	4.40	3.76	14.24	2.85
陕 西	7.27	2.50	0.24	2.51	1.21	13.73	2.75
甘 肃	4.32	3.16	3.21	4.35	4.28	19.32	3.86
青 海	3.94	4.21	5.55	1.65	1.47	16.82	3.36
宁 夏	-19.85	3.20	1.41	5.13	5.12	-4.98	-1.00
新 疆	-8.73	-3.16	7.80	1.33	2.14	-0.62	-0.12
全 国	6.09	5.44	7.88	7.75	3.50	30.66	6.13

2. 2010~2015年进展较慢，需要加快发展

2010~2015年，产业协调实现程度年均提升6.13个百分点，既低于城乡发展一体化总水平实现程度进展，也低于经济发展一体化实现程度进展，在12个二级指标中进展也较慢。按目前的进展，到2020年距实现目标还有1/4的路程，宁夏、甘肃、云南和贵州等省份甚至无法达到2007年全国平均水平。因此，必须加快发展进程。

（三）产业协调实现程度排序及变化

1. 2015年排序：东北地区居前，西部地区居后

2015年，东北地区产业协调实现程度整体排序居前，3个省份均进入前10名行列，其中，黑龙江高居榜首；与其他二级指标实现程度区域排序不同的是，东部地区仅有4个省份进入前10名行列，产业协调实现程度是12个二级指标中进入前10名行列最少的指标；中部地区也有2个省份进入前10名行列；西部地区排序整体居后，后10位省份中有8个来自西部地区，但新疆排序高，位居第2（见表3-12）。

表3-12　各地区产业协调实现程度排序

排序	2010年	2011年	2012年	2013年	2014年	2015年
1	江苏	黑龙江	黑龙江	黑龙江	黑龙江	黑龙江
2	新疆	河南	海南	海南	海南	新疆
3	黑龙江	海南	江苏	新疆	新疆	海南
4	海南	江苏	辽宁	辽宁	辽宁	辽宁
5	辽宁	新疆	新疆	江苏	河北	江苏
6	河北	辽宁	河北	河北	江苏	河北
7	浙江	河北	浙江	浙江	吉林	吉林
8	安徽	浙江	安徽	安徽	安徽	安徽
9	山东	安徽	吉林	吉林	浙江	江西
10	吉林	吉林	山东	山东	山东	山东
11	北京	山东	北京	河南	江西	浙江
12	上海	北京	河南	江西	天津	天津
13	河南	上海	天津	北京	北京	内蒙古
14	内蒙古	天津	江西	天津	河南	福建
15	福建	江西	福建	福建	内蒙古	河南
16	江西	福建	上海	内蒙古	福建	湖北
17	天津	内蒙古	内蒙古	上海	上海	北京
18	宁夏	湖南	湖南	湖南	湖北	上海
19	湖南	陕西	陕西	湖北	湖南	湖南
20	陕西	湖北	湖北	青海	陕西	陕西
21	青海	广东	青海	陕西	青海	青海
22	广东	青海	广东	广东	广东	广东
23	广西	广西	山西	广西	广西	广西
24	重庆	山西	宁夏	山西	山西	宁夏
25	四川	宁夏	广西	四川	四川	四川
26	山西	四川	四川	宁夏	宁夏	山西
27	湖北	重庆	重庆	重庆	重庆	重庆
28	甘肃	甘肃	甘肃	甘肃	甘肃	甘肃
29	贵州	云南	云南	云南	云南	云南
30	云南	贵州	贵州	贵州	贵州	贵州

2. 2010~2015年整体排序变化：中部和东北地区整体上升

2010~2015年，中部地区产业协调进展快于其他3个区域，因此，相较于2010年，2015年的整体排序有所上升，在6个省份中，山西、湖南和安徽排序未发生变化,河南下降2位,江西和湖北上升幅度较大,分别上升7位和11位。此外,东北地区排序始终位居前列,3个省份均有小幅提升(见表3-12)。

四 要素配置指数

(一)要素配置实现程度

1. 实现程度接近过半

2015年,要素配置实现程度为48.32%,比2014年提高3.28个百分点,低于城乡发展一体化和经济发展一体化实现程度,实现程度较低。

2. 2/3省份实现程度未超过50%

2015年,仅有10个省份要素配置实现程度超过50%,北京、天津、上海、江苏和浙江5个省份实现程度较高,均超过80%,其中北京已提前实现目标;但海南、贵州、云南和甘肃4个省份实现程度还未达到2007年全国平均水平(见表3-13、图3-6)。

表3-13 中国及各地区要素配置实现程度

单位:%

地 区	2010年	2011年	2012年	2013年	2014年	2015年
北 京	84.91	84.76	84.07	89.11	95.28	100
天 津	85.69	85.81	85.43	85.56	85.32	84.92
河 北	18.17	23.11	29.80	34.79	36.64	37.24
山 西	39.63	45.00	49.63	53.69	52.60	48.61
内蒙古	17.25	24.99	30.31	38.58	45.37	52.96
辽 宁	42.91	50.31	55.83	62.61	66.74	67.68
吉 林	17.73	19.87	25.39	31.13	36.02	39.66
黑龙江	32.15	36.66	41.54	44.80	46.22	45.63
上 海	78.35	81.43	84.66	83.44	81.15	80.18
江 苏	63.54	66.53	73.23	81.33	85.64	87.94
浙 江	58.76	62.07	65.24	69.78	75.23	80.36
安 徽	-8.01	-3.94	3.58	11.42	16.28	19.19
福 建	47.28	54.43	59.49	65.30	72.45	75.16
江 西	20.71	30.89	38.63	41.66	45.51	49.07
山 东	46.60	47.14	45.22	47.65	50.36	50.68
河 南	14.36	40.05	29.71	37.59	40.93	43.15
湖 北	-19.94	-0.29	5.31	10.39	15.80	24.55

续表

地区	2010年	2011年	2012年	2013年	2014年	2015年
湖 南	-2.42	10.59	18.18	24.50	29.25	30.36
广 东	46.72	53.06	56.09	61.29	67.10	69.69
广 西	-18.38	-14.12	-10.13	-7.62	-2.90	4.56
海 南	-41.79	-39.94	-37.19	-28.38	-26.13	-26.19
重 庆	24.84	19.30	24.82	31.52	38.34	43.60
四 川	-11.28	5.42	14.88	19.13	23.39	25.39
贵 州	-16.04	-40.09	-36.79	-31.99	-26.51	-22.98
云 南	-23.53	-20.64	-16.59	-10.38	-5.46	-1.61
陕 西	22.46	28.87	30.26	34.94	38.32	39.46
甘 肃	-28.62	-16.40	-10.14	-6.20	-2.08	-0.20
青 海	-2.15	6.58	10.78	13.32	16.77	18.82
宁 夏	11.30	-3.44	-2.37	0.99	7.49	13.30
新 疆	-23.12	-20.52	-14.56	-7.41	3.68	12.32
全 国	23.13	30.37	35.42	40.24	45.04	48.32

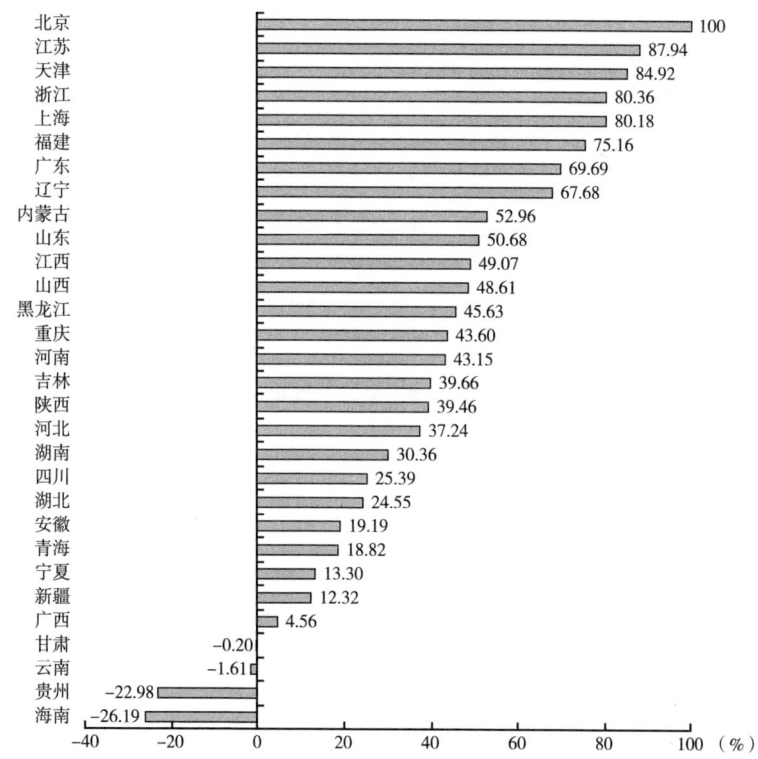

图3-6　2015年各地区要素配置实现程度

3. 东部地区实现程度相对较高，西部地区实现程度低

2015年，4大区域中，东部地区要素配置实现程度最高，达到64.00%，但海南实现程度低，尚未达到2007年全国平均水平；西部地区实现程度最低，仅为16.87%，11个省份中，仅内蒙古实现程度超过50%，其余10个省份实现程度均低于全国平均水平，距实现目标还有较大差距（见表3-13、表3-14）。

表3-14 各区域要素配置实现程度

单位：%

地区	2010年	2011年	2012年	2013年	2014年	2015年
东部地区	48.82	51.84	54.61	58.99	62.30	64.00
中部地区	7.39	20.38	24.17	29.87	33.39	35.82
西部地区	-4.30	-2.73	1.86	6.81	12.40	16.87
东北地区	30.93	35.61	40.92	46.18	49.66	50.99

（二）要素配置实现程度进展

1. 2015年进展速度进一步放缓，部分省份实现程度下降

2015年，要素配置实现程度比2014年提升了3.28个百分点，延续了逐年提升的态势，但进展速度进一步减缓，比2014年下降了1.52个百分点。湖北、新疆、内蒙古和广西4个省份进展较快，均超过7个百分点；天津、山西、黑龙江、上海和海南5个省份实现程度下降（见表3-15）。

表3-15 中国及各地区要素配置实现程度进展

单位：百分点

地区	2011年	2012年	2013年	2014年	2015年	2015年比2010年提高	年均提高
北京	-0.15	-0.69	5.04	6.17	4.72	15.09	3.02
天津	0.12	-0.38	0.13	-0.24	-0.40	-0.77	-0.15
河北	4.94	6.69	4.99	1.85	0.60	19.07	3.81
山西	5.37	4.63	4.06	-1.09	-3.99	8.98	1.80
内蒙古	7.74	5.32	8.27	6.79	7.59	35.71	7.14
辽宁	7.40	5.52	6.78	4.13	0.94	24.77	4.95
吉林	2.14	5.52	5.74	4.89	3.64	21.93	4.39
黑龙江	4.51	4.88	3.26	1.42	-0.59	13.48	2.70

续表

地　区	2011年	2012年	2013年	2014年	2015年	2015年比2010年提高	年均提高
上　海	3.08	3.23	-1.22	-2.29	-0.97	1.83	0.37
江　苏	2.99	6.70	8.10	4.31	2.30	24.40	4.88
浙　江	3.31	3.17	4.54	5.45	5.13	21.60	4.32
安　徽	4.07	7.52	7.84	4.86	2.91	27.20	5.44
福　建	7.15	5.06	5.81	7.15	2.71	27.88	5.58
江　西	10.18	7.74	3.03	3.85	3.56	28.36	5.67
山　东	0.54	-1.92	2.43	2.71	0.32	4.08	0.82
河　南	25.69	-10.34	7.88	3.34	2.22	28.79	5.76
湖　北	19.65	5.60	5.08	5.41	8.75	44.49	8.90
湖　南	13.01	7.59	6.32	4.75	1.11	32.78	6.56
广　东	6.34	3.03	5.20	5.81	2.59	22.97	4.59
广　西	4.26	3.99	2.51	4.72	7.46	22.94	4.59
海　南	1.85	2.75	8.81	2.25	-0.06	15.60	3.12
重　庆	-5.54	5.52	6.70	6.82	5.26	18.76	3.75
四　川	16.70	9.46	4.25	4.26	2.00	36.67	7.33
贵　州	-24.05	3.30	4.80	5.48	3.53	-6.94	-1.39
云　南	2.89	4.05	6.21	4.92	3.85	21.92	4.38
陕　西	6.41	1.39	4.68	3.38	1.14	17.00	3.40
甘　肃	12.22	6.26	3.94	4.12	1.88	28.42	5.68
青　海	8.73	4.20	2.54	3.45	2.05	20.97	4.19
宁　夏	-14.74	1.07	3.36	6.50	5.81	2.00	0.40
新　疆	2.60	5.96	7.15	11.09	8.64	35.44	7.09
全　国	7.24	5.05	4.82	4.80	3.28	25.19	5.04

2. 2010~2015年进展缓慢，且逐年减缓，难以如期实现目标

2015年要素配置实现程度比2010年提升25.19个百分点，年均提升5.04个百分点，进展缓慢，均慢于城乡发展一体化总水平和经济发展一体化实现程度进展；在12个二级指标中，进展仅快于教育均衡发展。

2010~2015年，要素配置实现程度虽然逐年提升，但不仅进展缓慢，而且呈逐年放缓的趋势（见表3-15、图3-7）。按目前进展，到2020年距实现目标还有1/4的路程，虽然北京、江苏、浙江和福建可以如期实现目标，但仍有9个省份实现程度将无法过半，其中，海南和贵州甚至将无法达到2007年全国平均水平。

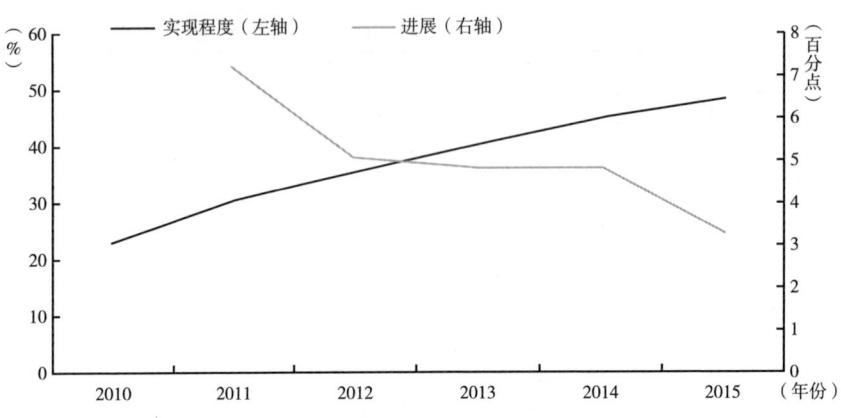

图 3-7　要素配置实现程度与进展

3. 中部地区进展最快

2010~2015年，中部地区要素配置实现程度提升了28.43个百分点，进展最快，6个省份中除山西外，进展均超过全国平均进展；东部地区进展最慢，在10个省份中，仅福建进展超过全国平均进展（见表3-15）。

（三）要素配置实现程度排序及变化

1. 2015年排序：东部地区居前，西部地区靠后

2015年，要素配置实现程度排名前10的，东部地区占据8个，且占据前7位，但海南位于末端；后10位中，西部地区省份占据7位，但内蒙古位于前10名行列；中部地区整体排序也较为靠后，湖北和安徽进入后10名行列（见表3-16）。

表 3-16　各地区要素配置实现程度排序

排序	2010年	2011年	2012年	2013年	2014年	2015年
1	天津	天津	天津	北京	北京	北京
2	北京	北京	上海	天津	江苏	江苏
3	上海	上海	北京	上海	天津	天津
4	江苏	江苏	江苏	江苏	上海	浙江
5	浙江	浙江	浙江	浙江	浙江	上海
6	福建	福建	福建	福建	福建	福建
7	广东	广东	广东	辽宁	广东	广东

续表

排序	2010年	2011年	2012年	2013年	2014年	2015年
8	山东	辽宁	辽宁	广东	辽宁	辽宁
9	辽宁	山东	山西	山西	山西	内蒙古
10	山西	山西	山东	山东	山东	山东
11	黑龙江	河南	黑龙江	黑龙江	黑龙江	江西
12	重庆	黑龙江	江西	江西	江西	山西
13	陕西	江西	内蒙古	内蒙古	内蒙古	黑龙江
14	江西	陕西	陕西	河南	河南	重庆
15	河北	内蒙古	河北	陕西	重庆	河南
16	吉林	河北	河南	河北	陕西	吉林
17	内蒙古	吉林	吉林	重庆	河北	陕西
18	河南	重庆	重庆	吉林	吉林	河北
19	宁夏	湖南	湖南	湖南	湖南	湖南
20	青海	青海	四川	四川	四川	四川
21	湖南	四川	青海	青海	青海	湖北
22	安徽	湖北	湖北	安徽	安徽	安徽
23	四川	宁夏	安徽	湖北	湖北	青海
24	贵州	安徽	宁夏	宁夏	宁夏	宁夏
25	广西	广西	广西	甘肃	新疆	新疆
26	湖北	甘肃	甘肃	新疆	甘肃	广西
27	新疆	新疆	新疆	广西	广西	甘肃
28	云南	云南	云南	云南	云南	云南
29	甘肃	海南	贵州	海南	海南	贵州
30	海南	贵州	海南	贵州	贵州	海南

2. 2010~2015年整体排序变化：整体排序格局较为稳定，变化不大

2010~2015年，要素配置实现程度的区域排序格局较为稳定，东部地区居前、西部地区居后的格局没有发生大的变化。

各省份排序也较为稳定，相较于2010年，2015年内蒙古和湖北排序分别上升8位和5位，宁夏和贵州下降5位，陕西下降4位，其余省份排序变动均在1~3位（见表3-16）。

第四章
中国及各地区社会发展一体化指数

一 社会发展一体化指数

(一)社会发展一体化实现程度

1. 实现程度继续提高,达到49.10%

2015年,中国社会发展一体化实现程度延续了逐年提高的态势,比上年提高3.34个百分点,达到49.10%。四大区域社会发展一体化实现程度也全部延续逐年提高的态势。

2. 2/3以上的省份实现程度超过50%

2015年,有22个省份社会发展一体化实现程度超过50%,其中上海和北京的实现程度超过90%,特别是上海距实现目标仅相差0.2个百分点。与此同时,还有3个省份的实现程度不到20%,其中青海与2007年全国平均水平尚有较大差距(见图4-1、表4-1)。

3. 西部地区实现程度低,仅为31.88%

2015年,东部地区社会发展一体化实现程度已经达到74.67%,远高于其他地区;中部地区和东北地区实现程度相当,均超过50%;西部地区实现程度远低于其他地区,仅为31.88%(见表4-2)。

第四章 中国及各地区社会发展一体化指数

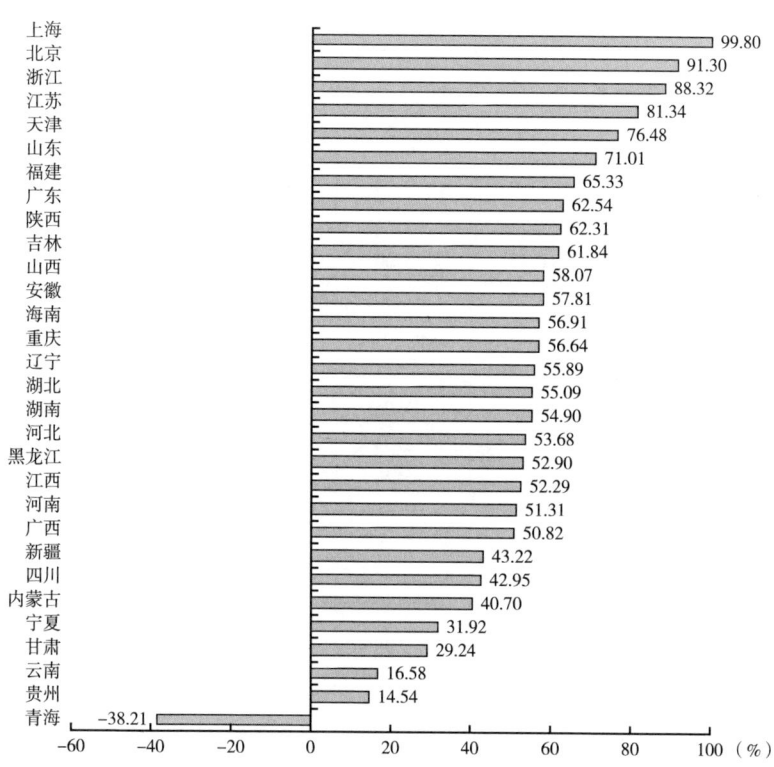

图4-1 2015年各地区社会发展一体化实现程度

表4-1 中国及各地区社会发展一体化实现程度

单位:%

地 区	2010年	2011年	2012年	2013年	2014年	2015年
北 京	83.95	83.33	86.86	87.92	88.79	91.30
天 津	66.27	66.70	68.18	72.43	75.30	76.48
河 北	29.01	39.32	44.11	47.58	45.15	53.68
山 西	42.87	47.68	48.09	49.31	50.89	58.07
内蒙古	20.26	28.32	37.50	40.40	43.66	40.70
辽 宁	39.77	45.45	41.50	45.17	49.25	55.89
吉 林	49.43	55.29	62.65	55.00	55.12	61.84
黑龙江	42.28	42.21	42.53	45.99	47.78	52.90
上 海	75.49	86.40	95.28	96.38	98.08	99.80
江 苏	67.27	73.42	77.28	77.18	80.17	81.34
浙 江	69.89	72.51	78.14	82.41	81.47	88.32

续表

地区	2010年	2011年	2012年	2013年	2014年	2015年
安　徽	35.83	39.84	41.70	49.01	53.37	57.81
福　建	42.16	43.50	50.62	55.09	54.87	65.33
江　西	40.36	46.30	49.70	49.11	48.07	52.29
山　东	45.86	58.99	68.15	65.54	69.62	71.01
河　南	32.84	41.43	43.60	46.63	43.96	51.31
湖　北	38.42	42.44	41.00	49.37	55.50	55.09
湖　南	22.28	41.69	45.41	48.43	49.85	54.90
广　东	44.71	51.43	54.11	46.00	55.92	62.54
广　西	29.21	36.37	44.05	48.14	50.05	50.82
海　南	41.15	44.15	52.34	56.72	64.34	56.91
重　庆	22.55	33.67	45.50	50.73	45.38	56.64
四　川	16.83	31.29	27.56	24.04	33.01	42.95
贵　州	-38.38	-25.07	-7.98	12.75	-3.00	14.54
云　南	-19.31	-6.10	-3.52	16.26	16.98	16.58
陕　西	38.73	52.28	54.31	63.92	67.39	62.31
甘　肃	2.17	9.20	25.78	24.72	28.41	29.24
青　海	-56.43	-37.40	-4.18	-30.99	-36.98	-38.21
宁　夏	3.60	24.54	-12.14	26.52	35.12	31.92
新　疆	1.72	16.27	9.77	39.34	37.01	43.22
全　国	21.79	31.88	39.17	41.04	45.76	49.10

表4-2　各区域社会发展一体化实现程度

单位：%

地区	2010年	2011年	2012年	2013年	2014年	2015年
东部地区	56.57	61.98	67.51	68.73	71.37	74.67
中部地区	35.43	43.23	44.91	48.64	50.27	54.91
西部地区	1.90	14.85	19.70	28.71	28.82	31.88
东北地区	43.83	47.65	48.90	48.72	50.71	56.88

（二）社会发展一体化实现程度进展

1. 2015年进展减缓

2015年，中国社会发展一体化实现程度虽然继续提高，但进展比上年减缓1.38个百分点；有7个省份实现程度下降，其中海南下降幅度较大，下降

7.43个百分点;贵州、重庆和福建3个省份提升幅度较大,均超过10个百分点(见表4-3)。

表4-3 中国及各地区社会发展一体化实现程度进展

单位:百分点

地 区	2011年	2012年	2013年	2014年	2015年	2015年比2010年提高	年均提高
北 京	-0.62	3.53	1.06	0.87	2.51	7.35	1.47
天 津	0.43	1.48	4.25	2.87	1.18	10.21	2.04
河 北	10.31	4.79	3.47	-2.43	8.53	24.67	4.93
山 西	4.81	0.41	1.22	1.58	7.18	15.20	3.04
内蒙古	8.06	9.18	2.90	3.26	-2.96	20.44	4.09
辽 宁	5.68	-3.95	3.67	4.08	6.64	16.12	3.22
吉 林	5.86	7.36	-7.65	0.12	6.72	12.41	2.48
黑龙江	-0.07	0.32	3.46	1.79	5.12	10.62	2.12
上 海	10.91	8.88	1.10	1.70	1.72	24.31	4.86
江 苏	6.15	3.86	-0.10	2.99	1.17	14.07	2.81
浙 江	2.62	5.63	4.27	-0.94	6.85	18.43	3.69
安 徽	4.01	1.86	7.31	4.36	4.44	21.98	4.40
福 建	1.34	7.12	4.47	-0.22	10.46	23.17	4.63
江 西	5.94	3.40	-0.59	-1.04	4.22	11.93	2.39
山 东	13.13	9.16	-2.61	4.08	1.39	25.15	5.03
河 南	8.59	2.17	3.03	-2.67	7.35	18.47	3.69
湖 北	4.02	-1.44	8.37	6.13	-0.41	16.67	3.33
湖 南	19.41	3.72	3.02	1.42	5.05	32.62	6.52
广 东	6.72	2.68	-8.11	9.92	6.62	17.83	3.57
广 西	7.16	7.68	4.09	1.91	0.77	21.61	4.32
海 南	3.00	8.19	4.38	7.62	-7.43	15.76	3.15
重 庆	11.12	11.83	5.23	-5.35	11.26	34.09	6.82
四 川	14.46	-3.73	-3.52	8.97	9.94	26.12	5.22
贵 州	13.31	17.09	20.73	-15.75	17.54	52.92	10.58
云 南	13.21	2.58	19.78	0.72	-0.40	35.89	7.18
陕 西	13.55	2.03	9.61	3.47	-5.08	23.58	4.72
甘 肃	7.03	16.58	-1.06	3.69	0.83	27.07	5.41
青 海	19.03	33.22	-26.81	-5.99	-1.23	18.22	3.64
宁 夏	20.94	-36.68	38.66	8.60	-3.20	28.32	5.66
新 疆	14.55	-6.50	29.57	-2.33	6.21	41.50	8.30
全 国	10.09	7.29	1.86	4.72	3.34	27.31	5.46

2. 2010~2015年进展较慢，实现目标形势严峻

2010~2015年，中国社会发展一体化实现程度提高27.31个百分点，年均提高5.46个百分点，比城乡发展一体化总水平实现程度进展低1.31个百分点，在4个一体化中进展最慢。有5个省份实现程度进展超过30个百分点，其中贵州进展最快，高达52.92个百分点（见表4-3）。

按目前进展，到2020年，社会发展一体化实现程度距目标仍有1/4的路程；上海和浙江将如期实现目标，北京、江苏和山东3个省份将非常接近实现目标，但青海将仍不能达到2007年全国平均水平。

（三）社会发展一体化实现程度排序及变化

1. 2015年排序：东部地区居前，西部地区居后

2015年，社会发展一体化实现程度排在前10位的省份中有8个属于东部地区，依次为上海、北京、浙江、江苏、天津、山东、福建和广东，整体排序居前，河北在东部地区省份中实现程度最低，排序相对较低，处于全国第18位；社会发展一体化实现程度排在后10位的省份中有9个来自西部地区，整体排序居后，但陕西进入前10位，处于全国第9位；吉林是东北地区社会发展一体化实现程度最高的省份，处于全国第10位；山西是中部地区社会发展一体化实现程度最高的省份，处于全国第11位（见表4-4）。

表4-4 各地区社会发展一体化实现程度排序

排序	2010年	2011年	2012年	2013年	2014年	2015年
1	北京	上海	上海	上海	上海	上海
2	上海	北京	北京	北京	北京	北京
3	浙江	江苏	浙江	浙江	浙江	浙江
4	江苏	浙江	江苏	江苏	江苏	江苏
5	天津	天津	天津	天津	天津	天津
6	吉林	山东	山东	山东	山东	山东
7	山东	吉林	吉林	陕西	陕西	福建
8	广东	陕西	陕西	海南	海南	广东
9	山西	广东	广东	福建	广东	陕西
10	黑龙江	山西	海南	吉林	湖北	吉林
11	福建	江西	福建	重庆	吉林	山西
12	海南	辽宁	江西	湖北	福建	安徽
13	江西	海南	山西	山西	安徽	海南
14	辽宁	福建	重庆	江西	山西	重庆
15	陕西	湖北	湖南	安徽	广西	辽宁

续表

排序	2010年	2011年	2012年	2013年	2014年	2015年
16	湖 北	黑龙江	河 北	湖 南	湖 南	湖 北
17	安 徽	湖 南	广 西	广 西	辽 宁	湖 南
18	河 南	河 南	河 南	河 北	江 西	河 北
19	广 西	安 徽	黑龙江	河 南	黑龙江	黑龙江
20	河 北	河 北	安 徽	广 东	重 庆	江 西
21	重 庆	广 西	辽 宁	黑龙江	河 北	河 南
22	湖 南	重 庆	湖 北	辽 宁	河 南	广 西
23	内蒙古	四 川	内蒙古	内蒙古	内蒙古	新 疆
24	四 川	内蒙古	四 川	新 疆	新 疆	四 川
25	宁 夏	宁 夏	甘 肃	宁 夏	宁 夏	内蒙古
26	甘 肃	新 疆	新 疆	甘 肃	四 川	宁 夏
27	新 疆	甘 肃	云 南	四 川	甘 肃	甘 肃
28	云 南	云 南	青 海	云 南	云 南	云 南
29	贵 州	贵 州	贵 州	贵 州	贵 州	贵 州
30	青 海	青 海	宁 夏	青 海	青 海	青 海

2. 2010~2015年整体排序变化：东部地区领先地位巩固，东北地区整体排序有所下降

2010~2015年，东部地区始终保持领先地位并更加巩固，特别是前5位始终由上海、北京、浙江、江苏和天津所占据，并且福建排序大幅提升。

西部地区虽然进展最快，实现程度较大幅度提升，相较于2010年，2015年陕西和重庆排序分别提升了6位和7位，但由于整体水平起点太低，且绝大部分省份的排序基本没有变化，因此，整体排序依然居后。

中部地区整体排序变化不大，但区域内部分省份变化较大，主要是江西排序大幅下降7位，而湖南和安徽排序均上升5位。

东北地区由于实现程度进展较为缓慢，3个省份的排序都出现下滑，其中黑龙江排序大幅下降9位（见表4-4）。

二 教育均衡发展指数

（一）教育均衡发展实现程度

1. 实现程度较低，仅为34.57%

2015年，中国教育均衡发展实现程度为34.57%，比城乡发展一体化总水平和社会发展一体化实现程度分别低 22.48 个和 14.53 个百分点，在 12 个二级指标中仅高于卫生均衡发展实现程度，与实现目标差距较大。

2. 17 个省份实现程度未达到 50%

2015 年，有 4 个省份教育均衡发展实现程度超过 80%，分别是上海、山西、河北和浙江，其中上海距实现目标仅相差 0.1 个百分点。

有 17 个省份教育均衡发展实现程度未达到 50%，其中云南、宁夏、甘肃和青海实现程度尚未达到 2007 年全国平均水平，特别是青海与 2007 年全国平均水平尚有较大差距（见表 4-5、图 4-2）。

表 4-5　中国及各地区教育均衡发展实现程度

单位：%

地 区	2010 年	2011 年	2012 年	2013 年	2014 年	2015 年
北 京	80.65	64.50	77.12	77.54	78.27	78.27
天 津	61.63	37.17	41.74	57.24	63.96	63.21
河 北	61.77	73.13	78.86	72.39	75.35	81.40
山 西	64.03	68.74	71.61	76.30	78.67	85.01
内蒙古	42.93	26.48	56.58	62.06	40.07	31.09
辽 宁	34.96	28.41	-3.72	8.65	28.29	46.60
吉 林	34.91	46.95	53.82	28.78	22.73	36.99
黑龙江	39.89	35.64	18.98	31.08	37.77	38.17
上 海	28.01	69.53	96.47	97.02	98.84	99.90
江 苏	65.92	62.03	64.82	74.73	64.03	73.02
浙 江	48.38	35.44	48.11	47.07	59.59	81.39
安 徽	21.73	25.03	0.30	33.71	43.33	52.92
福 建	45.01	48.24	59.33	53.58	38.22	47.83
江 西	34.59	45.71	50.13	49.44	55.81	57.10
山 东	23.45	38.62	54.89	38.69	55.38	35.20
河 南	43.92	48.73	60.30	60.79	52.59	71.75
湖 北	27.41	21.88	22.69	17.35	25.88	20.23
湖 南	55.66	65.19	67.86	67.66	73.53	71.79
广 东	47.80	60.49	64.06	59.38	59.90	77.26
广 西	20.55	23.99	37.57	32.90	28.78	34.74
海 南	35.21	35.17	46.85	49.97	51.79	60.51
重 庆	-11.44	-21.65	-6.25	2.52	-18.90	16.14
四 川	12.60	31.99	-2.71	-31.65	-8.03	8.54
贵 州	-41.55	-61.80	-35.24	-30.41	-39.15	11.93

续表

地区	2010年	2011年	2012年	2013年	2014年	2015年
云　南	-19.38	-28.52	-29.67	7.16	14.47	-2.69
陕　西	42.34	62.90	51.27	67.14	74.26	44.74
甘　肃	-34.80	-28.04	12.46	-13.25	-8.28	-29.27
青　海	-57.76	-66.08	-62.82	-63.32	-60.25	-62.09
宁　夏	-7.97	20.30	14.24	-13.62	18.80	-7.02
新　疆	26.46	-22.22	2.84	48.31	46.63	49.58
全　国	18.35	27.93	31.31	27.24	36.04	34.57

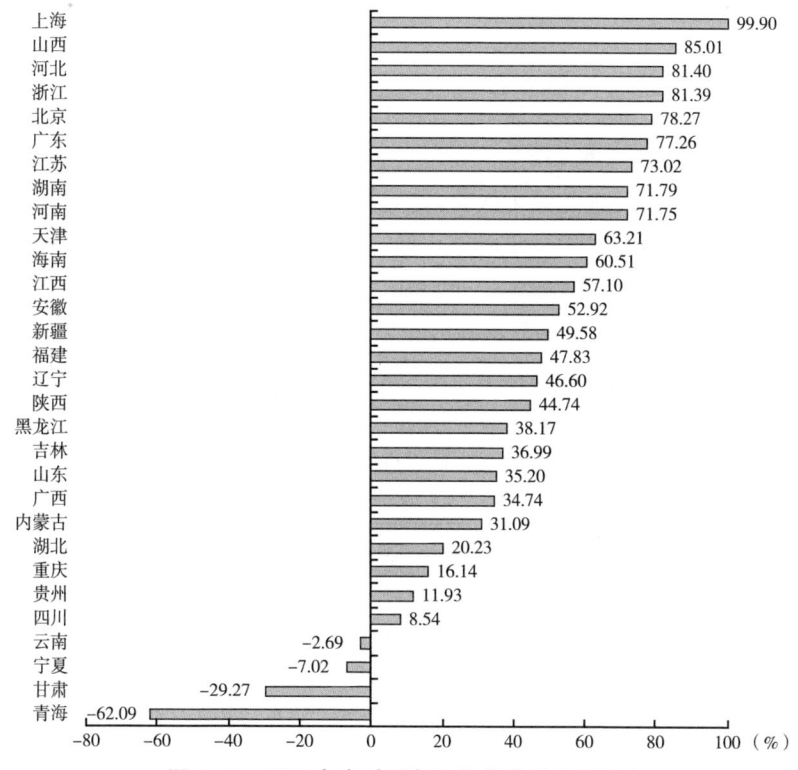

图4-2　2015年各地区教育均衡发展实现程度

3. 西部地区实现程度严重滞后

2015年，东部地区教育均衡发展实现程度最高，达到69.80%；中部地区实现程度为59.80%，距离2020年目标已过大半；东北地区实现程度只有40.59%，距实现目标还有约3/5的路程；西部地区实现程度则严重滞后，仅为8.70%（见表4-6），教育均衡发展在西部地区任重而道远。

表 4-6　各区域教育均衡发展实现程度及进展

单位：%，百分点

地区	2010年	2011年	2012年	2013年	2014年	2015年	2015年比2010年提高
东部地区	49.78	52.43	63.22	62.76	64.54	69.80	20.02
中部地区	41.22	45.88	45.48	50.87	54.97	59.80	18.58
西部地区	-2.55	-5.70	3.48	6.17	8.04	8.70	11.25
东北地区	36.58	37.00	23.02	22.84	29.60	40.59	4.01

（二）教育均衡发展实现程度进展

1. 2015年实现程度下降

2015年，教育均衡发展实现程度不升反降，比2014年下降1.47个百分点，是12个二级指标中唯一下降的指标。2015年，教育均衡发展实现程度进展的主要特征是西部地区省份之间进展不均衡。一方面，11个省份中有6个实现程度下降，且下降幅度较大；另一方面，有2个省份（贵州和重庆）实现程度大幅提升（见表4-7）。

表 4-7　中国及各地区教育均衡发展实现程度进展

单位：百分点

地区	2011年	2012年	2013年	2014年	2015年	2015年比2010年提高	年均提高
北　京	-16.15	12.62	0.42	0.73	0.00	-2.38	-0.48
天　津	-24.46	4.57	15.50	6.72	-0.75	1.58	0.32
河　北	11.36	5.73	-6.47	2.96	6.05	19.63	3.93
山　西	4.71	2.87	4.69	2.37	6.34	20.98	4.20
内蒙古	-16.45	30.10	5.48	-21.99	-8.98	-11.84	-2.37
辽　宁	-6.55	-32.13	12.37	19.64	18.31	11.64	2.33
吉　林	12.04	6.87	-25.04	-6.05	14.26	2.08	0.42
黑龙江	-4.25	-16.66	12.10	6.69	0.40	-1.72	-0.34
上　海	41.52	26.94	0.55	1.82	1.06	71.89	14.38
江　苏	-3.89	2.79	9.91	-10.70	8.99	7.10	1.42
浙　江	-12.94	12.67	-1.04	12.52	21.80	33.01	6.60
安　徽	3.30	-24.73	33.41	9.62	9.59	31.19	6.24
福　建	3.23	11.09	-5.75	-15.36	9.61	2.82	0.56

续表

地 区	2011年	2012年	2013年	2014年	2015年	2015年比2010年提高	年均提高
江 西	11.12	4.42	-0.69	6.37	1.29	22.51	4.50
山 东	15.17	16.27	-16.20	16.69	-20.18	11.75	2.35
河 南	4.81	11.57	0.49	-8.20	19.16	27.83	5.57
湖 北	-5.53	0.81	-5.34	8.53	-5.65	-7.18	-1.44
湖 南	9.53	2.67	-0.20	5.87	-1.74	16.13	3.23
广 东	12.69	3.57	-4.68	0.52	17.36	29.46	5.89
广 西	3.44	13.58	-4.67	-4.12	5.96	14.19	2.84
海 南	-0.04	11.67	3.13	1.82	8.72	25.30	5.06
重 庆	-10.21	15.40	8.77	-21.42	35.04	27.58	5.52
四 川	19.39	-34.70	-28.94	23.62	16.57	-4.06	-0.81
贵 州	-20.25	26.56	4.83	-8.74	51.08	53.48	10.70
云 南	-9.14	-1.15	36.83	7.31	-17.16	16.69	3.34
陕 西	20.56	-11.63	15.86	7.12	-29.51	2.40	0.48
甘 肃	6.76	40.50	-25.71	4.97	-20.99	5.53	1.11
青 海	-8.32	3.26	-0.50	3.07	-1.84	-4.33	-0.87
宁 夏	28.27	-6.06	-27.86	32.42	-25.82	0.95	0.19
新 疆	-48.68	25.06	45.47	-1.68	2.95	23.12	4.62
全 国	9.58	3.38	-4.07	8.80	-1.47	16.22	3.24

2. 2010~2015年进展缓慢且不稳定，部分省份实现程度下降，实现目标形势严峻

2010~2015年，教育均衡发展实现程度提高16.22个百分点，年均提高3.24个百分点，低于城乡发展一体化总水平和社会发展一体化实现程度平均进展，在12个二级指标中实现程度进展最慢。同时，年际进展波动较大，2013年和2015年出现实现程度下降的情形。

省份之间进程不均衡。上海、浙江、安徽和贵州4个省份实现程度进展很快，均超过30个百分点，特别是上海和贵州，分别提高71.89个和53.48个百分点；但另外，有6个省份实现程度下降，其中内蒙古下降幅度相对较大（见表4-7）。

按目前进展，到2020年，教育均衡发展实现程度仅能完成目标的50%，将严重拖累社会发展一体化和城乡发展一体化总水平实现目标。因此，必须加快发展进程。

3. 东部地区实现程度进展较快，东北地区进展缓慢

2015年与2010年相比，东部地区实现程度进展最快，提高20.02个百分点，中部地区和西部地区实现程度分别提高18.58个和11.25个百分点，东北地区实现程度进展相当缓慢，仅提高4.01个百分点。由于东部地区实现程度起点高，再加之进展速度快于其他地区，东部地区与其他地区差距持续扩大。西部地区实现程度起点较低，而且进展缓慢（见表4-6）。

（三）教育均衡发展实现程度排序及变化

1. 2015年排序：东部、中部、东北和西部地区依次排列

2015年，教育均衡发展排在前10位的省份中有7个位于东部地区，但山东排序较为靠后；中部地区6个省份中有3个（山西、湖南和河南）也进入前10位，特别是山西高居第2位，江西和安徽排序也相对靠前，分别位列第12和第13，仅湖北排序较为靠后；东北地区3个省份处于中下游；排在后10位的省份中有9个来自西部地区（见表4-8）。

总体来看，2015年中国教育均衡发展实现程度排序体现出东部、中部、东北、西部地区逐渐降低的趋势。

表4-8 各地区教育均衡发展实现程度排序

排序	2010年	2011年	2012年	2013年	2014年	2015年
1	北京	河北	上海	上海	上海	上海
2	江苏	上海	河北	北京	山西	山西
3	山西	山西	北京	山西	北京	河北
4	河北	湖南	山西	江苏	河北	浙江
5	天津	北京	湖南	河北	陕西	北京
6	湖南	陕西	江苏	湖南	湖南	广东
7	浙江	江苏	广东	陕西	江苏	江苏
8	广东	广东	河南	内蒙古	天津	湖南
9	福建	河南	福建	河南	广东	河南
10	河南	福建	内蒙古	广东	浙江	天津
11	内蒙古	吉林	山东	天津	江西	海南
12	陕西	江西	吉林	福建	山东	江西
13	黑龙江	山东	陕西	海南	河南	安徽
14	海南	天津	江西	江西	海南	新疆
15	辽宁	黑龙江	浙江	新疆	新疆	福建

第四章　中国及各地区社会发展一体化指数

续表

排序	2010年	2011年	2012年	2013年	2014年	2015年
16	吉林	浙江	海南	浙江	安徽	辽宁
17	江西	海南	天津	山东	内蒙古	陕西
18	上海	四川	广西	安徽	福建	黑龙江
19	湖北	辽宁	湖北	广西	黑龙江	吉林
20	新疆	内蒙古	黑龙江	黑龙江	广西	山东
21	山东	安徽	宁夏	吉林	辽宁	广西
22	安徽	广西	甘肃	湖北	湖北	内蒙古
23	广西	湖北	新疆	辽宁	吉林	湖北
24	四川	宁夏	安徽	云南	宁夏	重庆
25	宁夏	重庆	四川	重庆	云南	贵州
26	重庆	新疆	辽宁	甘肃	四川	四川
27	云南	甘肃	重庆	宁夏	甘肃	云南
28	甘肃	云南	云南	贵州	重庆	宁夏
29	贵州	贵州	贵州	四川	贵州	甘肃
30	青海	青海	青海	青海	青海	青海

2. 2010~2015年整体排序变化：东北地区排序下降

2010~2015年，东部地区实现程度进展最快，特别是上海排序大幅提高17位并跃升至榜首，东部地区整体排序居前的地位更加巩固。

由于中部地区实现程度整体进展快于东北地区，同时，两者的实现程度的整体起点差距较小，因此，中部地区整体排序超越东北地区。

西部地区不仅整体实现程度较低，而且进展最为缓慢，由此强化了整体排序靠后的局面。

东北地区实现程度进展最慢，3个省份排序全部下降。

相较于2010年，2015年部分省份排序变化较大，其中上海排序大幅上升17位并升至榜首，安徽排序也大幅上升9位；内蒙古排序则大幅下降11位（见表4-8）。

（四）城乡教育差距依然较大，教育均衡发展实现程度的区域差距较大

近年来，发展农村教育、提高城乡教育一体化进一步受到党和国家的重视。2010年，《国家中长期教育改革和发展规划纲要（2010-2020年)》正式提出构建城乡一体化的教育发展机制；2012年，党的十八大报告明确要求，大力促进教育公平，合理配置教育资源，重点向农村、边远、贫困、民族地区倾斜；2013年，教育部又开展了义务教育发展基本均衡县（市、区）督导评估认定工作。在这一系列政策措施和财政的大力支持下，农村教育状况不断改善，农村人口平均受教育年限从2007年的7.2年提高到2015年的7.6年，成效显著。但是，城乡教育差距扩大的趋势没有得到明显的改善，2007年城乡人口受教育年限比为0.76（以城市为1），而到2015年这一比值没有增长反而降至0.75，这反映出城乡教育均衡发展实现程度事实上在下降。造成这一结果的原因很大一部分与受教育程度较高的农村青壮年外出务工有关，但是，教育体制和投资向城市倾斜的问题依然存在。与此同时，区域间教育均衡发展也不能令人满意，特别是西部地区的教育均衡发展相当滞后，2015年西部地区的教育均衡发展程度仅为8.70%，分别只有东部、中部和东北地区的12.46%、14.55%和21.43%，差距巨大；相比大多数二级指标，教育均衡发展的区域差距较大（见表2-11）。因此，未来还需要继续加大对农村教育支持的倾斜力度，并且重视对农村留守人员的继续教育和职业教育培训，特别是还要关注和解决好留守儿童的教育问题。

三　卫生均衡发展指数

（一）卫生均衡发展实现程度

1. 实现程度低，尚未达到目标的1/3

2015年，中国卫生均衡发展实现程度为27.49%，在12个二级指标中最低，仅分别为城乡发展一体化总水平和社会发展一体化实现程度的48.20%和56.00%，距实现目标差距较大。

2. 多数省份实现程度未达到50%，省份之间实现程度差距巨大

2015年，上海、天津和北京3个省份卫生均衡发展已提前实现目标；浙江、山东和陕西3个省份实现程度超过90%，接近实现目标。但广东、新疆、云南、贵州和青海5个省份实现程度尚未达到2007年全国平均水平，其中青海与2007年全国平均水平还有巨大差距（见图4-3、表4-9）。

第四章 中国及各地区社会发展一体化指数

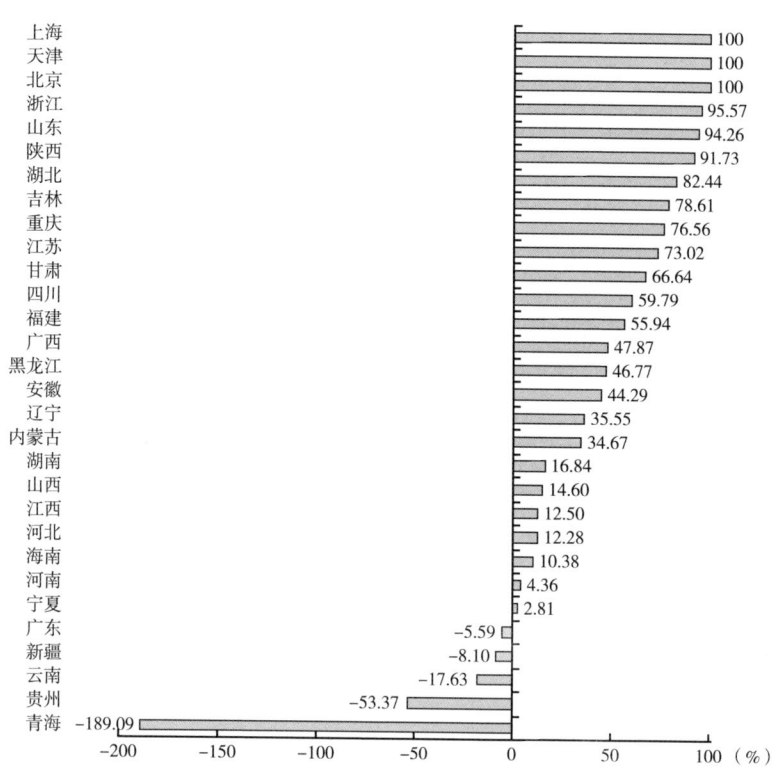

图 4-3 2015 年各地区卫生均衡发展实现程度

表 4-9 中国及各地区卫生均衡发展实现程度

单位：%

地 区	2010 年	2011 年	2012 年	2013 年	2014 年	2015 年
北 京	91.16	96.85	99.38	96.44	92.68	100
天 津	100	100	100	100	100	100
河 北	-12.32	-7.12	-0.58	-3.26	-16.30	12.28
山 西	31.46	28.99	22.30	16.13	14.42	14.60
内蒙古	0.53	29.59	19.68	10.46	40.42	34.67
辽 宁	42.27	45.41	47.32	50.36	36.10	35.55
吉 林	65.99	66.43	78.68	61.97	65.72	78.61
黑龙江	46.07	46.46	51.06	49.84	41.47	46.77
上 海	94.04	94.04	100	100	100	100
江 苏	80.14	86.38	86.83	73.09	88.72	73.02

续表

地 区	2010年	2011年	2012年	2013年	2014年	2015年
浙 江	100	100	100	100	100	95.57
安 徽	27.23	24.58	50.42	42.99	47.11	44.29
福 建	14.00	8.06	12.38	31.35	33.49	55.94
江 西	23.28	29.95	29.53	26.34	12.47	12.50
山 东	87.19	92.96	99.75	99.79	100	94.26
河 南	-2.54	11.85	6.30	10.62	7.11	4.36
湖 北	63.28	62.58	50.50	77.94	86.12	82.44
湖 南	-15.08	6.94	9.51	13.44	4.73	16.84
广 东	-10.38	-13.34	-14.43	-47.56	-13.64	-5.59
广 西	36.45	46.59	50.73	53.34	62.23	47.87
海 南	33.93	21.63	28.56	33.60	60.09	10.38
重 庆	35.06	50.43	61.97	69.27	65.63	76.56
四 川	34.84	44.61	46.36	49.44	54.61	59.79
贵 州	-139.97	-83.42	-55.70	7.17	-62.02	-53.37
云 南	-65.70	-53.63	-48.36	-25.73	-26.68	-17.63
陕 西	65.55	73.71	82.17	93.30	92.53	91.73
甘 肃	21.63	28.30	38.69	49.93	46.45	66.64
青 海	-157.65	-139.10	-32.06	-145.59	-164.84	-189.09
宁 夏	-27.65	-0.52	-176.34	-10.39	-10.05	2.81
新 疆	-54.25	25.99	-38.75	19.03	-4.28	-8.10
全 国	1.43	8.58	20.19	21.62	26.37	27.49

3. 东部地区实现程度较高，西部地区明显滞后

2015年，东部地区卫生均衡发展实现程度为63.59%，远高于全国平均水平，但内部各省份差异较大，有3个省份已实现2020年目标，但广东尚未达到2007年全国平均水平，河北的实现程度仅为12.28%。东北地区实现程度为53.64%，远高于全国平均水平。中部地区实现程度为29.17%，略高于全国平均水平。西部地区实现程度仅为10.17%，远低于全国平均水平，离实现目标尚有相当大的差距；有4个省份尚未达到2007年全国平均水平，其中青海和贵州差距较大；但陕西实现程度高，接近实现目标（见表4-9、表4-10）。

第四章 中国及各地区社会发展一体化指数

表4-10　各区域卫生均衡发展实现程度

单位：%

地区	2010年	2011年	2012年	2013年	2014年	2015年
东部地区	57.78	57.95	61.19	58.34	64.51	63.59
中部地区	21.27	27.48	28.09	31.24	28.66	29.17
西部地区	-22.83	2.05	-4.69	15.48	8.55	10.17
东北地区	51.44	52.77	59.02	54.06	47.77	53.64

（二）卫生均衡发展实现程度进展

1. 2015年进展大幅减缓，多个省份实现程度下降

2015年，卫生均衡发展实现程度比上年提高1.12个百分点，虽然延续了逐年提升的态势，但进展明显减缓，比上年减缓3.63个百分点，进展速度远低于城乡发展一体化总水平和社会发展一体化实现程度进展。多达13个省份的实现程度下降，并涵盖四大区域，海南、青海、江苏和广西4个省份实现程度下降幅度较大；但河北、福建和甘肃3个省份进展大幅加快，均超过20个百分点，吉林、湖南、重庆和宁夏4个省份进展超过10个百分点（见表4-11）。

表4-11　中国及各地区卫生均衡发展实现程度进展

单位：百分点

地区	2011年	2012年	2013年	2014年	2015年	2015年比2010年提高	年均提高
北　京	5.69	2.53	-2.94	-3.76	7.32	8.84	1.77
天　津	0	0	0	0	0	0	0
河　北	5.20	6.54	-2.68	-13.04	28.58	24.60	4.92
山　西	-2.47	-6.69	-6.17	-1.71	0.18	-16.86	-3.37
内蒙古	29.06	-9.91	-9.22	29.96	-5.75	34.14	6.83
辽　宁	3.14	1.91	3.04	-14.26	-0.55	-6.72	-1.34
吉　林	0.44	12.25	-16.71	3.75	12.89	12.62	2.52
黑龙江	0.39	4.60	-1.22	-8.37	5.30	0.70	0.14
上　海	0	5.96	0	0	0	5.96	1.19
江　苏	6.24	0.45	-13.74	15.63	-15.70	-7.12	-1.42
浙　江	0	0	0	0	-4.43	-4.43	-0.89

续表

地区	2011年	2012年	2013年	2014年	2015年	2015年比2010年提高	年均提高
安徽	-2.65	25.84	-7.43	4.12	-2.82	17.06	3.41
福建	-5.94	4.32	18.97	2.14	22.45	41.94	8.39
江西	6.67	-0.42	-3.19	-13.87	0.03	-10.78	-2.16
山东	5.77	6.79	0.04	0.21	-5.74	7.07	1.41
河南	14.39	-5.55	4.32	-3.51	-2.75	6.90	1.38
湖北	-0.70	-12.08	27.44	8.18	-3.68	19.16	3.83
湖南	22.02	2.57	3.93	-8.71	12.11	31.92	6.38
广东	-2.96	-1.09	-33.13	33.92	8.05	4.79	0.96
广西	10.14	4.14	2.61	8.89	-14.36	11.42	2.28
海南	-12.30	6.93	5.04	26.49	-49.71	-23.55	-4.71
重庆	15.37	11.54	7.30	-3.64	10.93	41.50	8.30
四川	9.77	1.75	3.08	5.17	5.18	24.95	4.99
贵州	56.55	27.72	62.87	-69.19	8.65	86.60	17.32
云南	12.07	5.27	22.63	-0.95	9.05	48.07	9.61
陕西	8.16	8.46	11.13	-0.77	-0.80	26.18	5.24
甘肃	6.67	10.39	11.24	-3.48	20.19	45.01	9.00
青海	18.55	107.04	-113.53	-19.25	-24.25	-31.44	-6.29
宁夏	27.13	-175.82	165.95	0.34	12.86	30.46	6.09
新疆	80.24	-64.74	57.78	-23.31	-3.82	46.15	9.23
全国	7.15	11.61	1.43	4.75	1.12	26.06	5.21

2. 2010~2015年进展缓慢且不均衡，实现目标形势严峻

2010~2015年，卫生均衡发展实现程度提高26.06个百分点，均低于城乡发展一体化总水平和社会发展一体化实现程度进展，在12个二级指标中，进展仅快于教育均衡发展。

这一时期卫生均衡发展进展的特点，一是年际波动较大，进展最快与最慢之间相差10.49个百分点；二是区域发展不均衡，福建、重庆、贵州、云南、甘肃和新疆6个省份实现程度进展均超过40个百分点，贵州更是高达86.6个百分点；内蒙古、湖南和宁夏3个省份进展也较快，均超过30个百分点。与此同时，有7个省份的实现程度下降，其中青海和海南下降幅度超过20个百分点（见表4-11）。

按目前进展，到2020年，卫生均衡发展实现程度仅能完成目标的50%，将严重拖累社会发展一体化和城乡发展一体化总水平实现目标。因此，必须加快发展进程。

3. 西部地区实现程度进展遥遥领先,东北地区进展最慢

2015年与2010年相比,西部地区卫生均衡发展实现程度提高33个百分点,高于全国平均进展6.94个百分点,远快于其他3个区域进展;东部、中部和东北地区实现程度进展缓慢,均远低于全国平均进展,东北地区进展十分缓慢,仅提高2.2个百分点,年均仅提高0.44个百分点。

(三)卫生均衡发展实现程度排序及变化

1. 2015年排序:东部地区相对靠前,西部地区相对靠后

2015年,卫生均衡发展实现程度排在前5位的省份均属于东部地区,依次为天津、上海、北京、浙江和山东;排在后5位的省份中有4个来自西部地区;排在前10位的省份中有4个来自非东部地区,有2个来自西部地区;排在后10位的省份中有5个来自非西部地区,其中东部地区占据3个。总体上看,东部地区整体排序相对居前,西部地区整体排序相对靠后(见表4-12)。

2. 2010~2015年整体排序变化:西部地区上升,东北地区下降

2010~2015年,东北地区卫生均衡发展实现程度进展十分缓慢,导致整体排序也相应下降,3个省份实现程度的排序全部下降,其中黑龙江和辽宁排序下降幅度较大,2015年比2010年分别下降5位和6位。但由于东北地区整体实现程度起点高,与西部地区差距较大,虽进展缓慢,但仍与西部地区保持较大差距,整体排序仍然高于西部地区。

西部地区卫生均衡发展实现程度进展较快,使其整体排序得到提升,2015年比2010年,甘肃提升幅度最高达8位;前10位中西部地区省份由1位增加到2位,后10位中则减少1位。

东部地区排序整体保持稳定,但是省份之间差异较大,福建排序大幅上升7位,海南排序则大幅下降8位(见表4-12)。

表4-12 各地区卫生均衡发展实现程度排序

排序	2010年	2011年	2012年	2013年	2014年	2015年
1	天津	天津	天津	天津	天津	天津
1	浙江	浙江	浙江	浙江	浙江	上海
1	上海(3)	北京(3)	上海	上海	上海	北京

续表

排序	2010年	2011年	2012年	2013年	2014年	2015年
4	北京	上海	山东	山东	山东	浙江
5	山东	山东	北京	北京	北京	山东
6	江苏	江苏	江苏	陕西	陕西	陕西
7	吉林	陕西	陕西	湖北	江苏	湖北
8	陕西	吉林	吉林	江苏	湖北	吉林
9	湖北	湖北	重庆	重庆	吉林	重庆
10	黑龙江	重庆	黑龙江	吉林	重庆	江苏
11	辽宁	广西	广西	广西	广西	甘肃
12	广西	黑龙江	湖北	辽宁	海南	四川
13	重庆	辽宁	安徽	甘肃	四川	福建
14	四川	四川	辽宁	黑龙江	安徽	广西
15	海南	江西	四川	四川	甘肃	黑龙江
16	山西	内蒙古	甘肃	安徽	黑龙江	安徽
17	安徽	山西	江西	海南	内蒙古	辽宁
18	江西	甘肃	海南	福建	辽宁	内蒙古
19	甘肃	新疆	山西	江西	福建	湖南
20	福建	安徽	内蒙古	新疆	山西	山西
21	内蒙古	海南	福建	山西	江西	江西
22	河南	河南	湖南	湖南	河南	河北
23	广东	福建	河南	河南	湖南	海南
24	河北	湖南	河北	内蒙古	新疆	河南
25	湖南	宁夏	广东	贵州	宁夏	宁夏
26	宁夏	河北	青海	河北	广东	广东
27	新疆	广东	新疆	宁夏	河北	新疆
28	云南	云南	云南	云南	云南	云南
29	贵州	贵州	贵州	广东	贵州	贵州
30	青海	青海	宁夏	青海	青海	青海

注：括号中数字表示该省份在未实现目标前的当年排序。

（四）城乡医疗卫生服务人力资源差距不断扩大

卫生均衡发展实现程度低的主要原因在于医疗卫生服务人力资源的城乡配置不尽合理。虽然国家对农村医疗卫生服务的投入不断加大，农村医疗卫生服务人力资源的数量和质量也明显改善，农村每千人卫生技术人员数从2007年的2.7人增加到2015年的3.9人，增幅达44.4%；但城市医疗卫生服务人力资源水平提高得更快，城乡差距呈扩大趋势，2015年城乡差距甚至大于2007年，导致医疗卫生服务人力资源配置实现程度尚不及 2007 年水平，离实现目标差距巨大，这是需要重视的问题。因此，未来在增加医疗卫生服务资源投入的同时，要进一步提高向农村的倾斜比例，加快提高卫生均衡发展实现程度。

四 文化均衡发展指数

（一）文化均衡发展实现程度

1. 实现程度相对较高

2015 年，文化均衡发展实现程度为 66.82%，分别比城乡发展一体化总水平和社会发展一体化实现程度高 9.76 个和 17.72 个百分点，并大幅高于教育均衡发展和卫生均衡发展实现程度。

2. 超过 1/3 的省份实现程度超过 70%

2015 年，有 22 个省份的实现程度超过 50%，超过 1/3 的省份实现程度超过 70%，北京、上海、江苏和广东已提前实现目标，仅内蒙古、云南和甘肃 3 个省份实现程度不到 1/3（见表 4-13、图 4-4）。

表 4-13 中国及各地区文化均衡发展实现程度

单位：%

地 区	2010 年	2011 年	2012 年	2013 年	2014 年	2015 年
北 京	100	100	100	100	100	100
天 津	43.97	43.79	43.61	43.61	44.99	48.18
河 北	51.19	53.41	55.83	71.81	71.84	67.12
山 西	53.42	54.07	54.52	54.06	54.04	70.58
内蒙古	-9.06	-1.88	11.46	23.66	27.19	26.03
辽 宁	48.90	60.21	65.17	61.12	68.32	73.23
吉 林	37.63	47.42	55.86	61.40	60.61	59.37
黑龙江	41.94	44.00	47.99	49.90	54.98	59.50
上 海	100	100	100	100	100	100
江 苏	63.66	74.98	86.30	90.03	92.33	100
浙 江	77.94	84.02	90.10	94.40	81.59	90.97
安 徽	50.96	52.18	53.40	54.32	54.43	63.24
福 建	63.30	67.28	75.58	80.61	90.74	95.60
江 西	49.47	50.16	53.54	54.26	55.59	67.58

续表

地 区	2010 年	2011 年	2012 年	2013 年	2014 年	2015 年
山 东	55.25	61.10	66.95	68.95	69.05	77.31
河 南	50.07	53.65	57.22	59.80	60.59	66.53
湖 北	34.82	43.47	48.47	49.52	48.26	47.74
湖 南	14.79	38.98	43.91	50.73	53.46	58.45
广 东	80.66	84.85	89.04	94.62	100	100
广 西	28.42	36.20	44.37	49.34	51.99	58.40
海 南	38.19	48.74	56.41	65.42	67.38	76.03
重 庆	27.18	43.91	51.31	53.61	55.34	57.84
四 川	5.03	12.86	21.65	29.57	34.04	48.96
贵 州	-16.22	2.40	12.36	26.97	39.30	41.50
云 南	9.03	18.59	20.35	31.42	28.73	33.10
陕 西	24.61	26.18	32.37	40.32	45.55	57.41
甘 肃	-5.18	-5.04	-5.67	1.19	5.15	13.90
青 海	-9.76	24.48	28.12	33.07	39.09	45.33
宁 夏	49.22	50.08	50.93	53.00	51.59	53.13
新 疆	17.82	29.01	32.89	48.22	60.21	79.26
全 国	35.36	42.79	49.94	55.87	58.81	66.82

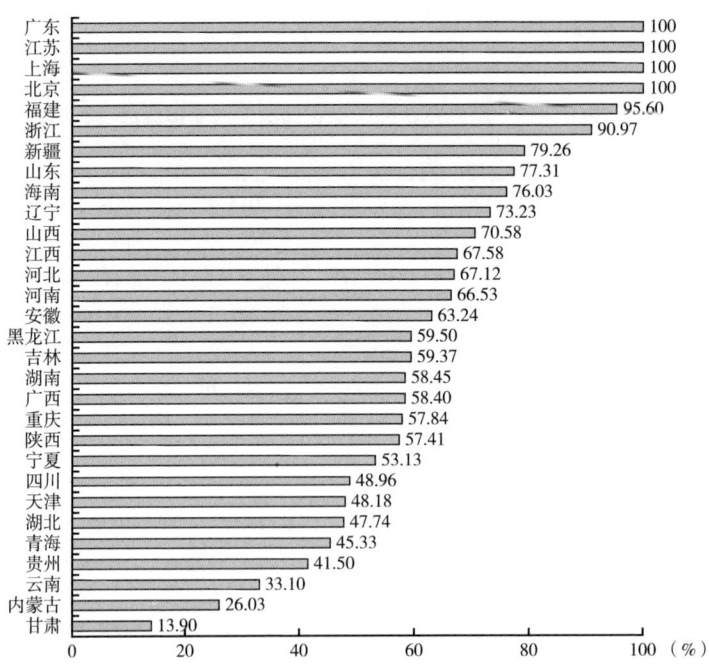

图 4-4　2015 年各地区文化均衡发展实现程度

3. 东部地区比较接近实现目标

2015年，东部地区文化均衡发展实现程度为85.52%，比较接近实现目标，但天津实现程度较低，尚未达到50%；东北地区和中部地区文化均衡发展实现程度较为接近，均低于全国平均水平；西部地区文化均衡发展实现程度为46.80%，约为全国平均水平的70%，新疆的实现程度较高，接近80%，其余10个省份的实现程度均未超过60%（见图4-4、表4-14）。

表4-14 各区域文化均衡发展实现程度

单位：%

地　区	2010年	2011年	2012年	2013年	2014年	2015年
东部地区	67.42	71.82	76.38	80.94	81.79	85.52
中部地区	42.26	48.75	51.85	53.78	54.40	62.35
西部地区	11.01	21.53	27.28	35.49	39.83	46.80
东北地区	42.82	50.54	56.34	57.47	61.30	64.03

（二）文化均衡发展实现程度进展

1. 2015年实现程度提高，进展恢复性大幅加快，初步遏制住持续下滑的趋势

2015年，文化均衡发展实现程度比上年提高8.01个百分点，不仅延续逐年提升的态势，而且初步遏制住进展持续减缓的趋势。2015年进展大幅加快，比上年进展快5.07个百分点，但是由于上年进展较慢，因此，2015年进展大幅加快具有恢复性质。新疆、山西、四川、江西、陕西5个省份进展快，均超过10个百分点，特别是新疆延续了高速提升的态势；但是，河北、内蒙古、吉林和湖北4个省份实现程度下降（见表4-15）。

表4-15 中国及各地区文化均衡发展实现程度进展

单位：百分点

地　区	2011年	2012年	2013年	2014年	2015年	2015年比2010年提高	年均提高
北　京	0	0	0	0	0	0	0
天　津	-0.18	-0.18	0	1.38	3.19	4.21	0.84
河　北	2.22	2.42	15.98	0.03	-4.72	15.93	3.19
山　西	0.65	0.45	-0.46	-0.02	16.54	17.16	3.43

续表

地区	2011年	2012年	2013年	2014年	2015年	2015年比2010年提高	年均提高
内蒙古	7.18	13.34	12.20	3.53	-1.16	35.09	7.02
辽 宁	11.31	4.96	-4.05	7.20	4.91	24.33	4.87
吉 林	9.79	8.44	5.54	-0.79	-1.24	21.74	4.35
黑龙江	2.06	3.99	1.91	5.08	4.52	17.56	3.51
上 海	0	0	0	0	0	0	0
江 苏	11.32	11.32	3.73	2.30	7.67	36.34	7.27
浙 江	6.08	6.08	4.30	-12.81	9.38	13.03	2.61
安 徽	1.22	1.22	0.92	0.11	8.81	12.28	2.46
福 建	3.98	8.30	5.03	10.13	4.86	32.30	6.46
江 西	0.69	3.38	0.72	1.33	11.99	18.11	3.62
山 东	5.85	5.85	2.00	0.10	8.26	22.06	4.41
河 南	3.58	3.57	2.58	0.79	5.94	16.46	3.29
湖 北	8.65	5.00	1.05	-1.26	-0.52	12.92	2.58
湖 南	24.19	4.93	6.82	2.73	4.99	43.66	8.73
广 东	4.19	4.19	5.58	5.38	0	19.34	3.87
广 西	7.78	8.17	4.97	2.65	6.41	29.98	6.00
海 南	10.55	7.67	9.01	1.96	8.65	37.84	7.57
重 庆	16.73	7.40	2.30	1.73	2.50	30.66	6.13
四 川	7.83	8.79	7.92	4.47	14.92	43.93	8.79
贵 州	18.62	9.96	14.61	12.33	2.20	57.72	11.54
云 南	9.56	1.76	11.07	-2.69	4.37	24.06	4.81
陕 西	1.57	6.19	7.95	5.23	11.86	32.80	6.56
甘 肃	0.14	-0.63	6.86	3.96	8.75	19.08	3.82
青 海	34.24	3.64	4.95	6.02	6.24	55.09	11.02
宁 夏	0.86	0.85	2.07	-1.41	1.54	3.91	0.78
新 疆	11.19	3.88	15.33	11.99	19.05	61.44	12.29
全 国	7.43	7.15	5.93	2.94	8.01	31.46	6.29

2. 2010~2015年进展相对较快，有望如期实现目标

2010~2015年，文化均衡发展实现程度提高31.46个百分点，比城乡发展一体化总水平实现程度进展低2.41个百分点，但比社会发展一体化实现程度快4.15个百分点。新疆、贵州、青海、四川和湖南5个省份实现程度进展快，均超过40个百分点（见表4-15）。

第四章　中国及各地区社会发展一体化指数

由于文化均衡发展实现程度起点相对较高，2010 年在 12 个二级指标中实现程度仅低于污染物排放，因此，目前的进展速度相对较高，保持目前的进展速度，到 2020 年将十分接近实现目标。

3. 西部地区实现程度进展快，东部地区在较高实现程度上仍保持较快的进展

2015 年与 2010 年相比，西部地区文化均衡发展实现程度提高 35.79 个百分点，高于全国平均进展，但区域内部进展差异大。实现程度进展超过 40 个百分点的 5 个省份中有 4 个来自西部地区，但西部地区 11 个省份中，有 5 个省份实现程度增幅低于全国平均进展，特别是宁夏，仅提高 3.91 个百分点。

中部地区和东北地区文化均衡发展实现程度增幅比较接近；东部地区则在较高实现程度上仍保持较快进展，按目前进展，东部地区将如期实现目标。

（三）文化均衡发展实现程度排序及变化

1. 2015 年排序：东部和西部地区整体排序分明，东部地区领先

2015 年，排在文化均衡发展实现程度前 5 位的省份均来自东部地区，排在后 5 位的省份则全部来自西部地区。排在前 10 位的省份中有 8 个来自东部地区，但天津排序处于后 10 位；排在后 10 位的省份中有 8 个来自西部地区，但新疆进入前 10 位（见表 4-16）。

2. 2010~2015 年整体排序变化：整体格局未变，但省份排序变化较大

2010~2015 年，虽然西部地区文化均衡发展实现程度明显快于其他 3 个区域，东部地区进展相对较慢，区域差距明显缩小；但由于西部地区起点较低，东部地区起点较高，区域起点差距较大，因此，进展速度的差异未对整个地区排序产生显著影响，整体区域排序格局未发生大的变化。但部分省份排序变化较大，其中新疆排序大幅上升 16 位，海南和湖南的排序分别上升 8 位和 6 位；宁夏和天津则都下降 9 位（见表 4-16）。

表 4-16　各地区文化均衡发展实现程度排序

排序	2010 年	2011 年	2012 年	2013 年	2014 年	2015 年
1	北　京	北　京	北　京	北　京	北　京	北　京
1	上　海	上　海	上　海	上　海	上　海	上　海
1	广东(3)	广东(3)	浙　江	广东(3)	广　东	广　东
1	浙江(4)	浙江(4)	广　东	浙江(4)	江苏(4)	江　苏

续表

排序	2010年	2011年	2012年	2013年	2014年	2015年
5	江苏	江苏	江苏	江苏	福建	福建
6	福建	福建	福建	福建	浙江	浙江
7	山东	山东	山东	河北	河北	新疆
8	山西	辽宁	辽宁	山东	山东	山东
9	河北	山西	河南	海南	辽宁	海南
10	安徽	河南	海南	吉林	海南	辽宁
11	河南	河北	吉林	辽宁	吉林	山西
12	江西	安徽	河北	河南	河南	江西
13	宁夏	江西	山西	安徽	新疆	河北
14	辽宁	宁夏	江西	江西	江西	河南
15	天津	海南	安徽	山西	重庆	安徽
16	黑龙江	吉林	重庆	重庆	黑龙江	黑龙江
17	海南	黑龙江	宁夏	宁夏	安徽	吉林
18	吉林	重庆	湖北	湖南	山西	湖南
19	湖北	天津	黑龙江	黑龙江	湖南	广西
20	广西	湖北	广西	湖北	广西	重庆
21	重庆	湖南	湖南	广西	宁夏	陕西
22	陕西	广西	天津	新疆	湖北	宁夏
23	新疆	新疆	新疆	天津	陕西	四川
24	湖南	陕西	陕西	陕西	天津	天津
25	云南	青海	青海	青海	贵州	湖北
26	四川	云南	四川	云南	青海	青海
27	甘肃	四川	云南	四川	四川	贵州
28	内蒙古	贵州	贵州	贵州	云南	云南
29	青海	内蒙古	内蒙古	内蒙古	内蒙古	内蒙古
30	贵州	甘肃	甘肃	甘肃	甘肃	甘肃

注：括号中数字表示该省份在未实现目标前的当年排序。

五 社会保障均衡发展指数

（一）社会保障均衡发展实现程度

1. 实现程度较高

2015年，社会保障均衡发展实现程度为67.51%，比城乡发展一体化总水平和社会发展一体化实现程度分别高10.46个和18.41个百分点，在12个二级指标中仅低于污染物排放和收入消费水平实现程度。

2. 所有省份实现程度都过半，省际差距较小

2015年，所有省份的社会保障均衡发展实现程度均超过50%，是12个二级指标中唯一所有省份实现程度都过半的指标。上海离实现目标仅相差0.69个百分点，天津也非常接近实现目标，实现程度最低的新疆也达到52.14%，各省份实现程度之间的差距较小（见图4-5、表4-17）。

表4-17 中国及各地区社会保障均衡发展实现程度

单位：%

地区	2010年	2011年	2012年	2013年	2014年	2015年
北京	63.97	71.97	70.93	77.72	84.19	86.92
天津	59.47	85.85	87.40	88.87	92.28	94.52
河北	15.40	37.86	42.33	49.38	49.69	53.91
山西	22.56	38.94	43.92	50.75	56.41	62.09
内蒙古	46.65	59.09	62.28	65.42	66.97	71.02
辽宁	32.97	47.77	57.24	60.57	64.29	68.19
吉林	59.18	60.36	62.26	67.86	71.41	72.40
黑龙江	41.23	42.72	52.10	53.15	56.88	67.16
上海	79.89	82.05	84.66	88.50	93.48	99.31
江苏	59.34	70.31	71.18	70.85	75.59	79.31
浙江	53.25	70.57	74.34	88.18	84.68	85.36
安徽	43.41	57.55	62.67	65.01	68.60	70.79
福建	46.32	50.45	55.21	54.83	57.03	61.96
江西	54.08	59.37	65.60	66.40	68.39	71.99
山东	17.57	43.28	51.00	54.75	54.05	77.28
河南	39.91	51.47	50.57	55.30	55.55	62.59
湖北	28.15	41.81	42.33	52.70	61.74	69.95
湖南	33.74	55.64	60.33	61.89	67.68	72.51
广东	60.75	73.71	77.80	77.56	77.43	78.51
广西	31.44	38.70	43.52	56.97	57.20	62.26
海南	57.27	71.03	77.55	77.91	78.09	80.70
重庆	39.39	62.00	74.99	77.53	79.44	76.02
四川	14.83	35.72	44.96	48.80	51.44	54.48
贵州	44.20	42.53	46.64	47.28	49.86	58.10
云南	-1.18	39.15	43.60	52.20	51.38	53.53
陕西	22.43	46.33	51.42	54.91	57.24	55.37
甘肃	27.02	41.57	57.65	61.02	70.32	65.69
青海	-0.55	31.11	50.02	51.86	38.08	53.01
宁夏	0.78	28.32	62.63	77.07	80.14	78.76
新疆	16.85	32.28	42.09	41.81	45.50	52.14
全国	32.00	48.22	55.25	59.42	61.83	67.51

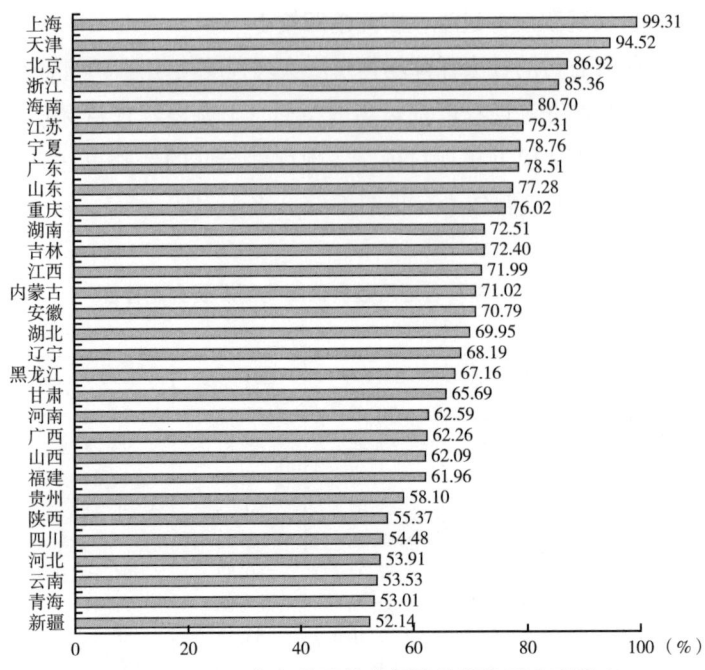

图 4-5 2015 年各地区社会保障均衡发展实现程度

3. 区域发展较为均衡

2015 年,虽然社会保障均衡发展实现程度最高的东部地区与其他地区有明显差距,但相比较其他 11 个二级指标,差距较小,东部地区实现程度仅比最低的西部地区实现程度高 17.93 个百分点(见表 4-18)。

表 4-18 各区域社会保障均衡发展实现程度

单位:%

地区	2010 年	2011 年	2012 年	2013 年	2014 年	2015 年
东部地区	51.32	65.71	69.24	72.85	74.65	79.78
中部地区	36.97	50.80	54.24	58.67	63.06	68.32
西部地区	21.99	41.53	52.71	57.72	58.87	61.85
东北地区	44.46	50.28	57.20	60.52	64.19	69.25

(二)社会保障均衡发展实现程度进展

1. 2015 年进展加快,但依然较慢

2015 年,社会保障均衡发展实现程度比上年提高 5.68 个百分点,不仅延

续了逐年持续提高的态势，而且进展有所加快，比上年进展快3.27个百分点。山东、青海和黑龙江3个省份进展均超过10个百分点，但重庆、陕西、甘肃和宁夏4个省份实现程度下降。虽然2015年进展快于上年，但依然低于2010~2015年年均进展（见表4-19）。

表4-19 中国及各地区社会保障均衡发展实现程度进展

单位：百分点

地 区	2011年	2012年	2013年	2014年	2015年	2015年比2010年提高	年均提高
北 京	8.00	-1.04	6.79	6.47	2.73	22.95	4.59
天 津	26.38	1.55	1.47	3.41	2.24	35.05	7.01
河 北	22.46	4.47	7.05	0.31	4.22	38.51	7.70
山 西	16.38	4.98	6.83	5.66	5.68	39.53	7.91
内蒙古	12.44	3.19	3.14	1.55	4.05	24.37	4.87
辽 宁	14.80	9.47	3.33	3.72	3.90	35.22	7.04
吉 林	1.18	1.90	5.60	3.55	0.99	13.22	2.64
黑龙江	1.49	9.38	1.05	3.73	10.28	25.93	5.19
上 海	2.16	2.61	3.84	4.98	5.83	19.42	3.88
江 苏	10.97	0.87	-0.33	4.74	3.72	19.97	3.99
浙 江	17.32	3.77	13.84	-3.50	0.68	32.11	6.42
安 徽	14.14	5.12	2.34	3.59	2.19	27.38	5.48
福 建	4.13	4.76	-0.38	2.20	4.93	15.64	3.13
江 西	5.29	6.23	0.80	1.99	3.60	17.91	3.58
山 东	25.71	7.72	3.75	-0.70	23.23	59.71	11.94
河 南	11.56	-0.91	4.73	0.25	7.04	22.68	4.54
湖 北	13.66	0.52	10.37	9.04	8.21	41.80	8.36
湖 南	21.90	4.69	1.56	5.79	4.83	38.77	7.75
广 东	12.96	4.09	-0.24	-0.13	1.08	17.76	3.55
广 西	7.26	4.82	13.45	0.23	5.06	30.82	6.16
海 南	13.76	6.52	0.36	0.18	2.61	23.43	4.69
重 庆	22.61	12.99	2.54	1.91	-3.42	36.63	7.33
四 川	20.89	9.24	3.84	2.64	3.04	39.65	7.93
贵 州	-1.67	4.11	0.64	2.58	8.24	13.90	2.78
云 南	40.33	4.45	8.60	-0.82	2.15	54.71	10.94
陕 西	23.90	5.09	3.49	2.33	-1.87	32.94	6.59
甘 肃	14.55	16.08	3.37	9.30	-4.63	38.67	7.73
青 海	31.66	18.91	1.84	-13.78	14.93	53.56	10.71
宁 夏	27.54	34.31	14.44	3.07	-1.38	77.98	15.60
新 疆	15.43	9.81	-0.28	3.69	6.64	35.29	7.06
全 国	16.22	7.03	4.17	2.41	5.68	35.51	7.10

2. 2010~2015年进展相对较快，有望如期实现目标

2010~2015年，社会保障均衡发展实现程度提高35.51个百分点，年均提高7.10个百分点，快于城乡发展一体化总水平和社会发展一体化实现程度进展，宁夏、山东、云南和青海4个省份实现程度提高幅度较大，超过50个百分点，特别是宁夏提高77.98个百分点（见表4-19）。

按目前进展，社会保障均衡发展将在2020年如期实现目标。但近几年进展速度趋缓，需要引起重视，如进展继续减缓，将延迟实现目标。

3. 西部地区进展最快，大幅缩小与其他区域之间的差距

2010~2015年，西部地区实现程度进展最快，高于全国平均进展，并明显高于东部和东北地区平均进展，从而大幅缩小与这两个区域之间的差距。

（三）社会保障均衡发展实现程度排序及变化

1. 2015年排序：东部地区较为领先

2015年，东部地区整体排序较为靠前，排在前5位的均为东部地区省份，排在前10位的省份有7个来自东部地区，但福建和河北位于后10位。虽然西部地区省份在后10位中占据7位，但宁夏和重庆进入前10位（见表4-20）。

表4-20 各地区社会保障均衡发展实现程度排序

排序	2010年	2011年	2012年	2013年	2014年	2015年
1	上海	天津	天津	天津	上海	上海
2	北京	上海	上海	上海	天津	天津
3	广东	广东	广东	浙江	浙江	北京
4	天津	北京	海南	海南	北京	浙江
5	江苏	海南	重庆	北京	宁夏	海南
6	吉林	浙江	浙江	广东	重庆	江苏
7	海南	江苏	江苏	重庆	海南	宁夏
8	江西	重庆	北京	宁夏	广东	广东
9	浙江	吉林	江西	江苏	江苏	山东
10	内蒙古	江西	安徽	吉林	吉林	重庆
11	福建	内蒙古	宁夏	江西	甘肃	湖南
12	贵州	安徽	内蒙古	内蒙古	安徽	吉林
13	安徽	湖南	吉林	安徽	江西	江西
14	黑龙江	河南	湖南	湖南	湖南	内蒙古
15	河南	福建	甘肃	甘肃	内蒙古	安徽

续表

排序	2010年	2011年	2012年	2013年	2014年	2015年
16	重庆	辽宁	辽宁	辽宁	辽宁	湖北
17	湖南	陕西	福建	广西	湖北	辽宁
18	辽宁	山东	黑龙江	河南	陕西	黑龙江
19	广西	黑龙江	陕西	陕西	广西	甘肃
20	湖北	贵州	山东	福建	福建	河南
21	甘肃	湖北	河南	山东	黑龙江	广西
22	山西	甘肃	青海	黑龙江	山西	山西
23	陕西	云南	贵州	湖北	河南	福建
24	山东	山西	四川	云南	山东	贵州
25	新疆	广西	山西	青海	四川	陕西
26	河北	河北	云南	山西	云南	四川
27	四川	四川	广西	河北	贵州	河北
28	宁夏	新疆	河北	四川	河北	云南
29	青海	青海	湖北	贵州	新疆	青海
30	云南	宁夏	新疆	新疆	青海	新疆

2. 2010~2015年整体排序变化：东北地区下降明显

2010~2015年，东北地区社会保障均衡发展实现程度进展最慢，与西部和中部地区进展差距较大；同时，2010年中部地区实现程度与东北地区差距不大，因此，东北地区整体排序明显下降。虽然辽宁排序上升1位，但吉林和黑龙江排序分别下降6位和4位，吉林退出前10位。虽然东部地区社会保障均衡发展实现程度进展较慢，但由于起点较高，进展上的差异基本没有动摇其整体排序领先的地位。

部分省份实现程度排序变化较大，其中宁夏排序大幅上升21位，山东上升15位，湖南和重庆上升幅度也较高，均上升6位；贵州和福建排序大幅下降12位（见表4-20）。

第五章
中国及各地区生活水平一体化指数

一 生活水平一体化指数

(一) 生活水平一体化实现程度

1. 实现程度相对较高

2015年,中国城乡生活水平一体化实现程度为62.10%,比城乡发展一体化总水平实现程度高5.05个百分点;在4个一体化中,实现程度略低于生态环境一体化,高于经济发展一体化和社会发展一体化。

2. 多数省份实现程度超过50%

2015年,有18个省份实现程度超过50%,其中天津已于2014年率先实现目标,北京、江苏、上海、浙江和福建5个省份实现程度均超过90%,接近实现目标;但仍有4个省份实现程度尚未达到1/3,分别是贵州、吉林、青海和甘肃(见表5-1、图5-1)。

表5-1 中国及各地区生活水平一体化实现程度

单位:%

地区	2010年	2011年	2012年	2013年	2014年	2015年
北京	97.99	94.55	94.05	97.48	98.40	98.39
天津	83.95	91.25	96.62	99.64	100	100

续表

地 区	2010 年	2011 年	2012 年	2013 年	2014 年	2015 年
河 北	19.14	30.75	36.35	43.12	58.13	67.48
山 西	24.29	30.29	36.91	41.69	48.75	52.82
内蒙古	-11.89	-0.74	6.88	14.09	29.29	37.88
辽 宁	12.20	18.10	26.09	36.95	41.24	49.18
吉 林	2.78	12.53	15.22	19.55	24.99	28.84
黑龙江	16.20	21.23	25.95	30.32	31.35	34.02
上 海	88.53	95.70	95.75	96.94	97.13	95.40
江 苏	79.61	89.02	93.83	96.31	97.22	97.31
浙 江	82.10	86.37	88.39	89.64	93.27	94.09
安 徽	1.78	10.44	14.88	18.52	30.05	35.99
福 建	64.22	70.49	77.97	81.43	89.75	91.61
江 西	24.26	35.49	40.99	47.84	53.21	61.50
山 东	45.40	54.08	62.00	68.73	78.63	83.86
河 南	19.70	28.15	30.65	38.19	50.00	53.72
湖 北	25.19	31.81	39.33	44.14	50.27	55.01
湖 南	2.36	10.48	15.51	21.61	29.12	39.05
广 东	39.87	50.12	53.68	59.16	73.78	75.39
广 西	9.93	19.00	28.80	32.60	45.72	52.68
海 南	52.81	66.62	68.87	76.39	84.90	77.45
重 庆	-0.58	12.14	23.49	30.37	40.73	46.45
四 川	11.42	19.95	31.23	37.72	47.23	54.59
贵 州	-23.83	-9.86	-4.75	7.18	18.74	30.17
云 南	-1.86	7.92	12.55	14.19	29.86	36.60
陕 西	4.49	13.53	21.96	28.09	36.78	41.15
甘 肃	-16.92	-2.04	0.28	5.86	11.39	16.13
青 海	4.19	10.89	20.84	20.81	27.02	28.46
宁 夏	4.64	18.75	30.88	40.27	51.96	57.10
新 疆	29.08	24.23	29.58	38.78	49.48	54.19
全 国	23.16	32.97	39.46	51.11	58.35	62.10

3. 东部地区接近实现目标，东北地区实现程度低

2015 年，东部地区生活水平一体化实现程度为 88.1%，比较接近实现目标，10 个省份中，实现程度最低的河北也高于全国平均水平。

生活水平一体化实现程度区域差距较大，中部、西部和东北地区实现程度均未过半，东北地区实现程度最低，仅为 37.34%，比东部地区低 50.76 个百分点（见表 5-2）。

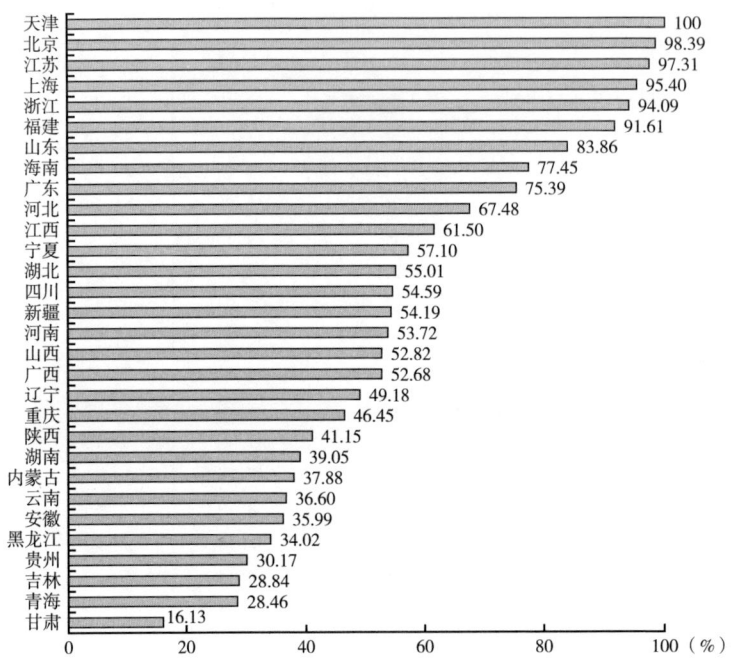

图 5-1 2015 年各地区生活水平一体化实现程度

表 5-2 各区域生活水平一体化实现程度

单位：%

地区	2010 年	2011 年	2012 年	2013 年	2014 年	2015 年
东部地区	65.36	72.90	76.75	80.88	87.12	88.10
中部地区	16.26	24.44	29.71	35.33	43.57	49.68
西部地区	0.79	10.34	18.34	24.54	35.29	41.40
东北地区	10.40	17.29	22.42	28.94	32.53	37.34

（二）生活水平一体化实现程度进展

1. 2015 年进展大幅减缓

2015 年，中国生活水平一体化实现程度比上年提高 3.75 个百分点，延续了逐年提升的态势，但进展大幅减缓，比上年减缓 3.49 个百分点，已是连续 2 年减缓。贵州、湖南、河北、内蒙古和江西 5 个省份进展较快，均超过 8 个百分点；北京、上海和海南 3 个省份实现程度下降（见表 5-3）。

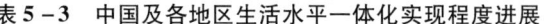

第五章　中国及各地区生活水平一体化指数

表5－3　中国及各地区生活水平一体化实现程度进展

单位：百分点

地　区	2011年	2012年	2013年	2014年	2015年	2015年比2010年提高	年均提高
北　京	－3.44	－0.50	3.43	0.92	－0.01	0.40	0.08
天　津	7.30	5.37	3.02	0.36	0	16.05	3.21
河　北	11.61	5.60	6.77	15.01	9.35	48.34	9.67
山　西	6.00	6.62	4.78	7.06	4.07	28.53	5.71
内蒙古	11.15	7.62	7.21	15.20	8.59	49.77	9.95
辽　宁	5.90	7.99	10.86	4.29	7.94	36.98	7.40
吉　林	9.75	2.69	4.33	5.44	3.85	26.06	5.21
黑龙江	5.03	4.72	4.37	1.03	2.67	17.82	3.56
上　海	7.17	0.05	1.19	0.19	－1.73	6.87	1.37
江　苏	9.41	4.81	2.48	0.91	0.09	17.70	3.54
浙　江	4.27	2.02	1.25	3.63	0.82	11.99	2.40
安　徽	8.66	4.44	3.64	11.53	5.94	34.21	6.84
福　建	6.27	7.48	3.46	8.32	1.86	27.39	5.48
江　西	11.23	5.50	6.85	5.37	8.29	37.24	7.45
山　东	8.68	7.92	6.73	9.90	5.23	38.46	7.69
河　南	8.45	2.50	7.54	11.81	3.72	34.02	6.80
湖　北	6.62	7.52	4.81	6.13	4.74	29.82	5.96
湖　南	8.12	5.03	6.10	7.51	9.93	36.69	7.34
广　东	10.25	3.56	5.48	14.62	1.61	35.52	7.10
广　西	9.07	9.80	3.80	13.12	6.96	42.75	8.55
海　南	13.81	2.25	7.52	8.51	－7.45	24.64	4.93
重　庆	12.72	11.35	6.88	10.36	5.72	47.03	9.41
四　川	8.53	11.28	6.49	9.51	7.36	43.17	8.63
贵　州	13.97	5.11	11.93	11.56	11.43	54.00	10.80
云　南	9.78	4.63	1.64	15.67	6.74	38.46	7.69
陕　西	9.04	8.43	6.13	8.69	4.37	36.66	7.33
甘　肃	14.88	2.32	5.58	5.53	4.74	33.05	6.61
青　海	6.70	9.95	－0.03	6.21	1.44	24.27	4.85
宁　夏	14.11	12.13	9.39	11.69	5.14	52.46	10.49
新　疆	－4.85	5.35	9.20	10.70	4.71	25.11	5.02
全　国	9.81	6.49	11.65	7.24	3.75	38.94	7.79

2. 2010~2015年进展较快，实现程度大幅提升，有望如期实现目标

2010~2015年，生活水平一体化实现程度稳步大幅提高，2015年比2010年提升了38.94个百分点，年均提升7.79个百分点，高于城乡发展一体化总水平和其他3个一体化实现程度进展。河北、内蒙古、广西、重庆、四川、贵州和宁夏7个省份提高幅度较大，均超过40个百分点，贵州和宁夏更是都提高了50个百分点以上（见表5-3）。

生活水平一体化实现程度起点相对较高，进展速度较快，按目前进展，有望如期实现目标，但吉林、青海、黑龙江和甘肃等省份将无法超过60%，距实现目标仍有较大差距。

3. 西部地区进展较快，区域差距缩小

2010~2015年，西部地区生活水平一体化实现程度进展较快，大幅提升了40.61个百分点，远快于其他3个区域，由此，与其他区域之间的差距大幅缩小，并于2014年超过东北地区。

（三）生活水平一体化实现程度排序及变化

1. 2015年排序：东部地区居前，东北地区居后

2015年，东部地区10个省份全部进入生活水平一体化实现程度前10位行列；而东北地区3个省份中有2个进入后10位行列，特别是吉林位于倒数第3位，辽宁排序也较为靠后，列第19位（见表5-4）。

2. 2010~2015年整体排序变化：东部地区领先地位更加稳固，东北地区呈明显下降趋势

2010~2015年，由于东北地区实现程度进展缓慢，整体排序明显下降，3个省份排序均下降，特别是黑龙江排序大幅下降了10位，吉林下降了5位。东部地区由于起点较高，并保持了一定的进展速度，整体排序领先的地位更加巩固，河北替代新疆进入前10位行列，由此东部地区整体进入前10位（见表5-4）。

表5-4 各地区生活水平一体化实现程度排序

排序	2010年	2011年	2012年	2013年	2014年	2015年
1	北京	上海	天津	天津	天津	天津
2	上海	北京	上海	北京	北京	北京
3	天津	天津	北京	上海	江苏	江苏
4	浙江	江苏	江苏	江苏	上海	上海

续表

排序	2010年	2011年	2012年	2013年	2014年	2015年
5	江苏	浙江	浙江	浙江	浙江	浙江
6	福建	福建	福建	福建	福建	福建
7	海南	海南	海南	海南	海南	山东
8	山东	山东	山东	山东	山东	海南
9	广东	广东	广东	广东	广东	广东
10	新疆	江西	江西	江西	河北	河北
11	湖北	湖北	湖北	湖北	江西	江西
12	山西	河北	山西	河北	宁夏	宁夏
13	江西	山西	河北	山西	湖北	湖北
14	河南	河南	四川	宁夏	河南	四川
15	河北	新疆	宁夏	新疆	新疆	新疆
16	黑龙江	黑龙江	河南	河南	山西	河南
17	辽宁	四川	新疆	四川	四川	山西
18	四川	广西	广西	辽宁	广西	广西
19	广西	宁夏	辽宁	广西	辽宁	辽宁
20	宁夏	辽宁	黑龙江	重庆	重庆	重庆
21	陕西	陕西	重庆	黑龙江	陕西	陕西
22	青海	吉林	陕西	陕西	黑龙江	湖南
23	吉林	重庆	青海	湖南	安徽	内蒙古
24	湖南	青海	湖南	青海	云南	云南
25	安徽	湖南	吉林	吉林	内蒙古	安徽
26	重庆	安徽	安徽	安徽	湖南	黑龙江
27	云南	云南	云南	云南	青海	贵州
28	内蒙古	内蒙古	内蒙古	内蒙古	吉林	吉林
29	甘肃	甘肃	甘肃	贵州	贵州	青海
30	贵州	贵州	贵州	甘肃	甘肃	甘肃

二 收入消费水平指数

（一）收入消费水平实现程度

1. 实现程度较高

2015年，收入消费水平实现程度为72.13%，比城乡发展一体化总水平和生活水平一体化实现程度分别高15.08个和10.03个百分点；在12个二级指标中，实现程度仅次于污染物排放。

2. 一半以上的省份实现程度超过70%

2015年，有16个省份收入消费水平实现程度超过70%，天津已提前实现目标，浙江、北京和江苏等省份距实现目标分别仅相差1.30个、3.21个和5.39个百分点，上海和福建等省份接近实现目标。但甘肃实现程度较低，仅为15.51%（见表5-5、图5-2）。

表5-5 中国及各地区收入消费水平实现程度

单位：%

地 区	2010年	2011年	2012年	2013年	2014年	2015年
北 京	95.98	89.10	88.11	95.32	96.80	96.79
天 津	68.67	82.50	93.23	99.27	100	100
河 北	16.28	33.52	45.36	55.11	65.17	73.56
山 西	28.02	37.88	45.76	53.47	64.46	68.66
内蒙古	8.66	21.46	30.64	40.05	63.73	67.88
辽 宁	41.81	49.57	58.43	70.29	74.65	82.19
吉 林	48.90	64.57	66.38	69.79	77.28	83.60
黑龙江	55.92	67.96	71.47	77.88	75.75	76.67
上 海	77.05	91.40	91.50	93.87	94.27	90.79
江 苏	73.56	81.74	87.65	92.61	94.43	94.61
浙 江	80.35	87.26	90.77	93.42	98.40	98.70
安 徽	26.81	34.92	35.87	37.98	54.97	61.38
福 建	51.06	60.95	70.49	75.42	89.82	92.24
江 西	44.36	58.36	60.83	68.11	72.52	82.98
山 东	31.57	44.65	54.71	61.58	76.58	85.76
河 南	14.66	27.70	34.92	42.66	59.36	64.19
湖 北	37.29	41.76	52.04	59.19	67.93	72.58
湖 南	19.66	31.78	40.12	45.29	56.75	71.31
广 东	11.38	32.33	37.57	44.03	71.69	73.72
广 西	-12.01	1.01	7.30	9.27	33.30	44.60
海 南	28.28	44.41	48.85	61.18	77.96	62.38
重 庆	-18.70	-2.67	14.09	22.76	37.77	43.92
四 川	29.97	39.62	54.01	61.11	72.96	79.63
贵 州	-30.64	-12.26	-9.63	8.51	27.46	39.90
云 南	-9.32	5.70	11.34	7.50	35.38	42.46
陕 西	-13.48	-2.35	9.26	18.13	34.02	39.67
甘 肃	-22.63	-8.39	-3.20	5.65	11.66	15.51
青 海	7.21	24.27	36.90	38.98	47.70	51.34
宁 夏	-6.99	7.70	20.44	31.79	52.53	49.78
新 疆	10.28	18.38	21.52	29.60	44.56	48.24
全 国	21.41	35.51	43.30	60.78	69.10	72.13

第五章 中国及各地区生活水平一体化指数

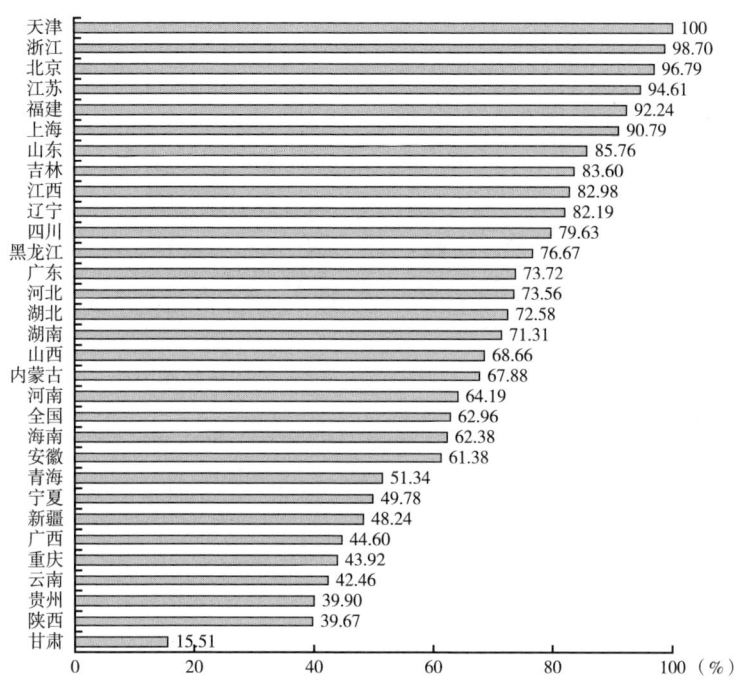

图 5－2　2015 年各地区收入消费水平实现程度

3. 东部地区已接近实现目标，西部地区未达到 50%

2015 年，东部地区收入消费水平实现程度达 86.86%，已比较接近实现目标；东北地区生活水平一体化实现程度也相对较高，达到 80.82%；但西部地区实现程度尚未过半，仅四川超过全国平均水平，尚有 8 个省份实现程度未超过 50%，与其他 3 个区域的差距较大；中部地区实现程度为 70.18%，实现程度相对较低（见表 5－5、表 5－6）。

表 5－6　各区域收入消费水平实现程度

单位：%

地区	2010 年	2011 年	2012 年	2013 年	2014 年	2015 年
东部地区	53.42	64.79	70.82	77.18	86.51	86.86
中部地区	28.47	38.73	44.92	51.12	62.66	70.18
西部地区	－5.24	8.41	17.51	24.85	41.91	47.54
东北地区	48.88	60.70	65.43	72.65	75.89	80.82

(二) 收入消费水平实现程度进展

1. 2015 年进展大幅减缓

2015 年，收入消费水平实现程度比上年提高 3.03 个百分点，延续了逐年提升的态势，但进展大幅减缓，比上年减缓 5.29 个百分点。湖南、贵州、广西和江西 4 个省份进展较快，均超过 10 个百分点，但海南、宁夏、上海和北京 4 个省份实现程度下降，其中海南下降幅度较大（见表 5-7）。

表 5-7 中国及各地区收入消费水平实现程度进展

单位：百分点

地 区	2011 年	2012 年	2013 年	2014 年	2015 年	2015 年比 2010 年提高	年均提高
北 京	-6.88	-0.99	7.21	1.48	-0.01	0.81	0.16
天 津	13.83	10.73	6.04	0.73	0	31.33	6.27
河 北	17.24	11.84	9.75	10.06	8.39	57.28	11.46
山 西	9.86	7.88	7.71	10.99	4.20	40.64	8.13
内蒙古	12.80	9.18	9.41	23.68	4.15	59.22	11.84
辽 宁	7.76	8.86	11.86	4.36	7.54	40.38	8.08
吉 林	15.67	1.81	3.41	7.49	6.32	34.70	6.94
黑龙江	12.04	3.51	6.41	-2.13	0.92	20.75	4.15
上 海	14.35	0.10	2.37	0.40	-3.48	13.74	2.75
江 苏	8.18	5.91	4.96	1.82	0.18	21.05	4.21
浙 江	6.91	3.51	2.65	4.98	0.30	18.35	3.67
安 徽	8.11	0.95	2.11	16.99	6.41	34.57	6.91
福 建	9.89	9.54	4.93	14.40	2.42	41.18	8.24
江 西	14.00	2.47	7.28	4.41	10.46	38.62	7.72
山 东	13.08	10.06	6.87	15.00	9.18	54.19	10.84
河 南	13.04	7.22	7.74	16.70	4.83	49.53	9.91
湖 北	4.47	10.28	7.15	8.74	4.65	35.29	7.06
湖 南	12.12	8.34	5.17	11.46	14.56	51.65	10.33
广 东	20.95	5.24	6.46	27.66	2.03	62.34	12.47
广 西	13.02	6.29	1.97	24.03	11.30	56.61	11.32
海 南	16.13	4.44	12.33	16.78	-15.58	34.10	6.82
重 庆	16.03	16.76	8.67	15.01	6.15	62.62	12.52
四 川	9.65	14.39	7.10	11.85	6.67	49.66	9.93
贵 州	18.38	2.63	18.14	18.95	12.44	70.54	14.11

第五章　中国及各地区生活水平一体化指数

续表

地　区	2011年	2012年	2013年	2014年	2015年	2015年比2010年提高	年均提高
云　南	15.02	5.64	-3.84	27.88	7.08	51.78	10.36
陕　西	11.13	11.61	8.87	15.89	5.65	53.15	10.63
甘　肃	14.24	5.19	8.85	6.01	3.85	38.14	7.63
青　海	17.06	12.63	2.08	8.72	3.64	44.13	8.83
宁　夏	14.69	12.74	11.35	20.74	-2.74	56.77	11.35
新　疆	8.10	3.14	8.08	14.96	3.68	37.96	7.59
全　国	14.10	7.79	17.48	8.32	3.03	50.72	10.14

2. 2010~2015年进展快,实现程度大幅提高,有望提前实现目标

2010~2015年,收入消费水平实现程度大幅提升50.72个百分点,年均提升10.14个百分点,远快于城乡发展一体化总水平和生活水平一体化实现程度进展,在12个二级指标中进展最快。有11个省份实现程度提高幅度超过50个百分点,其中,贵州、重庆和广东3个省份进展均超过60个百分点(见表5-7)。

虽然收入消费水平实现程度起点不高,但进展较快,按目前进展将有望提前实现目标。但2015年进展大幅减缓需要引起重视,防止进展进一步下滑。

3. 按目前进展,4大区域均将有望如期实现目标

2015年与2010年相比,西部地区收入消费水平实现程度大幅提升了52.78个百分点,远快于其他地区;11个省份中有7个省份实现程度进展高于全国平均进展。虽然东北地区收入消费水平实现程度进展最慢,但由于起点相对较高,并保持了相对较快的进展,实现程度依然达到较高水平。按目前进展,4个区域均将有望如期实现目标(见表5-6、表5-7)。

(三)收入消费水平实现程度排序及变化

1. 2015年排序:西部地区整体居后明显,东部地区居前

2015年,收入消费水平实现程度排名前5位的均为东部地区省份,排序前10位中有7个来自东部地区省份;西部地区整体排序居后,11个省份中有9个位于后10位中;东北地区整体排序也较为靠前,吉林和辽宁进入前10位,黑龙江位列第12位(见表5-8)。

表5-8 各地区收入消费水平实现程度排序

排序	2010年	2011年	2012年	2013年	2014年	2015年
1	北京	上海	天津	天津	天津	天津
2	浙江	北京	上海	北京	浙江	浙江
3	上海	浙江	浙江	上海	北京	北京
4	江苏	天津	北京	浙江	江苏	江苏
5	天津	江苏	江苏	江苏	上海	福建
6	黑龙江	黑龙江	黑龙江	黑龙江	福建	上海
7	福建	吉林	福建	福建	海南	山东
8	吉林	福建	吉林	辽宁	吉林	吉林
9	江西	江西	江西	吉林	山东	江西
10	辽宁	辽宁	辽宁	江西	黑龙江	辽宁
11	湖北	山东	山东	山东	辽宁	四川
12	山东	海南	四川	海南	四川	黑龙江
13	四川	湖北	湖北	四川	江西	广东
14	海南	四川	海南	湖北	广东	河北
15	山西	山西	山西	河北	湖北	湖北
16	安徽	安徽	河北	山西	河北	湖南
17	湖南	河北	湖南	湖南	山西	山西
18	河北	广东	广东	广东	内蒙古	内蒙古
19	河南	湖南	青海	河南	河南	河南
20	广东	河南	安徽	内蒙古	湖南	海南
21	新疆	青海	河南	青海	安徽	安徽
22	内蒙古	内蒙古	内蒙古	安徽	宁夏	青海
23	青海	新疆	新疆	宁夏	青海	宁夏
24	宁夏	宁夏	宁夏	新疆	新疆	新疆
25	云南	云南	重庆	重庆	重庆	广西
26	广西	广西	云南	陕西	云南	重庆
27	陕西	陕西	陕西	广西	陕西	云南
28	重庆	重庆	广西	贵州	广西	贵州
29	甘肃	甘肃	甘肃	云南	贵州	陕西
30	贵州	贵州	贵州	甘肃	甘肃	甘肃

2. 2010~2015年整体排序变化：基本保持东部地区居前、西部地区居后的格局

2010~2015年，东部地区整体排序居前更加稳固。2010年，前10位中，东部地区占据6个，至2015年增加到7个，且前7位均为东部地区省份。西部地区收入消费水平实现程度虽然大幅提高，与其他区域的差距大幅缩小，但由于起点太低，因此，对整体排序影响不大，整体排序依然靠后。各省份排序变化也不大（见表5-8）。

（四）提高西部地区农民收入，缩小城乡居民收入消费差距

西部地区收入消费水平实现程度较低主要是农民收入水平较低，城乡居民收入消费差距较大。自2010年以来，西部地区农民人均可支配收入快速增长，增长速度均高于全国和其他3个区域；同时，城乡居民收入差距不断缩小，缩小幅度均大于全国和其他3个区域。但是，农民收入水平依然与其他区域存在差距，特别是与东部地区差距较大。2015年西部地区农民人均可支配收入为7749.01元（2010年不变价），比全国平均水平低22.1%，比东部地区平均水平低44.8%，11个省份农民人均可支配收入均未超过全国平均水平。城乡居民收入比为2.95∶1（以农村居民收入为1），高于全国和其他3个区域平均水平，有5个省份城乡居民收入比大于3。城乡居民消费差距也大于全国和其他3个区域。

三 居住卫生条件指数

（一）居住卫生条件实现程度

1. 实现程度过半

2015年，全国居住卫生条件实现程度为52.08%，既低于城乡发展一体化总水平实现程度，也低于生活水平一体化实现程度。

2. 一半以上省份实现程度未超过50%，省际差距较大

2015年，有17个省份居住卫生条件实现程度未超过50%，北京、天津、上海和江苏4个省份已提前实现目标，浙江、福建和海南等省份接近实现目标；但吉林和黑龙江两个省份实现程度尚未达到2007年全国平均水平，内蒙古、湖南、青海、安徽、辽宁和甘肃5个省份实现程度尚未达到20%，省份之间差距较大（见表5-9、图5-3）。

表 5-9 中国及各地区居住卫生条件实现程度

单位：%

地 区	2010 年	2011 年	2012 年	2013 年	2014 年	2015 年
北 京	100	100	100	99.64	100	100
天 津	99.23	100	100	100	100	100
河 北	21.99	27.99	27.35	31.14	51.08	61.40
山 西	20.56	22.70	28.05	29.91	33.03	36.97
内蒙古	-32.44	-22.93	-16.88	-11.88	-5.14	7.88
辽 宁	-17.40	-13.37	-6.26	3.60	7.83	16.16
吉 林	-43.33	-39.50	-35.94	-30.69	-27.30	-25.93
黑龙江	-23.52	-25.50	-19.57	-17.24	-13.05	-8.63
上 海	100	100	100	100	100	100
江 苏	85.65	96.31	100	100	100	100
浙 江	83.86	85.48	86.01	85.86	88.13	89.48
安 徽	-23.26	-14.04	-6.11	-0.93	5.13	10.59
福 建	77.39	80.03	85.45	87.44	89.68	90.98
江 西	4.16	12.63	21.14	27.57	33.91	40.03
山 东	59.24	63.50	69.30	75.88	80.68	81.96
河 南	24.74	28.59	26.39	33.72	40.65	43.25
湖 北	13.10	21.86	26.61	29.08	32.61	37.44
湖 南	-14.94	-10.82	-9.10	-2.07	1.49	6.79
广 东	68.36	67.92	69.79	74.29	75.87	77.05
广 西	31.86	36.99	50.30	55.93	58.15	60.76
海 南	77.33	88.83	88.88	91.60	91.83	92.52
重 庆	17.54	26.96	32.90	37.98	43.69	48.99
四 川	-7.13	0.28	8.45	14.33	21.51	29.55
贵 州	-17.02	-7.45	0.12	5.85	10.02	20.43
云 南	5.60	10.13	13.76	20.88	24.34	30.75
陕 西	22.46	29.40	34.67	38.05	39.54	42.62
甘 肃	-11.22	4.31	3.75	6.08	11.12	16.74
青 海	1.17	-2.50	4.79	2.65	6.34	5.58
宁 夏	16.28	29.80	41.31	48.75	51.39	64.43
新 疆	47.88	30.08	37.64	47.96	54.40	60.15
全 国	24.90	30.43	35.62	41.44	47.60	52.08

第五章　中国及各地区生活水平一体化指数

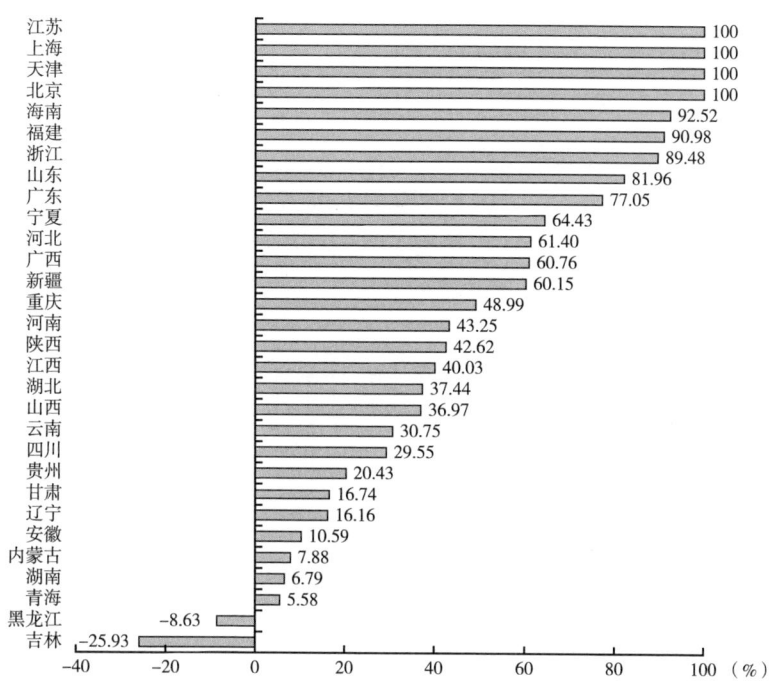

图 5-3　2015 年各地区居住卫生条件实现程度

3. 东部地区接近实现目标，东北地区尚未达到 2007 年全国平均水平

2015 年，东部地区居住卫生条件实现程度为 89.34%，接近实现目标；其他 3 个区域实现程度不仅远低于东部地区，也远低于全国平均水平。东北地区实现程度尚未达到 2007 年全国平均水平，是东北地区 12 个二级指标中最低的，也是唯一未达到 2007 年全国平均水平的二级指标（见表 5-10）。

表 5-10　各区域居住卫生条件实现程度

单位：%

地区	2010 年	2011 年	2012 年	2013 年	2014 年	2015 年
东部地区	77.30	81.01	82.68	84.58	87.73	89.34
中部地区	4.06	10.15	14.50	19.55	24.47	29.18
西部地区	6.82	12.28	19.16	24.24	28.67	35.26
东北地区	-28.08	-26.12	-20.59	-14.78	-10.84	-6.13

（二）居住卫生条件实现程度进展

1. 2015 年进展有所减缓

2015 年，居住卫生条件实现程度比上年提高 4.48 个百分点，延续逐年提升的态势，但进展有所减缓，比上年减缓 1.68 个百分点。河北、内蒙古、贵州和宁夏 4 个省份进展较快，均超过 10 个百分点，辽宁和四川进展也较快；青海实现程度下降（见表 5-11）。

表 5-11 中国及各地区居住卫生条件实现程度进展

单位：百分点

地区	2011 年	2012 年	2013 年	2014 年	2015 年	2015 年比 2010 年提高	年均提高
北京	0	0	-0.36	0.36	0	0	0
天津	0.77	0	0	0	0	0.77	0.15
河北	6.00	-0.64	3.79	19.94	10.32	39.41	7.88
山西	2.14	5.35	1.86	3.12	3.94	16.41	3.28
内蒙古	9.51	6.05	5.00	6.74	13.02	40.32	8.06
辽宁	4.03	7.11	9.86	4.23	8.33	33.56	6.71
吉林	3.83	3.56	5.25	3.39	1.37	17.40	3.48
黑龙江	-1.98	5.93	2.33	4.19	4.42	14.89	2.98
上海	0	0	0	0	0	0	0
江苏	10.66	3.69	0	0	0	14.35	2.87
浙江	1.62	0.53	-0.15	2.27	1.35	5.62	1.12
安徽	9.22	7.93	5.18	6.06	5.46	33.85	6.77
福建	2.64	5.42	1.99	2.24	1.30	13.59	2.72
江西	8.47	8.51	6.43	6.34	6.12	35.87	7.17
山东	4.26	5.80	6.58	4.80	1.28	22.72	4.54
河南	3.85	-2.20	7.33	6.93	2.60	18.51	3.70
湖北	8.76	4.75	2.47	3.53	4.83	24.34	4.87
湖南	4.12	1.72	7.03	3.56	5.30	21.73	4.35
广东	-0.44	1.87	4.50	1.58	1.18	8.69	1.74
广西	5.13	13.31	5.63	2.22	2.61	28.90	5.78
海南	11.50	0.05	2.72	0.23	0.69	15.19	3.04

第五章 中国及各地区生活水平一体化指数

续表

项　目	2011 年	2012 年	2013 年	2014 年	2015 年	2015 年比 2010 年提高	年均提高
重　庆	9.42	5.94	5.08	5.71	5.30	31.45	6.29
四　川	7.41	8.17	5.88	7.18	8.04	36.68	7.34
贵　州	9.57	7.57	5.73	4.17	10.41	37.45	7.49
云　南	4.53	3.63	7.12	3.46	6.41	25.15	5.03
陕　西	6.94	5.27	3.38	1.49	3.08	20.16	4.03
甘　肃	15.53	-0.56	2.33	5.04	5.62	27.96	5.59
青　海	-3.67	7.28	-2.14	3.69	-0.76	4.41	0.88
宁　夏	13.52	11.51	7.44	2.64	13.04	48.15	9.63
新　疆	-17.80	7.56	10.32	6.44	5.75	12.27	2.45
全　国	5.53	5.19	5.82	6.16	4.48	27.18	5.44

2. 2010～2015 年进展均衡，但较为缓慢，难以如期实现目标

2010～2015 年，居住卫生条件实现程度提升了 27.18 个百分点，年均提升 5.44 个百分点，低于城乡发展一体化总水平和生活水平一体化实现程度进展，在 12 个二级指标中，实现程度进展位列倒数第 4。河北、内蒙古和宁夏等省份进展较快，分别提高 39.41 个、40.32 个和 48.15 个百分点（见表 5-11）。

虽然居住卫生条件实现程度起点相对较高，但进展缓慢，按目前进展，到 2020 年将不能实现目标，且与目标还有一定差距。

3. 东部地区进展虽慢但可如期实现目标，其他区域进展缓慢

2015 年与 2010 年相比，东部地区居住卫生条件实现程度仅提高 12.04 个百分点，进展虽然低于其他 3 大区域，但由于起点较高，按目前进展，将如期实现目标。其他 3 大区域进展虽然远高于东部地区，但起点较低，到 2020 年实现程度都将与实现目标还有较大差距，特别是东北地区。

（三）居住卫生条件实现程度排序及变化

1. 2015 年排序：东部地区遥遥领先，东北地区居后

2015 年，居住卫生条件实现程度排名前 10 位中，东部地区占据前 9 位，宁夏占据第 10 位，东部地区唯一没有进入前 10 位的河北排在第 11 位；东北地区的 3 个省份全部位于后 10 位中，黑龙江和吉林居后 2 位，整体排序居后（见表 5-12）。

表5-12 各地区居住卫生条件实现程度排序

排序	2010年	2011年	2012年	2013年	2014年	2015年
1	北京	北京	北京	上海	上海	上海
1	上海	上海	上海	天津	天津	天津
1	天津(3)	天津	天津	江苏	江苏	江苏
1	江苏(4)	江苏(4)	江苏	北京(4)	北京	北京
5	浙江	海南	海南	海南	海南	海南
6	福建	浙江	浙江	福建	福建	福建
7	海南	福建	福建	浙江	浙江	浙江
8	广东	广东	广东	山东	山东	山东
9	山东	山东	山东	广东	广东	广东
10	新疆	广西	广西	广西	广西	宁夏
11	广西	新疆	宁夏	宁夏	新疆	河北
12	河南	宁夏	新疆	新疆	宁夏	广西
13	陕西	陕西	陕西	陕西	河北	新疆
14	河北	河南	重庆	重庆	重庆	重庆
15	山西	河北	山西	河南	河南	河南
16	重庆	重庆	河北	河北	陕西	陕西
17	宁夏	山西	湖北	山西	江西	江西
18	湖北	湖北	河南	湖北	山西	湖北
19	云南	江西	江西	江西	湖北	山西
20	江西	云南	云南	云南	云南	云南
21	青海	甘肃	四川	四川	四川	四川
22	四川	四川	青海	甘肃	甘肃	贵州
23	甘肃	青海	甘肃	贵州	贵州	甘肃
24	湖南	贵州	贵州	辽宁	辽宁	辽宁
25	贵州	湖南	安徽	青海	青海	安徽
26	辽宁	辽宁	辽宁	安徽	安徽	内蒙古
27	安徽	安徽	湖南	湖南	湖南	湖南
28	黑龙江	内蒙古	内蒙古	内蒙古	内蒙古	青海
29	内蒙古	黑龙江	黑龙江	黑龙江	黑龙江	黑龙江
30	吉林	吉林	吉林	吉林	吉林	吉林

注：括号中数字表示该省份在未实现目标前的当年排序。

2. 2010~2015年整体排序变化：总体格局稳定

2010~2015年，东部地区居住卫生条件实现程度整体排序居前，东北地区整体排序居后的总体格局较为稳定，前9位始终被东部地区省份所占据；东北地区3个省份始终位于后10行列。各省份排序的变化也较小，除宁夏排序大幅提升7位、青海和山西排序分别下降7位和4位外，其他27个省份排序变动均在3位以内（见表5-12）。

（四）农村居住卫生条件改善与经济发展和农民收入水平提升不相匹配

2010~2015年，我国经济增长速度虽有所减缓，但依然保持了较快增长，人均GDP年均增长7.3%（按2010年不变价）；与此同时，农村居民收入增长较快，年均增长11%（按2010年不变价）。经济发展指数和农村居民收入水平指数实现程度得到大幅度提升。但是农村居住卫生条件却没得到相应速度的改善，农村居住卫生条件指数提升远远低于经济发展和农民收入水平指数。

农村居住卫生条件实现程度与经济发展实现程度之间不匹配主要发生在东北地区，东部地区两者之间则高度匹配。2015年，东部地区经济发展实现程度为88.16%，农村居住卫生条件为89.34%，后者甚至略高于前者；与之相反，2015年，东北地区经济发展实现程度达到78.72%，但农村居住卫生条件实现程度尚未达到2007年全国平均水平，两者相差约85个百分点。

2015年，东部地区农村安全饮用水普及率和无害化卫生厕所普及率实现程度均接近实现目标，但东北地区两个指标的实现程度与实现目标相距较远，特别是无害化卫生厕所普及率实现程度与2007年全国平均水平还有一定差距；中部和西部地区的农村安全饮用水普及率和无害化卫生厕所普及率实现程度也较低。因此，未来几年，需要加大这些区域农村居住卫生条件改善的力度。

第六章
中国及各地区生态环境一体化指数

一 生态环境一体化指数

(一)生态环境一体化实现程度

1. 实现程度较高

2015年,中国城乡生态环境一体化实现程度为65.45%,高于城乡发展一体化总水平实现程度8.4个百分点,在4个一体化中实现程度最高。

2. 1/3以上的省份实现程度超过70%

2015年,有16个省份生态环境一体化实现程度超过50%,其中有11个省份实现程度超过70%,上海已经实现2020年目标,江苏和北京距离实现目标分别仅相差0.57个和2.59个百分点,天津、浙江和山东等省份接近实现目标;但宁夏、贵州、新疆、云南、青海和甘肃6个省份实现程度未超过1/3(见图6-1、表6-1)。

3. 东部地区接近实现目标

2015年,东部地区生态环境一体化实现程度为85.24%,比较接近实现目标,实现程度超过90%的6个省份全部来自东部地区,实现程度最低的广东也达到57.63%。中部地区和东北地区实现程度分别为53.73%和57.92%,

第六章 中国及各地区生态环境一体化指数

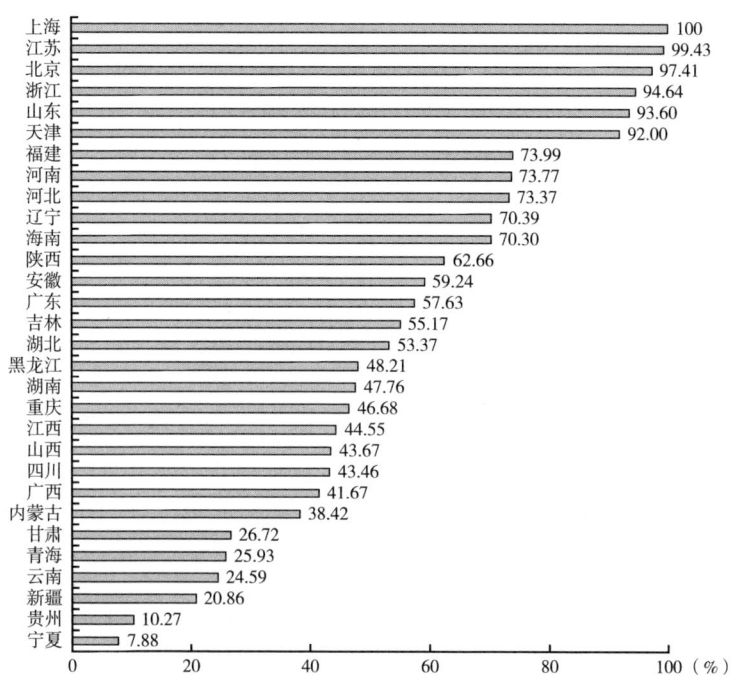

图 6-1 2015 年各地区生态环境一体化实现程度

表 6-1 中国及各地区生态环境一体化实现程度

单位：%

地 区	2010 年	2011 年	2012 年	2013 年	2014 年	2015 年
北 京	93.68	95.46	96.03	95.97	96.16	97.41
天 津	86.51	88.54	88.75	91.46	90.09	92.00
河 北	44.26	46.99	54.67	60.00	64.45	73.37
山 西	1.77	8.26	19.83	29.23	34.89	43.67
内蒙古	-8.57	1.57	12.87	21.28	28.67	38.42
辽 宁	35.51	41.88	48.95	57.56	63.07	70.39
吉 林	17.76	23.96	29.70	41.08	44.49	55.17
黑龙江	0.81	9.60	18.79	28.07	34.48	48.21
上 海	92.92	87.13	94.88	96.93	99.82	100
江 苏	74.92	79.71	84.45	90.40	94.94	99.43
浙 江	82.34	85.14	88.87	91.55	92.75	94.64
安 徽	17.30	29.91	37.29	45.89	50.60	59.24

099

续表

地区	2010年	2011年	2012年	2013年	2014年	2015年
福建	48.22	55.55	61.88	66.40	69.43	73.99
江西	9.76	17.59	25.53	33.07	38.89	44.55
山东	68.16	72.26	78.37	84.33	91.19	93.60
河南	41.31	48.03	55.56	60.38	67.41	73.77
湖北	13.42	20.19	30.07	39.05	44.90	53.37
湖南	7.53	18.02	26.93	33.95	40.33	47.76
广东	25.84	32.46	39.90	47.09	51.26	57.63
广西	-15.64	3.62	11.36	21.42	28.87	41.67
海南	33.22	44.52	51.43	56.55	59.76	70.30
重庆	13.55	23.44	27.96	34.61	40.16	46.68
四川	-5.22	7.16	14.95	24.20	37.16	43.46
贵州	-54.70	-38.88	-23.33	-11.20	-0.62	10.27
云南	-9.84	-13.57	-4.15	10.41	17.93	24.59
陕西	29.76	35.03	41.79	49.83	54.15	62.66
甘肃	-19.23	-13.39	-0.81	8.02	19.44	26.72
青海	-30.57	-16.02	-6.92	0.99	13.08	25.93
宁夏	-49.39	-56.98	-40.26	-18.70	-7.76	7.88
新疆	-20.04	-12.61	-1.91	4.68	12.33	20.86
全国	27.87	35.40	43.21	49.54	55.24	65.45

均低于全国平均水平，但也已经过半。西部地区实现程度仅为31.74%，11个省份中，有10个省份实现程度未过半，离2020年目标差距较大（见表6-1、表6-2）。

表6-2 各区域生态环境一体化实现程度及进展

单位：%，百分点

地区	2010年	2011年	2012年	2013年	2014年	2015年	2015年比2010年提高
东部地区	65.01	68.78	73.92	78.07	80.99	85.24	20.23
中部地区	15.18	23.67	32.53	40.26	46.17	53.73	38.55
西部地区	-15.44	-7.33	2.87	13.23	22.13	31.74	47.18
东北地区	18.03	25.14	32.48	42.24	47.35	57.92	39.89

（二）生态环境一体化实现程度进展

1. 2015年进展大幅加快

2015年，生态环境一体化实现程度比上年提高10.21个百分点，不仅延续了逐年提高的态势，而且进展比上年大幅提高了4.51个百分点，在4个一体化中进展最快。宁夏、黑龙江、青海、广西4个省份进展更快，均超过12个百分点（见表6-3）。

表6-3 中国及各地区生态环境一体化实现程度进展

单位：百分点

地区	2011年	2012年	2013年	2014年	2015年	2015年比2010年提高	年均提高
北京	1.78	0.57	-0.06	0.19	1.25	3.73	0.75
天津	2.03	0.21	2.71	-1.37	1.91	5.49	1.10
河北	2.73	7.68	5.33	4.45	8.92	29.11	5.82
山西	6.49	11.57	9.40	5.66	8.78	41.90	8.38
内蒙古	10.14	11.30	8.41	7.39	9.75	46.99	9.40
辽宁	6.37	7.07	8.61	5.51	7.32	34.88	6.98
吉林	6.20	5.74	11.38	3.41	10.68	37.41	7.48
黑龙江	8.79	9.19	9.28	6.41	13.73	47.40	9.48
上海	-5.79	7.75	2.05	2.89	0.18	7.08	1.42
江苏	4.79	4.74	5.95	4.54	4.49	24.51	4.90
浙江	2.80	3.73	2.68	1.20	1.89	12.30	2.46
安徽	12.61	7.38	8.60	4.71	8.64	41.94	8.39
福建	7.33	6.33	4.52	3.03	4.56	25.77	5.15
江西	7.83	7.94	7.54	5.82	5.66	34.79	6.96
山东	4.10	6.11	5.96	6.86	2.41	25.44	5.09
河南	6.72	7.53	4.82	7.03	6.36	32.46	6.49
湖北	6.77	9.88	8.98	5.85	8.47	39.95	7.99
湖南	10.49	8.91	7.02	6.38	7.43	40.23	8.05
广东	6.62	7.44	7.19	4.17	6.37	31.79	6.36
广西	19.26	7.74	10.06	7.45	12.80	57.31	11.46
海南	11.30	6.91	5.12	3.21	10.54	37.08	7.42

续表

地区	2011年	2012年	2013年	2014年	2015年	2015年比2010年提高	年均提高
重庆	9.89	4.52	6.65	5.55	6.52	33.13	6.63
四川	12.38	7.79	9.25	12.96	6.30	48.68	9.74
贵州	15.82	15.55	12.13	10.58	10.89	64.97	12.99
云南	-3.73	9.42	14.56	7.52	6.66	34.43	6.89
陕西	5.27	6.76	8.04	4.32	8.51	32.90	6.58
甘肃	5.84	12.58	8.83	11.42	7.28	45.95	9.19
青海	14.55	9.10	7.91	12.09	12.85	56.50	11.30
宁夏	-7.59	16.72	21.56	10.94	15.64	57.27	11.45
新疆	7.43	10.71	6.59	7.65	8.53	40.90	8.18
全国	7.53	7.81	6.33	5.70	10.21	37.58	7.52

2. 2010~2015年进展较快，有望如期实现目标

2010~2015年，中国城乡生态环境一体化实现程度提高37.58个百分点，比城乡发展一体化总水平实现程度进展快3.71个百分点，比经济发展一体化和社会发展一体化实现程度进展分别快5.94个和10.27个百分点，但是略低于生活水平一体化实现程度进展。贵州、广西、宁夏和青海4个省份实现程度进展均超过50个百分点（见表6-3）。

按目前进展，2020年生态环境一体化将有望如期实现目标。

3. 西部地区进展较快

2010~2015年，西部地区生态环境一体化实现程度进展最快，提高了47.18个百分点，高于全国平均进展9.6个百分点。中部和东北地区与全国进展非常接近，略高于全国平均水平；东部地区由于实现程度起点较高，因此进展相对缓慢（见表6-2）。按目前进展，东部地区可如期实现目标，东北和中部地区接近实现目标，西部地区则仍将与实现目标有一定差距。

（三）生态环境一体化实现程度排序及变化

1. 2015年排序：东部地区领先，西部地区垫后

2015年，排在生态环境一体化实现程度前5位的全部是东部地区省份，排在前10位的省份中东部地区占有8席；排在生态环境一体化实现程度后9位的均为西部地区省份，西部地区没有1个省份进入前10位（见表6-4）。

表6-4 各地区生态环境一体化实现程度排序

排序	2010年	2011年	2012年	2013年	2014年	2015年
1	北京	北京	北京	上海	上海	上海
2	上海	天津	上海	北京	北京	江苏
3	天津	上海	浙江	浙江	江苏	北京
4	浙江	浙江	天津	天津	浙江	浙江
5	江苏	江苏	江苏	江苏	山东	山东
6	山东	山东	山东	山东	天津	天津
7	福建	福建	福建	福建	福建	福建
8	河北	河南	河南	河南	河南	河南
9	河南	河北	河北	河北	河北	河北
10	辽宁	海南	海南	辽宁	辽宁	辽宁
11	海南	辽宁	辽宁	海南	海南	海南
12	陕西	陕西	陕西	陕西	陕西	陕西
13	广东	广东	广东	广东	广东	安徽
14	吉林	安徽	安徽	安徽	安徽	广东
15	安徽	吉林	湖北	吉林	湖北	吉林
16	重庆	重庆	吉林	湖北	吉林	湖北
17	湖北	湖北	重庆	重庆	湖南	黑龙江
18	江西	湖南	湖南	湖南	重庆	湖南
19	湖南	江西	江西	江西	江西	重庆
20	山西	黑龙江	山西	山西	四川	江西
21	黑龙江	山西	黑龙江	黑龙江	山西	山西
22	四川	四川	四川	四川	黑龙江	四川
23	内蒙古	广西	内蒙古	广西	广西	广西
24	云南	内蒙古	广西	内蒙古	内蒙古	内蒙古
25	广西	新疆	甘肃	甘肃	甘肃	甘肃
26	甘肃	甘肃	新疆	云南	云南	青海
27	新疆	云南	云南	新疆	青海	云南
28	青海	青海	青海	青海	新疆	新疆
29	宁夏	贵州	贵州	贵州	贵州	贵州
30	贵州	宁夏	宁夏	宁夏	宁夏	宁夏

2. 2010~2015年整体排序变化：整体排序格局稳定

2010~2015年，尽管东部地区生态环境一体化实现程度进展远低于其他3个区域，但由于东部地区实现程度起点远远高于其他3个区域，因此，进展相对较慢并未对其整体排序产生影响，领先地位稳固。西部地区虽然实现程度进展较快，但由于起点低，在排序上没有发生明显的追赶效应。省份之间的排序变化也较小，除黑龙江排序上升4位外，其余省份排序上升和下降幅度变化均为1~3位（见表6-4）。

二 水资源利用指数

(一) 水资源利用实现程度

1. 实现程度较低，尚未过半

2015年，水资源利用实现程度为45.30%，分别比城乡发展一体化总水平和生态环境一体化实现程度低11.75个和20.15个百分点；在12个二级指标中，仅高于卫生均衡发展、教育均衡发展和产业协调3个指标实现程度。

2. 省际差距大，6个省份未达到2007年全国平均水平

2015年，水资源利用不仅实现程度较低，而且省际差距较大。北京、天津、河北、上海、山东和河南6个省份已提前实现目标，江苏也非常接近实现目标；但17个省份实现程度尚未过半，其中贵州、云南、四川、广西、重庆和广东6个省份实现程度低于2007年全国平均水平（见图6-2、表6-5）。

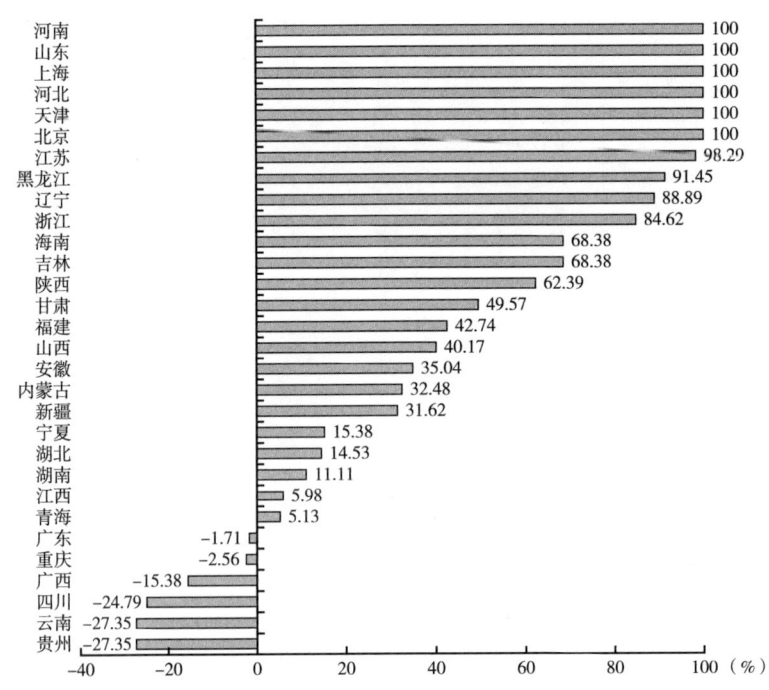

图6-2　2015年各地区水资源利用实现程度

第六章　中国及各地区生态环境一体化指数

表6-5　各地区水资源利用实现程度

单位：%

地区	2010年	2011年	2012年	2013年	2014年	2015年
北京	100	100	100	100	100	100
天津	100	100	100	100	100	100
河北	100	100	100	100	100	100
山西	16.24	23.93	31.62	35.90	38.46	40.17
内蒙古	-9.40	-0.85	7.69	16.24	24.79	32.48
辽宁	67.52	69.23	70.94	79.49	84.62	88.89
吉林	45.30	48.72	52.14	59.83	62.39	68.38
黑龙江	59.83	64.96	70.09	76.92	83.76	91.45
上海	100	100	100	100	100	100
江苏	66.67	70.94	75.21	83.76	91.45	98.29
浙江	66.67	70.94	75.21	78.63	82.05	84.62
安徽	9.40	12.82	16.24	21.37	24.79	35.04
福建	20.51	24.79	29.06	33.33	38.46	42.74
江西	-23.93	-17.09	-10.26	-4.27	0.85	5.98
山东	98.29	100	100	100	100	100
河南	71.79	79.49	87.18	88.89	98.29	100
湖北	-6.84	-1.71	3.42	5.98	9.40	14.53
湖南	-16.24	-12.82	-9.40	-2.56	3.42	11.11
广东	-33.33	-26.50	-19.66	-14.53	-6.84	-1.71
广西	-56.41	-50.43	-44.44	-38.46	-31.62	-15.38
海南	53.85	55.56	57.26	59.83	64.10	68.38
重庆	-11.11	-14.53	-17.95	-11.11	-6.84	-2.56
四川	-60.68	-52.99	-45.30	-37.61	-31.62	-24.79
贵州	-52.14	-47.01	-41.88	-35.90	-31.62	-27.35
云南	-64.96	-63.25	-61.54	-36.75	-32.48	-27.35
陕西	47.86	50.43	52.99	56.41	58.97	62.39
甘肃	25.64	29.91	34.19	41.03	46.15	49.57
青海	-74.36	-63.25	-52.14	-29.91	-11.11	5.13
宁夏	-45.30	-36.75	-28.21	-16.24	-6.84	15.38
新疆	-7.69	6.84	21.37	26.50	32.48	31.62
全国	14.53	23.08	28.21	29.91	31.62	45.30

3. 东北地区优势明显，西部地区滞后

2015年，东北地区水资源利用实现程度为82.91%，远高于全国、中部地区和西部地区平均水平,并略高于东部地区平均水平;东北地区实现程度最高源于3个省份实现程度较高且相对均衡,黑龙江和辽宁实现程度达到90%左右,吉林相对较低但也远高于全国平均水平;东部地区虽然有5个省份已提前实现目标,但福建和广东两个省份实现程度较低,特别是广东尚未达到2007年全国平均水平,区域内部差距较大,影响整体实现程度的提高;西部地区水资源利用实现程度仅为9.01%,11个省份中只有陕西和甘肃超过全国平均水平,仅有陕西实现程度过半,有5个省份实现程度与2007年全国平均水平尚有一定距离(见表6-5、表6-6)。

表6-6 各区域水资源利用实现程度

单位:%

地区	2010年	2011年	2012年	2013年	2014年	2015年
东部地区	67.26	69.57	71.71	74.10	76.92	79.23
中部地区	8.40	14.10	19.80	24.22	29.20	34.47
西部地区	-28.05	-21.99	-15.93	-5.98	0.93	9.01
东北地区	57.55	60.97	64.39	72.08	76.92	82.91

(二)水资源利用实现程度进展

1. 2015年进展大幅加快

2015年,水资源利用实现程度比上年提高13.68个百分点,不仅延续了逐年提升的态势,而且进展大幅提高11.98个百分点,扭转了进展逐年下滑的趋势。宁夏、青海和广西3个省份进展更快(见表6-7)。

表6-7 中国及各地区水资源利用实现程度进展

单位:百分点

地区	2011年	2012年	2013年	2014年	2015年	2015年比2010年提高	年均提高
北京	0	0	0	0	0	0	0
天津	0	0	0	0	0	0	0
河北	0	0	0	0	0	0	0
山西	7.69	7.69	4.28	2.56	1.71	23.93	4.79
内蒙古	8.55	8.54	8.55	8.55	7.69	41.88	8.38
辽宁	1.71	1.71	8.55	5.13	4.27	21.37	4.27

续表

地 区	2011年	2012年	2013年	2014年	2015年	2015年比2010年提高	年均提高
吉 林	3.42	3.42	7.69	2.56	5.99	23.08	4.62
黑龙江	5.13	5.13	6.84	6.84	7.69	31.62	6.32
上 海	0	0	0	0	0	0	0
江 苏	4.27	4.27	8.55	7.69	6.84	31.62	6.32
浙 江	4.27	4.27	3.42	3.42	2.57	17.95	3.59
安 徽	3.42	3.42	5.13	3.42	10.25	25.64	5.13
福 建	4.28	4.27	4.27	5.13	4.28	22.23	4.45
江 西	6.84	6.83	5.99	5.12	5.13	29.91	5.98
山 东	1.71	0	0	0	0	1.71	0.34
河 南	7.70	7.69	1.71	9.40	1.71	28.21	5.64
湖 北	5.13	5.13	2.56	3.42	5.13	21.37	4.27
湖 南	3.42	3.42	6.84	5.98	7.69	27.35	5.47
广 东	6.83	6.84	5.13	7.69	5.13	31.62	6.32
广 西	5.98	5.99	5.98	6.84	16.24	41.03	8.21
海 南	1.71	1.70	2.57	4.27	4.28	14.53	2.91
重 庆	-3.42	-3.42	6.84	4.27	4.28	8.55	1.71
四 川	7.69	7.69	7.69	5.99	6.83	35.89	7.18
贵 州	5.13	5.13	5.98	4.28	4.27	24.79	4.96
云 南	1.71	1.71	24.79	4.27	5.13	37.61	7.52
陕 西	2.57	2.56	3.42	2.56	3.42	14.53	2.91
甘 肃	4.27	4.28	6.84	5.12	3.42	23.93	4.79
青 海	11.11	11.11	22.23	18.80	16.24	79.49	15.90
宁 夏	8.55	8.54	11.97	9.40	22.22	60.68	12.14
新 疆	14.53	14.53	5.13	5.98	-0.86	39.31	7.86
全 国	8.55	5.13	1.70	1.70	13.68	30.77	6.15

2. 2010~2015年进展缓慢，实现目标任重道远

2010~2015年，中国水资源利用实现程度提高30.77个百分点，低于城乡发展一体化总水平和生态环境一体化实现程度进展。青海、宁夏、内蒙古和广西4个省份实现程度提高幅度较大，均超过40个百分点，特别是青海和宁夏实现程度分别提高79.49个和60.68个百分点（见表6-7）。

按目前进展，到2020年距实现目标依然有1/4的路程。

3. 东部地区进展缓慢

2010~2015年，西部地区实现程度进展最快，但由于起点过低，因此，与其他区域的差距缩小不明显；东部地区虽然实现程度起点高，但进展最慢，实现程度被东北地区超越，按目前进展，将无法如期实现目标；东北地区实现程度起点虽然低于东部地区，但进展相对较快，按目前进展，将如期实现目标（见表6-6）。

（三）水资源利用实现程度排序及变化

1. 2015年排序：东部和东北地区居前，中部和西部地区居后

2015年，排在水资源利用实现程度前5位的均为东部地区省份，排在前10位的省份中，东部地区占有7席，但广东排序靠后；东北地区的黑龙江和辽宁排序进入前10位，吉林排序也较为靠前，位于第12位；排在水资源利用实现程度后5位的均为西部地区省份，排在后10位的省份中西部地区占有6席，西部地区没有1个省份进入前10位；中部地区6个省份中，有3个位于后10位，整体排序相对居后，但河南已提前实现目标，排序较高，并列第1（见表6-8）。

表6-8 各地区水资源利用实现程度排序

排序	2010年	2011年	2012年	2013年	2014年	2015年
1	北京	北京	北京	北京	北京	北京
1	天津	天津	天津	天津	天津	天津
1	河北	河北	河北	河北	河北	河北
1	上海	上海	上海	上海	上海	上海
1	山东(5)	山东	山东	山东	山东	山东
1	河南(6)	河南(6)	河南(6)	河南(6)	河南(6)	河南
7	辽宁	江苏	江苏	江苏	江苏	江苏
8	江苏	浙江	浙江	辽宁	辽宁	黑龙江
9	浙江	辽宁	辽宁	浙江	黑龙江	辽宁
10	黑龙江	黑龙江	黑龙江	黑龙江	浙江	浙江
11	海南	海南	海南	海南	海南	海南
12	陕西	陕西	陕西	吉林	吉林	吉林
13	吉林	吉林	吉林	陕西	陕西	陕西
14	甘肃	甘肃	甘肃	甘肃	甘肃	甘肃
15	福建	福建	山西	山西	山西	福建

续表

排序	2010年	2011年	2012年	2013年	2014年	2015年
16	山西	山西	福建	福建	福建	山西
17	安徽	安徽	新疆	新疆	新疆	安徽
18	湖北	新疆	安徽	安徽	安徽	内蒙古
19	新疆	内蒙古	内蒙古	内蒙古	内蒙古	新疆
20	内蒙古	湖北	湖北	湖北	湖北	宁夏
21	重庆	湖南	湖南	湖南	湖南	湖北
22	湖南	重庆	江西	江西	江西	湖南
23	江西	江西	重庆	重庆	重庆	江西
24	广东	广东	广东	广东	广东	青海
25	宁夏	宁夏	宁夏	宁夏	宁夏	广东
26	贵州	贵州	贵州	青海	青海	重庆
27	广西	广西	广西	贵州	贵州	广西
28	四川	四川	四川	云南	四川	四川
29	云南	云南	青海	四川	广西	贵州
30	青海	青海	云南	广西	云南	云南

注：括号中数字表示该省份在未实现目标前的当年排序。

2. 2010～2015年整体排序变化：整体排序格局较为稳定

2010～2015年，水资源利用实现程度的区域排序格局较为稳定，基本保持东部和东北地区居前、中部和西部地区靠后的格局。省份间排序变动较小，除青海、河南和宁夏3个省份上升幅度相对较大，重庆排序下降幅度较大外，其余省份排序变动较小，其中有16个省份的排序没有发生变化（见表6－8）。

（四）加快提高西部地区农业水资源利用效率

农业用水在中国的用水结构中占有主体地位，因此，农业用水效率对全国的用水效率改善起着决定性作用。2015年，水资源利用实现程度为45.30%，远低于生态环境一体化实现程度，而且进展较为缓慢。此外，水资源利用效率区域差距巨大，西部地区水资源利用实现程度为9.01%，不到东北地区的1/9。中国是一个水资源相对短缺的国家，提高农业用水效率特别是西部地区的农业用水效率显得更为迫切。因此，提高水资源利用效率是中国未来面临的重要挑战。同时，水资源利用实现程度低是西部地区城乡发展一体化中的主要短板，加快提高水资源利用实现程度对提高西部地区城乡发展一体化实现程度具有重要作用。

三 污染物排放指数

（一）污染物排放实现程度

1. 实现程度高，接近实现目标

2015年，污染物排放实现程度为88.23%，均远高于城乡发展一体化总水平和生态环境一体化实现程度，在12个二级指标中，实现程度最高，接近实现目标。

2. 7个省份提前实现目标，但仍有8个省份实现程度尚未过半

2015年，北京等7个省份已经提前实现2020年目标，但同时还有8个省份实现程度尚未达到50%，特别是宁夏离2007年全国平均水平还有较大差距，省际差距巨大（见表6-9、图6-3）。

表6-9 中国及各地区污染物排放实现程度

单位：%

地区	2010年	2011年	2012年	2013年	2014年	2015年
北京	100	100	100	100	100	100
天津	94.52	98.74	100	100	100	100
河北	29.55	34.95	47.61	57.36	66.19	74.56
山西	-20.78	-13.83	8.05	22.74	32.36	43.15
内蒙古	-28.60	-7.65	10.62	23.48	34.66	46.14
辽宁	29.88	38.45	50.88	60.65	67.01	71.38
吉林	22.99	33.44	48.08	58.26	64.87	70.88
黑龙江	-29.98	-11.66	7.37	21.58	30.00	38.31
上海	99.28	100	100	100	100	100
江苏	90.83	95.83	100	100	100	100
浙江	92.05	96.69	100	100	100	100
安徽	36.52	49.80	61.29	70.35	77.10	83.02
福建	75.37	83.84	90.99	94.87	97.53	100
江西	19.79	31.94	44.91	54.90	64.38	71.04
山东	61.97	64.58	73.50	81.94	88.12	92.94

续表

地 区	2010 年	2011 年	2012 年	2013 年	2014 年	2015 年
河 南	36.60	47.21	59.50	67.56	75.50	82.18
湖 北	46.06	56.63	67.34	75.67	82.50	89.45
湖 南	27.17	46.22	58.86	66.73	74.13	80.64
广 东	83.80	89.92	93.47	96.56	99.11	100
广 西	-11.23	36.01	48.37	59.94	67.20	76.65
海 南	39.20	49.37	56.13	62.83	66.92	72.86
重 庆	17.31	46.96	60.64	71.02	79.20	87.13
四 川	18.65	44.91	57.90	67.98	74.53	82.28
贵 州	-133.60	-90.15	-52.89	-24.42	-1.74	19.86
云 南	14.89	11.41	28.14	40.77	50.94	63.05
陕 西	26.77	31.07	49.25	61.11	69.93	77.86
甘 肃	-55.39	-45.53	-15.70	2.18	12.18	23.08
青 海	-15.61	-3.47	13.00	24.04	33.92	43.31
宁 夏	-132.50	-145.22	-112.37	-81.83	-60.69	-37.34
新 疆	-57.08	-58.33	-42.18	-27.32	-14.50	5.55
全 国	47.42	57.21	67.40	75.47	81.86	88.23

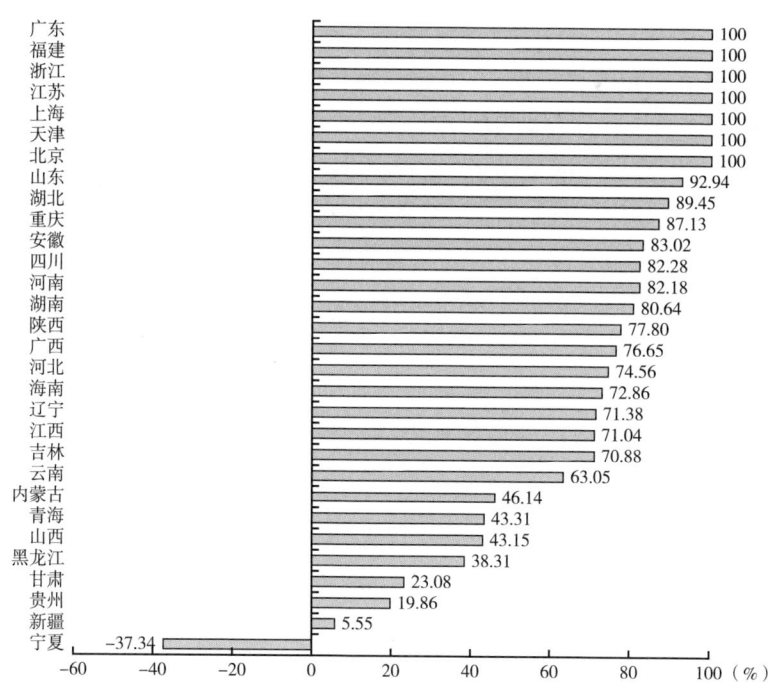

图 6-3　2015 年各地区污染物排放实现程度

3. 东部地区距实现目标仅相差 5.96 个百分点

2015年，东部地区污染物排放实现程度为94.04%，与实现目标仅相差5.96个百分点；其他3个区域实现程度均未超过全国平均水平，但中部地区实现程度相对较高，达到74.91%；西部地区实现程度较低，尚未过半（见表6-10）。

表6-10 各区域污染物排放实现程度及进展

单位：%，百分点

地区	2010年	2011年	2012年	2013年	2014年	2015年	2015年比2010年提高
东部地区	76.66	81.39	86.17	89.36	91.79	94.04	17.38
中部地区	24.23	36.33	49.99	59.66	67.66	74.91	50.68
西部地区	-32.40	-16.36	4.07	19.72	31.42	44.32	76.72
东北地区	7.63	20.08	35.44	46.83	53.96	60.19	52.56

（二）污染物排放实现程度进展

1. 2015年进展略微减缓，但依然相对较快

2015年，污染物排放实现程度比上年提高6.37个百分点，略低于上年进展，但高于城乡发展一体化总水平实现程度进展，在较高的实现程度上保持相对较快的进展，特别是西部地区一些省份实现程度大幅提升，宁夏、贵州、新疆、云南、内蒙古和甘肃6个省份实现程度进展均超过10个百分点，宁夏、贵州和新疆3个省份进展超过20个百分点，广西和青海进展也接近10个百分点（见表6-11）。

表6-11 中国及各地区污染物排放实现程度进展

单位：百分点

地区	2011年	2012年	2013年	2014年	2015年	2015年比2010年提高	年均提高
北京	0	0	0	0	0	0	0
天津	4.22	1.26	0	0	0	5.48	1.10
河北	5.40	12.66	9.75	8.83	8.37	45.01	9.00
山西	6.95	21.88	14.69	9.62	10.79	63.93	12.79
内蒙古	20.95	18.27	12.86	11.18	11.48	74.74	14.95

续表

地 区	2011年	2012年	2013年	2014年	2015年	2015年比2010年提高	年均提高
辽 宁	8.57	12.43	9.77	6.36	4.37	41.50	8.30
吉 林	10.45	14.64	10.18	6.61	6.01	47.89	9.58
黑龙江	18.32	19.03	14.21	8.42	8.31	68.29	13.66
上 海	0.72	0	0	0	0	0.72	0.14
江 苏	5.00	4.17	0	0	0	9.17	1.83
浙 江	4.64	3.31	0	0	0	7.95	1.59
安 徽	13.28	11.49	9.06	6.75	5.92	46.50	9.30
福 建	8.47	7.15	3.88	2.66	2.47	24.63	4.93
江 西	12.15	12.97	9.99	9.48	6.66	51.25	10.25
山 东	2.61	8.92	8.44	6.18	4.82	30.97	6.19
河 南	10.61	12.29	8.06	7.94	6.68	45.58	9.12
湖 北	10.57	10.71	8.33	6.83	6.95	43.39	8.68
湖 南	19.05	12.64	7.87	7.40	6.51	53.47	10.69
广 东	6.12	3.55	3.09	2.55	0.89	16.20	3.24
广 西	47.24	12.36	11.57	7.26	9.45	87.88	17.58
海 南	10.17	6.76	6.70	4.09	5.94	33.66	6.73
重 庆	29.65	13.68	10.38	8.18	7.93	69.82	13.96
四 川	26.25	12.99	10.08	6.55	7.75	63.63	12.73
贵 州	43.45	37.26	28.47	22.68	21.60	153.46	30.69
云 南	-3.48	16.73	12.63	10.17	12.11	48.16	9.63
陕 西	4.30	18.18	11.86	8.82	7.93	51.09	10.22
甘 肃	9.86	29.83	17.88	10.00	10.90	78.47	15.69
青 海	12.14	16.47	11.04	9.88	9.39	58.92	11.78
宁 夏	-12.72	32.85	30.54	21.14	23.35	95.16	19.03
新 疆	-1.25	16.15	14.86	12.82	20.05	62.63	12.53
全 国	9.79	10.19	8.07	6.39	6.37	40.81	8.16

2. 2010~2015年实现程度大幅提高，可提前实现目标

2010~2015年，污染物排放实现程度提高了40.81个百分点，分别比城乡发展一体化总水平和生态环境一体化实现程度提高幅度高6.94个和3.23个百分点，在12个二级指标中提高幅度仅低于收入消费水平和环境卫生治理实现程度（见表6-11）。

按目前进展，污染物排放实现程度将提前3年实现目标。

3. 区域差距大幅缩小，各区域均有望如期实现目标

2010～2015 年，中部、西部和东北地区污染物排放实现程度快速提升，与东部地区之间的差距大幅缩小，按目前进展，四大区域均将如期实现目标。

（三）污染物排放实现程度排序及变化

1. 2015 年排序：东部地区居前，西部和东北地区居后

2015 年，污染物排放实现程度提前实现目标的 7 个省份全部来自东部地区，排在前 10 位的省份中，东部地区占据 8 席，并位于前 8 位，但河北和海南排序相对靠后；排在污染物排放实现程度后 10 位的省份中，西部地区占据 7 席；东北地区的吉林和黑龙江排序进入后 10 位，辽宁排序也较为靠后（见表 6-12）。

表 6-12 各地区污染物排放实现程度排序

排序	2010 年	2011 年	2012 年	2013 年	2014 年	2015 年
1	北京	北京	北京	北京	北京	北京
1	上海(2)	上海	上海	上海	上海	上海
1	天津(3)	天津(3)	天津	天津	天津	天津
1	浙江(4)	浙江(4)	浙江	浙江	浙江	浙江
1	江苏(5)	江苏(5)	江苏	江苏	江苏	江苏
1	广东(6)	广东(6)	广东(6)	广东(6)	广东(6)	广东
1	福建(7)	福建(7)	福建(7)	福建(7)	福建(7)	福建
8	山东	山东	山东	山东	山东	山东
9	湖北	湖北	湖北	湖北	湖北	湖北
10	海南	安徽	安徽	重庆	重庆	重庆
11	河南	海南	重庆	安徽	安徽	安徽
12	安徽	河南	河南	四川	河南	四川
13	辽宁	重庆	湖南	河南	四川	河南
14	河北	湖南	四川	湖南	湖南	湖南
15	湖南	四川	海南	海南	陕西	陕西
16	陕西	辽宁	辽宁	陕西	广西	广西
17	吉林	广西	陕西	辽宁	辽宁	河北
18	江西	河北	广西	广西	海南	海南
19	四川	吉林	吉林	吉林	河北	辽宁
20	重庆	江西	河北	河北	吉林	江西
21	云南	陕西	江西	江西	江西	吉林

续表

排序	2010年	2011年	2012年	2013年	2014年	2015年
22	广西	云南	云南	云南	云南	云南
23	青海	青海	青海	青海	内蒙古	内蒙古
24	山西	内蒙古	内蒙古	内蒙古	青海	青海
25	内蒙古	黑龙江	山西	山西	山西	山西
26	黑龙江	山西	黑龙江	黑龙江	黑龙江	黑龙江
27	甘肃	甘肃	甘肃	甘肃	甘肃	甘肃
28	新疆	新疆	新疆	贵州	贵州	贵州
29	宁夏	贵州	贵州	新疆	新疆	新疆
30	贵州	宁夏	宁夏	宁夏	宁夏	宁夏

注：括号中数表示该省份在未实现目标前的当年排序。

2. 2010~2015年整体排序变化：东北地区整体排序下降，部分省份排序变化较大

2010~2015年，污染物排放实现程度前10位和后10位排序基本稳定，排序变化主要发生在中间地带，其中重庆大幅上升10位，四川上升7位，广西上升6位；海南大幅下降8位，辽宁下降6位。东北地区3个省份中，黑龙江排序未发生变化，但辽宁和吉林下降幅度较大，因此，东北地区整体排序有所下降（见表6-12）。

四 环境卫生治理指数

（一）环境卫生治理实现程度

1. 实现程度相对较高，达到62.83%

2015年，环境卫生治理实现程度为62.83%，比城乡发展一体化总水平实现程度高5.78个百分点，但比生态环境一体化实现程度低2.62个百分点。

2. 半数以上省份实现程度超过50%

2015年，有17个省份实现程度超过50%，其中9个省份实现程度超过70%；上海、江苏两个省份已提前实现目标，浙江距实现目标仅相差0.7个百分点，北京接近实现目标；但仍有5个省份的实现程度尚未达到1/3，其中最低的甘肃实现程度仅为7.51%（见表6-13、图6-4）。

表6-13 中国及各地区环境卫生治理实现程度

单位：%

地区	2010年	2011年	2012年	2013年	2014年	2015年
北京	81.05	86.37	88.09	87.92	88.48	92.24
天津	65.00	66.87	66.24	74.37	70.27	75.99
河北	3.22	6.02	16.41	22.63	27.16	45.53
山西	9.86	14.68	19.83	29.05	33.84	47.69
内蒙古	12.29	13.20	20.31	24.12	26.57	36.63
辽宁	9.15	17.94	25.02	32.55	37.58	50.91
吉林	-15.01	-10.30	-11.13	5.15	6.21	26.25
黑龙江	-27.42	-24.49	-21.08	-14.29	-10.31	14.88
上海	79.48	61.40	84.63	90.80	99.45	100
江苏	67.26	72.36	78.15	87.44	93.37	100
浙江	88.29	87.77	91.39	96.02	96.21	99.30
安徽	5.98	27.12	34.35	45.97	49.91	59.66
福建	48.77	58.02	65.60	71.00	72.31	79.25
江西	33.43	37.92	41.93	48.60	51.45	56.61
山东	44.21	52.21	61.62	71.05	85.46	87.84
河南	15.55	17.40	19.99	24.71	28.44	39.12
湖北	1.04	5.66	19.44	35.48	42.79	56.12
湖南	11.67	20.65	31.34	37.67	43.44	51.54
广东	27.05	33.96	45.90	59.23	61.52	74.60
广西	20.74	25.28	30.17	42.78	51.04	63.73
海南	6.60	28.64	40.89	46.98	48.25	69.68
重庆	34.45	37.89	41.18	43.93	48.11	55.49
四川	26.38	29.57	32.24	42.24	68.57	72.88
贵州	21.63	20.51	24.77	26.74	31.52	38.31
云南	20.55	11.12	20.94	27.21	35.34	38.07
陕西	14.64	23.60	23.12	31.97	33.55	47.74
甘肃	-27.93	-24.54	-20.91	-19.15	-0.01	7.51
青海	-1.75	18.65	18.39	8.83	16.43	29.35
宁夏	29.64	11.03	19.81	41.99	44.26	45.60
新疆	4.66	13.65	15.09	14.86	19.01	25.40
全国	21.65	25.91	34.03	43.24	52.22	62.83

第六章　中国及各地区生态环境一体化指数

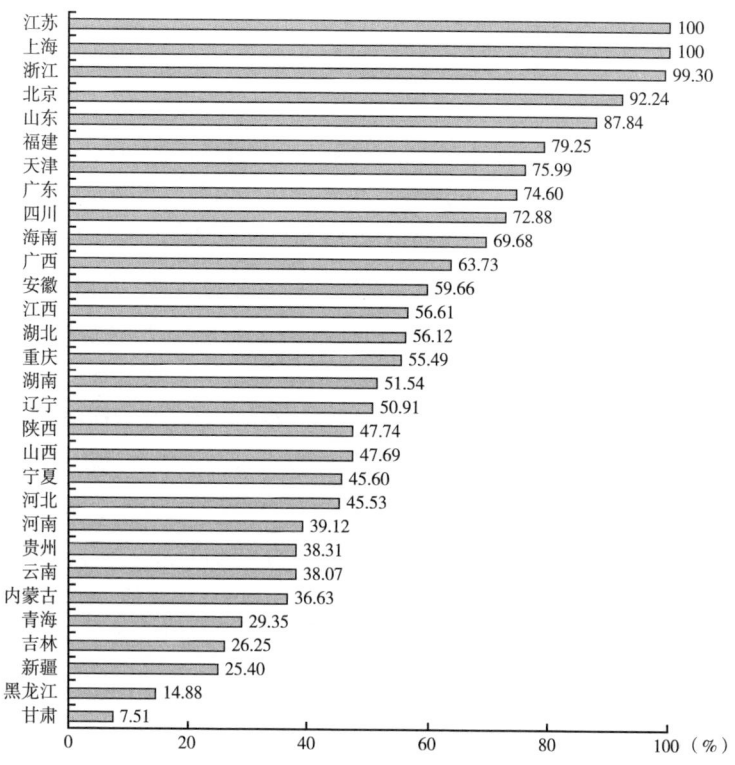

图 6-4　2015 年各地区环境卫生治理实现程度

3. 东部地区实现程度较高，东北地区落后

2015 年，东部地区环境卫生治理实现程度为 82.44%，距实现目标只有不到 1/5 的路程。中部、西部和东北地区实现程度均未超过全国平均水平，西部和东北地区实现程度未超过 50%，特别是东北地区实现程度低，仅为 30.68%（见表 6-14）。

表 6-14　各区域环境卫生治理实现程度

单位：%

地区	2010 年	2011 年	2012 年	2013 年	2014 年	2015 年
东部地区	51.09	55.36	63.89	70.74	74.25	82.44
中部地区	12.92	20.57	27.81	36.91	41.64	51.79
西部地区	14.12	16.36	20.47	25.96	34.04	41.88
东北地区	-11.10	-5.61	-2.40	7.80	11.16	30.68

（三）环境卫生治理实现程度进展

1. 2015 年进展加速

2015 年，环境卫生治理实现程度比上年提高 10.61 个百分点，在上年高速发展的基础上进一步加速发展，在 12 个二级指标中，进展仅慢于水资源利用实现程度。黑龙江、海南、吉林 3 个省份进展均超过 20 个百分点（见表 6-15）。

2. 2010~2015 年进展基本呈逐年加快趋势，进展加快，可如期实现目标

2010~2015 年，环境卫生治理实现程度不仅逐年提升，而且进展基本呈逐年加快趋势，2015 年比 2010 年提高 41.18 个百分点，高于城乡发展一体化总水平和生态环境一体化实现程度提高幅度，在 12 个二级指标中，仅慢于收入消费水平实现程度进展。海南、湖北和安徽 3 个省份进展均超过 50 个百分点（见表 6-15）。

按目前进展，环境卫生治理实现程度将如期实现目标。

表 6-15 中国及各地区环境卫生治理实现程度进展

单位：百分点

地区	2011 年	2012 年	2013 年	2014 年	2015 年	2015 年比 2010 年提高	年均提高
北京	5.32	1.72	-0.17	0.56	3.76	11.19	2.24
天津	1.87	-0.63	8.13	-4.10	5.72	10.99	2.20
河北	2.80	10.39	6.22	4.53	18.37	42.31	8.46
山西	4.82	5.15	9.22	4.79	13.85	37.83	7.57
内蒙古	0.91	7.11	3.81	2.45	10.06	24.34	4.87
辽宁	8.79	7.08	7.53	5.03	13.33	41.76	8.35
吉林	4.71	-0.83	16.28	1.06	20.04	41.26	8.25
黑龙江	2.93	3.41	6.79	3.98	25.19	42.30	8.46
上海	-18.08	23.23	6.17	8.65	0.55	20.52	4.10
江苏	5.10	5.79	9.29	5.93	6.63	32.74	6.55
浙江	-0.52	3.62	4.63	0.19	3.09	11.01	2.20
安徽	21.14	7.23	11.62	3.94	9.75	53.68	10.74
福建	9.25	7.58	5.40	1.31	6.94	30.48	6.10
江西	4.49	4.01	6.67	2.85	5.16	23.18	4.64
山东	8.00	9.41	9.43	14.41	2.38	43.63	8.73
河南	1.85	2.59	4.72	3.73	10.68	23.57	4.71
湖北	4.62	13.78	16.04	7.31	13.33	55.08	11.02

第六章　中国及各地区生态环境一体化指数

续表

地　区	2011年	2012年	2013年	2014年	2015年	2015年比2010年提高	年均提高
湖　南	8.98	10.69	6.33	5.77	8.10	39.87	7.97
广　东	6.91	11.94	13.33	2.29	13.08	47.55	9.51
广　西	4.54	4.89	12.61	8.26	12.69	42.99	8.60
海　南	22.04	12.25	6.09	1.27	21.43	63.08	12.62
重　庆	3.44	3.29	2.75	4.18	7.38	21.04	4.21
四　川	3.19	2.67	10.00	26.33	4.31	46.50	9.30
贵　州	-1.12	4.26	1.97	4.78	6.79	16.68	3.34
云　南	-9.43	9.82	6.27	8.13	2.73	17.52	3.50
陕　西	8.96	-0.48	8.85	1.58	14.19	33.10	6.62
甘　肃	3.39	3.63	1.76	19.14	7.52	35.44	7.09
青　海	20.40	-0.26	-9.56	7.60	12.92	31.10	6.22
宁　夏	-18.61	8.78	22.18	2.27	1.34	15.96	3.19
新　疆	8.99	1.44	-0.23	4.15	6.39	20.74	4.15
全　国	4.26	8.12	9.21	8.98	10.61	41.18	8.24

3. 东北地区实现程度进展相对较快，东部地区有望提前实现目标

2010~2015年，东北地区环境卫生治理实现程度进展最快，提高41.78个百分点；东部地区在实现程度起点较高的基础上保持了相对较快的进展，按目前进展，有望提前实现目标；其他3大区域还需要加快进展才能有望如期实现目标（见表6-14）。

（三）环境卫生治理实现程度排序及变化

1. 2015年排序：东部地区居前，东北地区居后

2015年，环境卫生治理实现程度排序前10位中，东部地区占有9席，并占据前8位，但河北排序靠后；东北地区排序整体靠后，黑龙江和吉林位于后10位，特别是黑龙江排序全国倒数第2位，辽宁排序也相对靠后（见表6-16）。

2. 2010~2015年整体排序变化：东部地区领先地位巩固，西部地区排序下降，部分省份排序变化较剧烈

2010~2015年，虽然东部地区进展低于中部地区和东北地区，但由于其他3个区域实现程度起点与东部地区差距较大，因此，东部地区实现程度整体排序领先的地位没有动摇。但西部地区不仅实现程度基础较差，且进展最慢，因此，整体排序下降，在后10位中的省份由3个增加到6个。

部分省份排序变化幅度较大，其中湖北、海南和安徽3个省份排序分别上升12位、12位和11位；宁夏、贵州和云南3个省份排序分别下降10位、10位和9位，重庆和内蒙古排序下降幅度也较大，均下降7位（见表6-16）。

表6-16　各地区环境卫生治理实现程度排序

排序	2010年	2011年	2012年	2013年	2014年	2015年
1	浙江	浙江	浙江	浙江	上海	上海
1	北京(2)	北京(2)	北京(2)	上海	浙江	江苏
3	上海	江苏	上海	北京	江苏	浙江
4	江苏	天津	江苏	江苏	北京	北京
5	天津	上海	天津	天津	山东	山东
6	福建	福建	福建	山东	福建	福建
7	山东	山东	山东	福建	天津	天津
8	重庆	江西	广东	广东	四川	广东
9	江西	重庆	江西	江西	广东	四川
10	宁夏	广东	重庆	海南	江西	海南
11	广东	四川	海南	安徽	广西	广西
12	四川	海南	安徽	重庆	安徽	安徽
13	贵州	安徽	四川	广西	海南	江西
14	广西	广西	湖南	四川	重庆	湖北
15	云南	陕西	广西	宁夏	宁夏	重庆
16	河南	湖南	辽宁	湖南	湖南	湖南
17	陕西	贵州	贵州	湖北	湖北	辽宁
18	内蒙古	青海	陕西	辽宁	辽宁	陕西
19	湖南	辽宁	云南	陕西	云南	山西
20	山西	河南	内蒙古	山西	山西	宁夏
21	辽宁	山西	河南	云南	陕西	河北
22	海南	新疆	山西	贵州	贵州	河南
23	安徽	内蒙古	宁夏	河南	河南	贵州
24	新疆	云南	湖北	内蒙古	河北	云南
25	河北	宁夏	青海	河北	内蒙古	内蒙古
26	湖北	河北	河北	新疆	新疆	青海
27	青海	湖北	新疆	青海	青海	吉林
28	吉林	吉林	吉林	吉林	吉林	新疆
29	黑龙江	黑龙江	甘肃	黑龙江	甘肃	黑龙江
30	甘肃	甘肃	黑龙江	甘肃	黑龙江	甘肃

（四）加快改善东北地区农村环境卫生

2015年，虽然环境卫生治理实现程度相对较高，已完成目标的60%，但区域差距较大，东北地区实现程度低。环境卫生治理水平低也是东北地区城乡发展一体化的最主要短板之一，在12个二级指标中，实现程度仅高于居住卫生条件。2015年，东北地区对生活垃圾进行处理的行政村比例仅为34.63%，远低于东部地区和全国平均水平，是4大区域中最低的；对生活污水进行处理的行政村比例更低，仅为3.27%，尚不及2007年全国平均水平；对农村环境具有重要影响的城市生活垃圾无害化处理率也低于其他区域。因此，东北地区各省份必须在未来几年，加大农村环境卫生治理力度。

第七章
北京城乡发展一体化

一 城乡发展一体化实现程度与进展

1. 城乡发展一体化已接近实现目标，产业协调实现程度低

2015年，北京城乡发展一体化总水平实现程度达到90.60%，比全国平均水平高33.55个百分点，比东部地区平均水平高12.61个百分点，已经接近2020年目标。

生活水平一体化和生态环境一体化实现程度分别为98.39%和97.41%，与实现目标分别仅相差1.61个和2.59个百分点；社会发展一体化实现程度为91.30%，也比较接近实现目标；相比之下，经济发展一体化实现程度相对较低。

在12个二级指标中，经济发展等7个指标已提前实现目标，收入消费水平和环境卫生治理等接近实现目标，但产业协调实现程度较低（见表7-1）。

表7-1 北京城乡发展一体化实现程度

单位：%

项目	2010年	2011年	2012年	2013年	2014年	2015年	2015年全国	2015年东部
总指数	87.29	86.40	87.41	89.00	89.86	90.60	57.05	77.99
经济发展一体化	73.56	72.27	72.69	74.62	76.08	75.30	51.56	63.96
经济发展	100	100	100	100	100	100	62.96	88.16
产业协调	35.77	32.04	34.00	34.74	32.94	25.89	43.38	39.70
要素配置	84.91	84.76	84.07	89.11	95.28	100	48.32	64.00

第七章 北京城乡发展一体化

续表

项目	2010年	2011年	2012年	2013年	2014年	2015年	2015年全国	2015年东部
社会发展一体化	83.95	83.33	86.86	87.92	88.79	91.30	49.10	74.67
教育均衡发展	80.65	64.50	77.12	77.54	78.27	78.27	34.57	69.80
卫生均衡发展	91.16	96.85	99.38	96.44	92.68	100	27.49	63.59
文化均衡发展	100	100	100	100	100	100	66.82	85.52
社会保障均衡发展	63.97	71.97	70.93	77.72	84.19	86.92	67.51	79.78
生活水平一体化	97.99	94.55	94.05	97.48	98.40	98.39	62.10	88.10
收入消费水平	95.98	89.10	88.11	95.32	96.80	96.79	72.13	86.86
居住卫生条件	100	100	100	99.64	100	100	52.08	89.34
生态环境一体化	93.68	95.46	96.03	95.97	96.16	97.41	65.45	85.24
水资源利用	100	100	100	100	100	100	45.30	79.23
污染物排放	100	100	100	100	100	100	88.23	94.04
环境卫生治理	81.05	86.37	88.09	87.92	88.48	92.24	62.83	82.44

2. 城乡发展一体化整体水平继续提高,经济发展一体化实现程度下降

2015年,北京城乡发展一体化总水平实现程度比2014年提高了0.74个百分点,延续了逐年持续提高的态势。社会发展一体化和生态环境一体化实现程度继续提高,基本延续了逐年提高的态势;生活水平一体化实现程度与上年基本持平;经济发展一体化实现程度下降0.78个百分点(见表7-2)。

表7-2 北京城乡发展一体化实现程度进展(环比提高)

单位:百分点

项目	2011年	2012年	2013年	2014年	2015年	2010~2015年年均提高		
						北京	全国	东部
总指数	-0.89	1.01	1.59	0.86	0.74	0.66	6.77	3.73
经济发展一体化	-1.29	0.42	1.93	1.46	-0.78	0.35	6.33	2.71
经济发展	0	0	0	0	0	0	7.81	4.29
产业协调	-3.73	1.96	0.74	-1.80	-7.05	-1.98	6.13	0.82
要素配置	-0.15	-0.69	5.04	6.17	4.72	3.02	5.04	3.04
社会发展一体化	-0.62	3.53	1.06	0.87	2.51	1.47	5.46	3.62
教育均衡发展	-16.15	12.62	0.42	0.73	0	-0.48	3.24	4.00
卫生均衡发展	5.69	2.53	-2.94	-3.76	7.32	1.77	5.21	1.16
文化均衡发展	0	0	0	0	0	0	6.29	3.62
社会保障均衡发展	8.00	-1.04	6.79	6.47	2.73	4.59	7.10	5.69

续表

项目	2011年	2012年	2013年	2014年	2015年	2010~2015年年均提高		
						北京	全国	东部
生活水平一体化	-3.44	-0.50	3.43	0.92	-0.01	0.08	7.79	4.55
收入消费水平	-6.88	-0.99	7.21	1.48	-0.01	0.16	10.14	6.69
居住卫生条件	0	0	-0.36	0.36	0	0	5.44	2.41
生态环境一体化	1.78	0.57	-0.06	0.19	1.25	0.75	7.52	4.05
水资源利用	0	0	0	0	0	0	6.15	2.39
污染物排放	0	0	0	0	0	0	8.16	3.48
环境卫生治理	5.32	1.72	-0.17	0.56	3.76	2.24	8.24	6.27

3. 城乡发展一体化进展继续减缓

2015年，北京城乡发展一体化实现程度进展比2014年进展减缓0.12个百分点，已经连续两年减缓，但社会发展一体化和生态环境一体化进展加快（见表7-2）。

4. 2010~2015年城乡发展一体化在高起点上进展缓慢

2010~2015年，北京城乡发展一体化总水平实现程度年均仅提高0.66个百分点，且近年来呈现减缓趋势。经济发展一体化实现程度进展十分缓慢，2015年比2010年仅提高1.74个百分点，年均仅提高0.35个百分点，远低于全国和东部地区年均进展。生活水平一体化和生态环境一体化实现程度在2010年就已非常接近实现目标，进展缓慢是由于起点较高（见表7-2）。

二 城乡发展一体化实现程度排序与变化

1. 2015年：城乡发展一体化继续全面领先，但经济发展一体化和生态环境一体化排序微降

2015年，北京城乡发展一体化总水平排序未变，继续保持全国第2位（见表7-3）。

4个一体化中，社会发展一体化和生活水平一体化排序未发生变化，依然排在第2位。经济发展一体化排序虽继续保持领先，但由于实现程度有所下降，排序也随之下降1位。生态环境一体化实现程度虽然继续提高，但提高速度相对较慢，因而，排序微降，由第2位下降至第3位。

12个二级指标除产业协调外全部位于全国前5位。其中，卫生均衡发展由第5位跃居至并列第1；要素配置继续位居榜首；经济发展、文化均衡发展、居住卫生条件、水资源利用和污染物排放5个指标继续并列全国第1；但是，产业协调排序大幅下降，由第13位下降至第17位（见表7-3）。

表7-3 北京城乡发展一体化实现程度排序

项目	2010年	2011年	2012年	2013年	2014年	2015年
总指数	1	1	2	2	2	2
经济发展一体化	2	2	2	2	2	3
经济发展	1	1	1	1	1	1
产业协调	11	12	11	13	13	17
要素配置	2	2	3	1	1	1
社会发展一体化	1	2	2	2	2	2
教育均衡发展	1	5	3	2	3	5
卫生均衡发展	4	3	5	5	5	1
文化均衡发展	1	1	1	1	1	1
社会保障均衡发展	2	4	8	5	4	5
生活水平一体化	1	2	3	2	2	2
收入消费水平	1	2	4	2	3	3
居住卫生条件	1	1	1	4	1	1
生态环境一体化	1	1	1	2	2	3
水资源利用	1	1	1	1	1	1
污染物排放	1	1	1	1	1	1
环境卫生治理	2	2	2	3	4	4

2. 2010~2015年变化：总体地位稳定，保持领先，但略微下滑

2010~2015年，北京城乡发展一体化总水平虽然始终保持领先地位，但排序略微下滑，由第1位下降至第2位。

虽然4个一体化排序始终保持领先，但排序整体下滑。社会发展一体化和生活水平一体化均由第1位下滑至第2位；生态环境一体化和经济发展一体化分别由第1位和第2位下滑至第3位。

产业协调排序下滑幅度较大，由第11位下降到第17位，下降了6位；教育均衡发展和收入消费水平则退出榜首。但要素配置和卫生均衡发展上升至第1位和并列第1位（见表7-3）。

三 简要评价

2015年,北京城乡发展一体化总水平实现程度已接近实现目标,整体发展水平较高,在全国处于领先地位,优势明显。但是,北京城乡发展一体化也存在明显的短板。

1. 进展缓慢且呈持续减缓态势

2015年,北京城乡发展一体化总水平实现程度进展延续了2014年减缓的趋势,实现程度艰难提升。2010~2015年,总水平实现程度进展年均仅0.66个百分点,按此速度,2020年将不能如期实现目标。

2. 城乡二元经济亟待改善,产业协调距离实现目标较远

北京城乡二元经济问题一直比较突出,虽然农业劳动生产率较高,但农业比较劳动生产率远远低于非农产业比较劳动生产率。2015年,北京城乡二元经济实现程度远未达到2007年全国平均水平。同时,近年来,城乡二元经济问题不仅没有得到有效改善,反而呈持续恶化趋势,实现程度不断下降。虽然北京经济发展水平和城镇化率较高,经济发展和要素配置均已实现目标,但严重的二元经济问题极大地拉低了产业协调实现程度,导致经济发展一体化实现程度处于相对较低水平且提升进程十分缓慢。2015年北京产业协调实现程度仅为25.89%,均远低于全国和东部地区平均水平。

第八章
天津城乡发展一体化

一 城乡发展一体化实现程度与进展

1. 城乡发展一体化整体比较接近实现目标，产业协调实现程度低

2015年，天津城乡发展一体化总水平实现程度为85.42%，比全国平均水平高28.37个百分点，也高于东部地区平均水平，已经比较接近实现目标。

生活水平一体化实现程度已提前实现目标，生态环境一体化接近实现目标；经济发展一体化和社会发展一体化实现程度相对较高，均高于全国和东部地区平均水平。

在12个二级指标中，经济发展、卫生均衡发展、收入消费水平、居住卫生条件、水资源利用和污染物排放两个指标均已提前实现目标；但产业协调实现程度比全国和东部地区平均水平都低，文化均衡发展亦是如此（见表8-1）。

表8-1 天津城乡发展一体化实现程度

单位：%

项目	2010年	2011年	2012年	2013年	2014年	2015年	2015年全国	2015年东部
总指数	75.85	79.56	81.45	84.22	84.72	85.42	57.05	77.99
经济发展一体化	66.68	71.77	72.25	73.35	73.48	73.19	51.56	63.96
经济发展	100	100	100	100	100	100	62.96	88.16
产业协调	14.34	29.50	31.31	34.50	35.13	34.63	43.38	39.70
要素配置	85.69	85.81	85.43	85.56	85.32	84.92	48.32	64.00

续表

项目	2010年	2011年	2012年	2013年	2014年	2015年	2015年全国	2015年东部
社会发展一体化	66.27	66.70	68.18	72.43	75.30	76.48	49.10	74.67
教育均衡发展	61.63	37.17	41.74	57.24	63.96	63.21	34.57	69.80
卫生均衡发展	100	100	100	100	100	100	27.49	63.59
文化均衡发展	43.97	43.79	43.61	43.61	44.99	48.18	66.82	85.52
社会保障均衡发展	59.47	85.85	87.40	88.87	92.28	94.52	67.51	79.78
生活水平一体化	83.95	91.25	96.62	99.64	100	100	62.10	88.10
收入消费水平	68.67	82.50	93.23	99.27	100	100	72.13	86.86
居住卫生条件	99.23	100	100	100	100	100	52.08	89.34
生态环境一体化	86.51	88.54	88.75	91.46	90.09	92.00	65.45	85.24
水资源利用	100	100	100	100	100	100	45.30	79.23
污染物排放	94.52	98.74	100	100	100	100	88.23	94.04
环境卫生治理	65.00	66.87	66.24	74.37	70.27	75.99	62.83	82.44

2. 城乡发展一体化总水平实现程度继续提高

2015年，天津城乡发展一体化总水平实现程度比2014年提高0.7个百分点，保持了逐年持续提高的态势。社会发展一体化和生态环境一体化实现程度均比上年提高，经济发展一体化实现程度略有下降（见表8-2）。

表8-2 天津城乡发展一体化实现程度进展（环比提高）

单位：百分点

项目	2011年	2012年	2013年	2014年	2015年	2010~2015年年均提高		
						天津	全国	东部
总指数	3.71	1.89	2.77	0.50	0.70	1.91	6.77	3.73
经济发展一体化	5.09	0.48	1.10	0.13	-0.29	1.30	6.33	2.71
经济发展	0	0	0	0	0	0	7.81	4.29
产业协调	15.16	1.81	3.19	0.63	-0.50	4.06	6.13	0.82
要素配置	0.12	-0.38	0.13	-0.24	-0.40	-0.15	5.04	3.04
社会发展一体化	0.43	1.48	4.25	2.87	1.18	2.04	5.46	3.62
教育均衡发展	-24.46	4.57	15.50	6.72	-0.75	0.32	3.24	4.00
卫生均衡发展	0	0	0	0	0	0	5.21	1.16
文化均衡发展	-0.18	-0.18	0	1.38	3.19	0.84	6.29	3.62
社会保障均衡发展	26.38	1.55	1.47	3.41	2.24	7.01	7.10	5.69

第八章　天津城乡发展一体化

续表

项目	2011年	2012年	2013年	2014年	2015年	2010~2015年年均提高		
						天津	全国	东部
生活水平一体化	7.30	5.37	3.02	0.36	0	3.21	7.79	4.55
收入消费水平	13.83	10.73	6.04	0.73	0	6.27	10.14	6.69
居住卫生条件	0.77	0	0	0	0	0.15	5.44	2.41
生态环境一体化	2.03	0.21	2.71	-1.37	1.91	1.10	7.52	4.05
水资源利用	0	0	0	0	0	0	6.15	2.39
污染物排放	4.22	1.26	0	0	0	1.10	8.16	3.48
环境卫生治理	1.87	-0.63	8.13	-4.10	5.72	2.20	8.24	6.27

3. 城乡发展一体化进程有所加快

2015年，天津城乡发展一体化总水平实现程度进展比上年快0.2个百分点，生态环境一体化进展也有所加快，社会发展一体化进展则有所减缓（见表8-2）。

4. 2010~2015年城乡发展一体化进展较慢，近2年大幅减缓

2010~2015年，天津城乡发展一体化总水平实现程度年均提高1.91个百分点，远低于全国和东部地区平均进展，且进展基本呈减缓趋势，近两年则大幅减缓。4个一体化进展也较慢。进展缓慢部分与起点较高有关。生活水平一体化进展虽然慢于全国和东部地区平均进展，但因起点较高，并仍保持了一定进展速度，因而提前实现目标（见表8-2）。

二　城乡发展一体化实现程度排序与变化

1. 2015年：城乡发展一体化整体水平继续居前，生活水平一体化依旧位居榜首，整体排序非常稳定

2015年，天津城乡发展一体化总水平继续位列全国第5。

4个一体化排序也没有发生任何变化，生活水平一体化继续位居榜首。

在12个二级指标中，仅教育均衡发展排序有所变化，由第8位下降至第10位（见表8-3）。

表 8-3 天津城乡发展一体化实现程度排序

项目	2010年	2011年	2012年	2013年	2014年	2015年
总指数	3	3	5	4	5	5
经济发展一体化	4	3	3	3	5	5
经济发展	1	1	1	1	1	1
产业协调	17	14	13	14	12	12
要素配置	1	1	1	2	3	3
社会发展一体化	5	5	5	5	5	5
教育均衡发展	5	14	17	11	8	10
卫生均衡发展	1	1	1	1	1	1
文化均衡发展	15	19	22	23	24	24
社会保障均衡发展	4	1	1	1	2	2
生活水平一体化	3	3	1	1	1	1
收入消费水平	5	4	1	1	1	1
居住卫生条件	3	1	1	1	1	1
生态环境一体化	3	2	4	4	6	6
水资源利用	1	1	1	1	1	1
污染物排放	3	3	1	1	1	1
环境卫生治理	5	4	5	5	7	7

2. 2010~2015年：整体排序略微下降，生活水平一体化排序跃居榜首，生态环境一体化排序下降较大

2010~2015年，天津城乡发展一体化总水平实现程度排序由第3位下降至第5位，下降2位。

生活水平一体化排序自2012年起稳居榜首；社会发展一体化始终位居第5；经济发展一体化排序有所下降；生态环境一体化排序下降较大，由2011年的第2位下降至第6位，下降了4位。

在12个二级指标中，产业协调排序上升幅度较大，上升了5位；教育均衡发展和文化均衡发展排序下降幅度较大，分别下降了5位和9位（见表8-3）。

三 简要评价

2015年，天津城乡发展一体化总水平实现程度在全国处于较高水平，特别是生活水平一体化已提前7年实现目标，生态环境一体化已接近实现目标，经济发展一体化和社会发展一体化距实现目标也只有约 1/4 的路程。但总水平进展近 2 年大幅下滑，产业协调发展的短板效应较为明显。

1. 城乡发展一体化总水平进展大幅下滑，对如期实现目标不利

2014 年和 2015 年，天津城乡发展一体化总水平分别仅提高了 0.5 个和 0.7 个百分点，提升幅度较前几年大幅下滑。按此进展，天津将难以在 2020 年如期实现目标，即使按 2010~2015 年平均进展，也不能如期实现目标。因此，还需要加快发展进程。

2. 城乡二元经济亟待改善

产业协调实现程度低是天津城乡发展一体化最大的短板，2010 年实现程度仅为 14.34%，虽然 2015 年提高至 34.63%，但依然较低，比全国平均水平低 8.75 个百分点。同时，近年来，进展大幅下滑，2015 年甚至出现了实现程度下降的情形。

产业发展不协调主要来自城乡二元经济。天津农业劳动生产率较高，且自 2010 年以来，按不变价计算的农业劳动生产率仍然在不断提高，2015 年比 2010 年提高了 32.3%，但是，农业比较劳动生产率提升低于非农产业比较劳动生产率提升，城乡二元经济持续恶化，由此导致产业协调实现程度提升缓慢，并最终影响到经济发展一体化和总水平实现程度的提高。

第九章
河北城乡发展一体化

一 城乡发展一体化实现程度与进展

1. 城乡发展一体化实现程度整体略高于全国平均水平，但与东部地区平均水平差距较大

2015年，河北城乡发展一体化总水平实现程度为60.20%，比全国平均水平高3.15个百分点，但比东部地区平均水平低17.79个百分点。

4个一体化中，社会发展一体化、生活水平一体化和生态环境一体化实现程度均高于全国平均水平，但均低于东部地区平均水平。经济发展一体化实现程度不仅远低于东部地区平均水平，也低于全国平均水平，与实现目标还有一定的距离。

12个二级指标中，水资源利用已提前实现目标；产业协调、教育均衡发展等指标实现程度较高，均高于全国和东部地区平均水平；卫生均衡发展实现程度较低，远低于全国和东部地区平均水平（见表9-1）。

2. 城乡发展一体化实现程度继续稳步全面提升

2015年，河北城乡发展一体化总水平实现程度比上年提高7.53个百分点，延续了逐年提升的态势；4个一体化实现程度均比上年有不同程度提高，也延续了逐年全面提升的趋势（仅社会发展一体化实现程度在2014年有所下降）（见表9-2）。

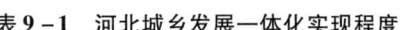

表9-1 河北城乡发展一体化实现程度

单位：%

项目	2010年	2011年	2012年	2013年	2014年	2015年	2015年全国	2015年东部
总指数	28.77	36.47	42.45	47.63	52.67	60.20	57.05	77.99
经济发展一体化	22.67	28.82	34.66	39.82	42.95	46.28	51.56	63.96
经济发展	1.63	9.54	17.50	25.59	32.67	42.99	62.96	88.16
产业协调	48.21	53.81	56.69	59.07	59.53	58.61	43.38	39.70
要素配置	18.17	23.11	29.80	34.79	36.64	37.24	48.32	64.00
社会发展一体化	29.01	39.32	44.11	47.58	45.15	53.68	49.10	74.67
教育均衡发展	61.77	73.13	78.86	72.39	75.35	81.40	34.57	69.80
卫生均衡发展	-12.32	-7.12	-0.58	-3.26	-16.30	12.28	27.49	63.59
文化均衡发展	51.19	53.41	55.83	71.81	71.84	67.12	66.82	85.52
社会保障均衡发展	15.40	37.86	42.33	49.38	49.69	53.91	67.51	79.78
生活水平一体化	19.14	30.75	36.35	43.12	58.13	67.48	62.10	88.10
收入消费水平	16.28	33.52	45.36	55.11	65.17	73.56	72.13	86.86
居住卫生条件	21.99	27.99	27.35	31.14	51.08	61.40	52.08	89.34
生态环境一体化	44.26	46.99	54.67	60.00	64.45	73.37	65.45	85.24
水资源利用	100	100	100	100	100	100	45.30	79.23
污染物排放	29.55	34.95	47.61	57.36	66.19	74.56	88.23	94.04
环境卫生治理	3.22	6.02	16.41	22.63	27.16	45.53	62.83	82.44

表9-2 河北城乡发展一体化实现程度进展（环比提高）

单位：百分点

项目	2011年	2012年	2013年	2014年	2015年	2010~2015年年均提高 河北	全国	东部
总指数	7.70	5.98	5.18	5.04	7.53	6.29	6.77	3.73
经济发展一体化	6.15	5.84	5.16	3.13	3.33	4.72	6.33	2.71
经济发展	7.91	7.96	8.09	7.08	10.32	8.27	7.81	4.29
产业协调	5.60	2.88	2.38	0.46	-0.92	2.08	6.13	0.82
要素配置	4.94	6.69	4.99	1.85	0.60	3.81	5.04	3.04
社会发展一体化	10.31	4.79	3.47	-2.43	8.53	4.93	5.46	3.62
教育均衡发展	11.36	5.73	-6.47	2.96	6.05	3.93	3.24	4.00
卫生均衡发展	5.20	6.54	-2.68	-13.04	28.58	4.92	5.21	1.16
文化均衡发展	2.22	2.42	15.98	0.03	-4.72	3.19	6.29	3.62
社会保障均衡发展	22.46	4.47	7.05	0.31	4.22	7.70	7.10	5.69

续表

项目	2011年	2012年	2013年	2014年	2015年	2010~2015年年均提高		
						河北	全国	东部
生活水平一体化	11.61	5.60	6.77	15.01	9.35	9.67	7.79	4.55
收入消费水平	17.24	11.84	9.75	10.06	8.39	11.46	10.14	6.69
居住卫生条件	6.00	-0.64	3.79	19.94	10.32	7.88	5.44	2.41
生态环境一体化	2.73	7.68	5.33	4.45	8.92	5.82	7.52	4.05
水资源利用	0	0	0	0	0	0	6.15	2.39
污染物排放	5.40	12.66	9.75	8.83	8.37	9.00	8.16	3.48
环境卫生治理	2.80	10.39	6.22	4.53	18.37	8.46	8.24	6.27

3. 城乡发展一体化整体进程大幅加快，持续下降的趋势有所缓解

2015年，河北城乡发展一体化总水平实现程度进展大幅加快，比上年快2.49个百分点，比2010~2015年年均进展快1.24个百分点，遏制住自2012年以来进展持续下滑的态势。

社会发展一体化和生态环境一体化进展大幅加快，经济发展一体化进展有所加快，生活水平一体化进展大幅减缓，但依然保持了较快进展（见表9-2）。

4. 2010~2015年城乡发展一体化进展持续减缓，但进展依然相对较快

2010~2015年，河北城乡发展一体化总水平实现程度进展基本呈持续减缓趋势，2015年才初步遏制住下滑态势，年均提高6.29个百分点，虽低于全国平均进展，但远高于东部地区平均进展。生活水平一体化进展较快，高于全国和东部地区平均进展；其他3个一体化进展均慢于全国平均进展，但均快于东部地区平均进展（见表9-2）。

二 城乡发展一体化实现程度排序与变化

1. 2015年：城乡发展一体化整体排序上升，首次进入前10位行列，社会发展一体化排序上升

2015年，河北城乡发展一体化总水平实现程度位列全国第10，比2014年上升1位，首次进入前10位行列，但在东部地区排名仅高于海南。

4个一体化中，经济发展一体化、生活水平一体化和生态环境一体化排序均未发生变化，生活水平一体化和生态环境一体化排序继续位居前10行列。

社会发展一体化排序上升了3位。

12个二级指标中,卫生均衡发展和环境卫生治理排序分别上升了5位和3位,但排序依然较低,分别位列第22和第21;而文化均衡发展排序则大幅下降,跌出前10行列。

水资源利用已实现目标,排序并列第1位;教育均衡发展和产业协调排序居前,分别位列第3和第6;社会保障均衡发展排序非常靠后,位列第27(见表9-3)。

表9-3 河北城乡发展一体化实现程度排序

项目	2010年	2011年	2012年	2013年	2014年	2015年
总指数	11	12	11	11	11	10
经济发展一体化	13	14	13	13	13	13
经济发展	19	19	19	19	19	19
产业协调	6	7	6	6	5	6
要素配置	15	16	15	16	17	18
社会发展一体化	20	20	16	18	21	18
教育均衡发展	4	1	2	5	4	3
卫生均衡发展	24	26	24	26	27	22
文化均衡发展	9	11	12	7	7	13
社会保障均衡发展	26	26	28	27	28	27
生活水平一体化	15	12	13	12	10	10
收入消费水平	18	17	16	15	16	14
居住卫生条件	14	15	16	16	13	11
生态环境一体化	8	9	9	9	9	9
水资源利用	1	1	1	1	1	1
污染物排放	14	18	20	20	19	17
环境卫生治理	25	26	26	25	24	21

2. 2010~2015年变化:整体稳定小幅上升

2010~2015年,河北城乡发展一体化总水平排序由2011年的第12位上升至第10位,上升了2位。

4个一体化中,经济发展一体化和生态环境一体化分别较为稳定地位列第13和第9;社会发展一体化和生活水平一体化排序则在小幅波动中上升,其中前者小幅上升了2位,后者则较大幅度地上升了5位,并在2014年进入前10行列(见表9-3)。

三 简要评价

2015年，河北城乡发展一体化总水平进展明显加快，在全国排序也首次进入前10行列，但与实现目标依然还有一定的差距。

1. 努力保持2015年进展水平将非常接近实现目标

2015年，河北城乡发展一体化总水平实现程度进展比2014年大幅加快，如按此进展，将基本能在2020年如期实现目标；如按2010~2015年年平均进展，则不能如期实现目标，但生活水平一体化、教育均衡发展、收入消费水平、居住卫生条件和污染物排放等指标将如期实现目标。

2. 加快经济发展，提高城镇化水平，夯实城乡发展一体化基础

2010~2015年，以人均GDP和人口城镇化率反映的经济发展保持了较快的增长，不仅远快于东部地区平均水平，也快于全国平均水平，但由于起点较低，经济发展实现程度远远低于全国平均水平，在全国仅位列第19。因此，还应加快经济发展速度，加快提高人口城镇化率。

3. 提高信贷资金对农业的支持

从城乡资金配置来看，财政逐年加大对农业的相对支持力度，财政支农相对程度不断提高，并已提前实现目标。但信贷资金对农业的支持明显不足，农业贷款相对强度逐年下降，因而极大地制约了要素配置和经济发展一体化实现程度的提高，导致实现程度进展逐年下滑，要素配置实现程度不仅远低于东部地区平均水平，也低于全国平均水平。

4. 加快改善城乡医疗卫生服务人力资源配置不合理状况

近年来，农村医疗卫生服务人力资源数量不断增长，但城乡医疗卫生服务人力资源差距却在不断扩大，致使农村医疗卫生服务人力资源水平与城乡差异实现程度处于非常低的水平，2015年距2007年全国平均水平尚有较大差距，使卫生均衡发展实现程度很低。尽管2015年进展大幅度提升，但卫生均衡发展落后状况并未得到根本改善。

5. 加快缩小城乡居民社会保障差距

城乡居民基本医疗保障差距和城乡居民最低生活保障差距逐年缩小，而且缩小幅度快于全国和东部地区，但由于起点较低，至2015年，两者的城乡差距依然均大于全国平均水平，由此导致社会保障均衡发展实现程度较低，与全国和东部地区平均水平存在较大差距。

6. 改善农村居住卫生条件和环境卫生状况

2015 年与 2010 年相比，农村居住卫生条件和环境卫生状况大幅改善，农村无害化卫生厕所普及率、农村生活垃圾处理率以及农村生活污水处理率均比 2010 年大幅度提高，分别提高了 81%、5 倍和 88.9%，但由于基础较差，农村环境卫生条件依然较差，与全国平均水平还有较大差距。

第十章
山西城乡发展一体化

一 城乡发展一体化实现程度与进展

1. 城乡发展一体化总水平实现程度尚未过半,社会发展一体化实现程度相对较高

2015年,山西城乡发展一体化总水平实现程度为46.58%,比全国平均水平低10.47个百分点,比中部地区平均水平低1.75个百分点。

社会发展一体化实现程度相对较高,为58.07%,高于全国和中部地区平均水平;经济发展一体化和生态环境一体化实现程度低,均低于全国和中部地区平均水平。

教育均衡发展实现程度较高,达到85.01%,比全国和中部地区平均水平分别高50.44个和25.21个百分点,是12个二级指标中唯一较为接近实现目标的指标。产业协调实现程度尚未达到2007年全国平均水平,卫生均衡发展实现程度也较低(见表10-1)。

2. 城乡发展一体化水平继续保持全面提升的态势

2015年,山西城乡发展一体化总水平实现程度比2014年提高了5.16个百分点,4个一体化实现程度不同程度提高,12个二级指标中仅要素配置实现程度有所下降,城乡发展一体化整体延续了逐年全面提升的态势(见表10-2)。

表 10－1　山西城乡发展一体化实现程度

单位：%

项目	2010 年	2011 年	2012 年	2013 年	2014 年	2015 年	2015 年全国	2015 年中部
总指数	19.96	25.82	32.03	37.19	41.42	46.58	57.05	48.33
经济发展一体化	10.92	17.05	23.28	28.54	31.15	31.76	51.56	35.00
经济发展	10.73	20.78	30.06	38.18	44.51	50.19	62.96	40.74
产业协调	－17.60	－14.64	－9.85	－6.25	－3.66	－3.53	43.38	28.45
要素配置	39.63	45.00	49.63	53.69	52.60	48.61	48.32	35.82
社会发展一体化	42.87	47.68	48.09	49.31	50.89	58.07	49.10	54.91
教育均衡发展	64.03	68.74	71.61	76.30	78.67	85.01	34.57	59.80
卫生均衡发展	31.46	28.99	22.30	16.13	14.42	14.60	27.49	29.17
文化均衡发展	53.42	54.07	54.52	54.06	54.04	70.58	66.82	62.35
社会保障均衡发展	22.56	38.94	43.92	50.75	56.41	62.09	67.51	68.32
生活水平一体化	24.29	30.29	36.91	41.69	48.75	52.82	62.10	49.68
收入消费水平	28.02	37.88	45.76	53.47	64.46	68.66	72.13	70.18
居住卫生条件	20.56	22.70	28.05	29.91	33.03	36.97	52.08	29.18
生态环境一体化	1.77	8.26	19.83	29.23	34.89	43.67	65.45	53.73
水资源利用	16.24	23.93	31.62	35.90	38.46	40.17	45.30	34.47
污染物排放	－20.78	－13.83	8.05	22.74	32.36	43.15	88.23	74.91
环境卫生治理	9.86	14.68	19.83	29.05	33.84	47.69	62.83	51.79

表 10－2　山西城乡发展一体化实现程度进展（环比提高）

单位：百分点

项目	2011 年	2012 年	2013 年	2014 年	2015 年	2010~2015 年年均提高		
						山西	全国	中部
总指数	5.86	6.21	5.16	4.23	5.16	5.32	6.77	6.13
经济发展一体化	6.13	6.23	5.26	2.61	0.61	4.17	6.33	6.23
经济发展	10.05	9.28	8.12	6.33	5.68	7.89	7.81	9.00
产业协调	2.96	4.79	3.60	2.59	0.13	2.81	6.13	4.01
要素配置	5.37	4.63	4.06	－1.09	－3.99	1.80	5.04	5.69
社会发展一体化	4.81	0.41	1.22	1.58	7.18	3.04	5.46	3.90
教育均衡发展	4.71	2.87	4.69	2.37	6.34	4.20	3.24	3.71
卫生均衡发展	－2.47	－6.69	－6.17	－1.71	0.18	－3.37	5.21	1.58
文化均衡发展	0.65	0.45	－0.46	－0.02	16.54	3.43	6.29	4.02
社会保障均衡发展	16.38	4.98	6.83	5.66	5.68	7.91	7.10	6.27

续表

项目	2011年	2012年	2013年	2014年	2015年	2010~2015年年均提高		
						山西	全国	中部
生活水平一体化	6.00	6.62	4.78	7.06	4.07	5.71	7.79	6.68
收入消费水平	9.86	7.88	7.71	10.99	4.20	8.13	10.14	8.34
居住卫生条件	2.14	5.35	1.86	3.12	3.94	3.28	5.44	5.02
生态环境一体化	6.49	11.57	9.40	5.66	8.78	8.38	7.52	7.71
水资源利用	7.69	7.69	4.28	2.56	1.71	4.79	6.15	5.21
污染物排放	6.95	21.88	14.69	9.62	10.79	12.79	8.16	10.14
环境卫生治理	4.82	5.15	9.22	4.79	13.85	7.57	8.24	7.77

3. 城乡发展一体化总水平实现程度进程有所加快，但经济发展一体化和生活水平一体化进程减缓

2015年，山西城乡发展一体化总水平实现程度进展比2014年快0.93个百分点，社会发展一体化和生态环境一体化实现程度进展则大幅加快；但经济发展一体化和生活水平一体化实现程度进展减缓，特别是生活水平一体化实现程度进展减缓幅度较大。12个二级指标中，有7个指标进展快于2014年，特别是文化均衡发展和环境卫生治理实现程度进展大幅加快（见表10-2）。

4. 2010~2015年城乡发展一体化进程较为缓慢

2010~2015年，山西城乡发展一体化总水平实现程度年均提高5.32个百分点，低于全国和中部地区平均进展程度。

生态环境一体化实现程度进展较快，快于全国和中部地区平均进展；其他3个一体化进展较慢，均低于全国和中部地区平均进展（见表10-2）。

二 城乡发展一体化实现程度排序与变化

1. 2015年：城乡发展一体化整体排序下滑，总水平居中下游，教育均衡发展水平处于领先地位

2015年，山西城乡发展一体化总水平实现程度位列全国第20，比2014年下滑2位，在中部地区6个省份中排序仅高于湖南。

4个一体化中，社会发展一体化实现程度排序上升了3位，上升至第11位；经济发展一体化实现程度排序则下滑了3位，降至第21位；生活水平一体化实现程度排序下降1位。

第十章 山西城乡发展一体化

12个二级指标中,教育均衡发展实现程度排序继续保持领先地位,位居第2;文化均衡发展实现程度排序大幅上升了7位;产业协调和污染物排放等指标实现程度排序依旧靠后(见表10-3)。

表10-3 山西城乡发展一体化实现程度排序

项目	2010年	2011年	2012年	2013年	2014年	2015年
总指数	17	18	17	18	18	20
经济发展一体化	17	16	15	15	18	21
经济发展	17	16	15	16	17	17
产业协调	26	24	23	24	24	26
要素配置	10	10	9	9	9	12
社会发展一体化	9	10	13	13	14	11
教育均衡发展	3	3	4	3	2	2
卫生均衡发展	16	17	19	21	20	20
文化均衡发展	8	9	13	15	18	11
社会保障均衡发展	22	24	25	26	22	22
生活水平一体化	12	13	12	13	16	17
收入消费水平	15	15	15	16	17	17
居住卫生条件	15	17	15	17	18	19
生态环境一体化	20	21	20	20	21	21
水资源利用	16	16	15	15	15	16
污染物排放	24	26	25	25	25	25
环境卫生治理	20	21	22	20	20	19

2. 2010~2015年变化:呈全面不断下滑趋势

2010~2015年,山西城乡发展一体化总水平实现程度在全国的排序下降了3位。

4个一体化中,生态环境一体化实现程度排序较为稳定;经济发展一体化和生活水平一体化实现程度排序虽有所波动,但基本呈下降趋势,其中生活水平一体化实现程度排序下降幅度较大,下降了5位;社会发展一体化排序在2010~2014年呈逐年下滑趋势,且下滑幅度较大,下降了5位,但在2015年进程大幅度加快,初步遏制住下滑趋势。

12个二级指标中,教育均衡发展实现程度排序始终处于全国领先地位;产业协调和污染物排放等指标实现程度则始终处于落后地位(见表10-3)。

三 简要评价

虽然山西社会发展一体化实现程度相对较高，但城乡发展一体化总水平、经济发展一体化、生活水平一体化和生态环境一体化实现程度均较低，而且进程相对较慢，距实现目标差距较大。

1. 加快城乡发展一体化进程

2015年，山西城乡发展一体化实现程度进程有所加快，但仍低于2010~2015年年均进展。2010~2015年城乡发展一体化进展也较慢，按目前进展，到2020年，山西城乡发展一体化实现程度距目标仍有1/4的距离，因此，必须大力加快城乡发展一体化步伐，特别是经济发展一体化。

2. 努力改善城乡二元经济

山西经济发展一体化，特别是产业协调实现程度低的主要原因在于城乡二元经济问题十分突出。2010~2015年，全国城乡二元经济不断改善，而山西却不断恶化。因此，必须加快发展现代农业，大力提高农业劳动生产率。

3. 提高农村妇女健康保健水平，改善城乡医疗卫生服务人力资源配置

2010~2015年，山西农村妇女健康保健水平没有得到明显改善；虽然农村医疗卫生服务人员数量略有增加，但城乡差距持续扩大，城乡医疗卫生服务人力资源配置不均衡没有得到有效改善。这些问题导致卫生均衡发展实现程度不升反降，由31.46%大幅下降至14.60%，严重制约了社会发展一体化实现程度提高，需要引起足够的重视。

4. 加快提高农民收入，缩小城乡居民收入差距

2015年与2010年相比，山西农民人均可支配收入提高了75.5%，增长快于全国平均水平，但由于基础较差，农民收入水平依然较低，远低于全国平均水平；同时，虽然城乡居民收入差距不断缩小，但依然较大，距实现目标差距较大。

5. 继续加大污染物排放治理力度

近年来，山西不断加大污染物排放治理力度，污染物排放大幅减少，环境污染问题得到较大改善，但由于过去污染问题严重，某些污染物排放减少幅度相对较小，因此，污染问题依然较为严重，污染物排放实现程度远低于全国和中部地区平均水平。

6. 改善农村居住卫生条件和生活环境

2010~2015年,山西农村生活垃圾处理率大幅提高,农村生活污水处理率也有所提高,但农村生活垃圾处理率和农村生活污水处理率依然大幅低于全国平均水平,还需要加大力度改善农村生活环境,另外,需要提高农村无害化卫生厕所普及率,改善农村居住卫生条件。

第十一章
内蒙古城乡发展一体化

一 城乡发展一体化实现程度与进展

1. 城乡发展一体化整体水平较低,经济发展一体化实现程度相对较高,经济发展提前实现目标

2015年,内蒙古城乡发展一体化总水平实现程度为44.82%,高于西部地区平均水平,在西部地区11个省份中仅低于陕西和重庆,但远低于全国平均水平。

经济发展一体化实现程度相对较高,为62.27%,远高于全国和西部地区平均水平;其他3个一体化实现程度较低,均未超过50%;生活水平一体化实现程度低于全国和西部地区平均水平;社会发展一体化和生态环境一体化实现程度虽均高于西部地区平均水平,但均低于全国平均水平。

12个二级指标中,经济发展已提前实现目标;居住卫生条件实现程度低,仅及2007年全国平均水平;要素配置和社会保障均衡发展实现程度相对较高,均高于全国和西部地区平均水平(见表11-1)。

2. 城乡发展一体化整体水平继续提升,社会发展一体化实现程度下降

2015年,内蒙古城乡发展一体化总水平实现程度比2014年提高了4.82个百分点,延续了逐年提升的态势。

经济发展一体化、生活水平一体化和生态环境一体化实现程度均不同程度提高,延续了逐年提升的态势;但教育均衡发展、卫生均衡发展和文化均衡发展3个指标实现程度下降,导致社会发展一体化实现程度有所下降(见表11-2)。

表 11-1 内蒙古城乡发展一体化实现程度

单位：%

项目	2010年	2011年	2012年	2013年	2014年	2015年	2015年全国	2015年西部
总指数	8.49	17.73	26.28	32.50	40.00	44.82	57.05	30.32
经济发展一体化	34.15	41.77	47.86	54.25	58.36	62.27	51.56	16.25
经济发展	65.73	78.34	90.36	95.43	98.30	100	62.96	33.47
产业协调	19.47	21.98	22.93	28.74	31.40	33.84	43.38	-1.61
要素配置	17.25	24.99	30.31	38.58	45.37	52.96	48.32	16.87
社会发展一体化	20.26	28.32	37.50	40.40	43.66	40.70	49.10	31.88
教育均衡发展	42.93	26.48	56.58	62.06	40.07	31.09	34.57	8.70
卫生均衡发展	0.53	29.59	19.68	10.46	40.42	34.67	27.49	10.17
文化均衡发展	-9.06	-1.88	11.46	23.66	27.19	26.03	66.82	46.80
社会保障均衡发展	46.65	59.09	62.28	65.42	66.97	71.02	67.51	61.85
生活水平一体化	-11.89	-0.74	6.88	14.09	29.29	37.88	62.10	41.40
收入消费水平	8.66	21.46	30.64	40.05	63.73	67.88	72.13	47.54
居住卫生条件	-32.44	-22.93	-16.88	-11.88	-5.14	7.88	52.08	35.26
生态环境一体化	-8.57	1.57	12.87	21.28	28.67	38.42	65.45	31.74
水资源利用	-9.40	-0.85	7.69	16.24	24.79	32.48	45.30	9.01
污染物排放	-28.6	-7.65	10.62	23.48	34.66	46.14	88.23	44.32
环境卫生治理	12.29	13.20	20.31	24.12	26.57	36.63	62.83	41.88

表 11-2 内蒙古城乡发展一体化实现程度进展（环比提高）

单位：百分点

项目	2011年	2012年	2013年	2014年	2015年	2010~2015年年均提高 内蒙古	全国	西部
总指数	9.24	8.55	6.22	7.50	4.82	7.27	6.77	7.09
经济发展一体化	7.62	6.09	6.39	4.11	3.91	5.62	6.33	4.80
经济发展	12.61	12.02	5.07	2.87	1.70	6.85	7.81	8.46
产业协调	2.51	0.95	5.81	2.66	2.44	2.87	6.13	1.70
要素配置	7.74	5.32	8.27	6.79	7.59	7.14	5.04	4.23
社会发展一体化	8.06	9.18	2.90	3.26	-2.96	4.09	5.46	6.00
教育均衡发展	-16.45	30.1	5.48	-21.99	-8.98	-2.37	3.24	2.25
卫生均衡发展	29.06	-9.91	-9.22	29.96	-5.75	6.83	5.21	6.60
文化均衡发展	7.18	13.34	12.20	3.53	-1.16	7.02	6.29	7.16
社会保障均衡发展	12.44	3.19	3.14	1.55	4.05	4.87	7.10	7.97

续表

项目	2011年	2012年	2013年	2014年	2015年	2010~2015年年均提高		
						内蒙古	全国	西部
生活水平一体化	11.15	7.62	7.21	15.20	8.59	9.95	7.79	8.12
收入消费水平	12.80	9.18	9.41	23.68	4.15	11.84	10.14	10.56
居住卫生条件	9.51	6.05	5.00	6.74	13.02	8.06	5.44	5.69
生态环境一体化	10.14	11.30	8.41	7.39	9.75	9.40	7.52	9.44
水资源利用	8.55	8.54	8.55	8.55	7.69	8.38	6.15	7.41
污染物排放	20.95	18.27	12.86	11.18	11.48	14.95	8.16	15.34
环境卫生治理	0.91	7.11	3.81	2.45	10.06	4.87	8.24	5.55

3. 城乡发展一体化进程减缓

2015年，内蒙古城乡发展一体化总水平实现程度进展比上年下降2.68个百分点，远低于2010~2015年年均进展；虽然生态环境一体化实现程度进展快于上年，但经济发展一体化和生活水平一体化实现程度进展减缓，特别是后者进展大幅下降了6.61个百分点，而社会发展一体化实现程度下降（见表11-2）。

4. 2010~2015年城乡发展一体化进程较快，但基本呈逐年下滑趋势

2010~2015年，内蒙古城乡发展一体化总水平实现程度年均提高7.27个百分点，高于全国和西部地区平均水平，但进展逐年下滑。生活水平一体化实现程度进展较快，高于全国和西部地区平均水平；生态环境一体化实现程度进展也较快，社会发展一体化实现程度进展较慢，低于全国和西部地区平均水平（见表11-2）。

二 城乡发展一体化实现程度排序与变化

1. 2015年：城乡发展一体化整体排序不变，依然处于下游；经济发展一体化排序相对较高，经济发展并列第1名

2015年，内蒙古城乡发展一体化总水平实现程度依旧位列全国第21。

经济发展一体化排名下降1位，但依旧位于前10行列；社会发展一体化排序下降2位，生活水平一体化排序上升2位，生态环境一体化排序不变，3个一体化排序均处于落后地位。

12个二级指标中，经济发展排序升至并列第1，是12个二级指标中唯一并列第1的指标；要素配置排序延续了逐步提高的态势，并首次进入前10行列；教育均衡发展排序大幅下降了5位；其他指标排序变化较小，文化均衡发展、居住卫生条件和环境卫生治理等排序依旧居后（见表11－3）。

表11－3 内蒙古城乡发展一体化实现程度排序

项目	2010年	2011年	2012年	2013年	2014年	2015年
总指数	21	22	21	21	21	21
经济发展一体化	11	11	10	9	9	10
经济发展	8	8	6	6	7	1
产业协调	14	17	17	16	15	13
要素配置	17	15	13	13	13	9
社会发展一体化	23	24	23	23	23	25
教育均衡发展	11	20	10	8	17	22
卫生均衡发展	21	16	20	24	17	18
文化均衡发展	28	29	29	29	29	29
社会保障均衡发展	10	11	12	12	15	14
生活水平一体化	28	28	28	28	25	23
收入消费水平	22	22	22	20	18	18
居住卫生条件	29	28	28	28	28	26
生态环境一体化	23	24	23	24	24	24
水资源利用	20	19	19	19	18	18
污染物排放	25	24	24	24	23	23
环境卫生治理	18	23	20	24	25	25

2. 2010~2015年变化：城乡发展一体化整体排序较为稳定

2010~2015年，内蒙古城乡发展一体化总水平实现程度在全国的排序非常稳定，除2011年外，其他年份始终位列第21。

4个一体化中，生活水平一体化排序近2年上升，但依然靠后，仅位列第23；其他3个一体化排序基本稳定，仅在1~2位变动，其中经济发展一体化排序上升1位，生态环境一体化和社会发展一体化排序分别下降1位和2位。

12个二级指标中，排序变动较大的是要素配置、教育均衡发展和环境卫生治理，其中要素配置排序提高了8位，教育均衡发展和环境卫生治理排序分别下降了11位和7位（见表11－3）。

三 简要评价

2015年，内蒙古城乡发展一体化实现程度距实现目标还有一半以上的路程，实现目标任务艰巨。

1. 城乡发展一体化整体水平与较高的经济发展水平和相对较高的城镇化水平不协调

2015年，内蒙古人均GDP（以2010年不变价计算）位居全国第5，人口城镇化率高于全国平均水平，仅低于沿海发达省份和辽宁、重庆；以人均GDP和人口城镇化率衡量的经济发展实现程度已提前实现目标。但是，城乡发展一体化总水平、社会发展一体化、生活水平一体化和生态环境一体化等实现程度低于全国平均水平，排序靠后；特别是生活水平一体化和生态环境一体化与全国平均水平还有较大差距。城乡经济社会发展不协调，城乡发展一体化未与经济发展同步提升。

2. 全面加快城乡发展一体化进程

2010~2015年，内蒙古城乡发展一体化总水平、经济发展一体化和社会发展一体化实现程度进展基本呈逐步减缓趋势；与此同时，总水平、社会发展一体化、生活水平一体化和生态环境一体化实现程度均处于较低水平。无论是按2015年进展还是按2010~2015年年均进展，2020年都将无法如期实现目标。即使经济发展一体化实现程度相对较高，按目前进展，也将无法如期实现目标。

3. 改善城乡二元经济

内蒙古农业劳动生产率水平相对较高，但农业比较劳动生产率远远低于非农产业比较劳动生产率，二元经济问题依然十分突出，2015年实现程度与2007年全国平均水平尚有一定差距。

4. 近年来农村人口素质下降、城乡差距扩大趋势需要引起重视

2014年和2015年，内蒙古教育均衡发展实现程度急剧下降，导致2015年比2010年下降了11.84个百分点。教育均衡发展实现程度下降的主要原因在于农村人口素质下降、城乡差距扩大，因此，必须采取有效措施提高农村人口素质，遏制城乡差距的扩大的趋势。

5. 改善农村居住卫生条件和生活环境

近年来，内蒙古农村安全饮用水普及率、无害化卫生厕所普及率以及农村生活垃圾处理率不断提高，农村居住卫生条件和环境有所改善，但改善进程较为缓慢，农村居住卫生条件和环境依然较差，与全国平均水平差距依然较大，与实现目标还有较大差距。

第十二章
辽宁城乡发展一体化

一 城乡发展一体化实现程度与进展

1. 城乡发展一体化整体水平相对较高，经济发展一体化实现程度高

2015年，辽宁城乡发展一体化总水平实现程度为63.07%，高于全国和东北地区平均水平。

经济发展一体化实现程度高，达到76.82%，远高于全国平均水平，也高于东北和东部地区平均水平；生态环境一体化实现程度也相对较高，高于全国和东北地区平均水平；生活水平一体化实现程度较低，虽高于东北地区平均水平，但低于全国平均水平。

12个二级指标中，经济发展已提前实现目标，水资源利用接近实现目标；要素配置、文化均衡发展、收入消费水平等指标实现程度相对较高，均高于全国和东北地区平均水平；产业协调虽然与实现目标尚有一定差距，但在全国处于领先地位；居住卫生条件实现程度低（见表12-1）。

2. 城乡发展一体化水平继续全面提升

2015年，辽宁城乡发展一体化总水平实现程度比上年提高5.85个百分点；4个一体化实现程度也全部提高；12个二级指标中，仅卫生均衡发展实现程度略微下降。城乡发展一体化延续了逐年全面提升的态势（见表12-2）。

表 12-1 辽宁城乡发展一体化实现程度

单位：%

项目	2010年	2011年	2012年	2013年	2014年	2015年	2015年全国	2015年东北
总指数	35.97	42.27	46.14	53.19	57.22	63.07	57.05	54.29
经济发展一体化	56.40	63.65	68.03	73.07	75.33	76.82	51.56	65.00
经济发展	74.98	81.71	87.58	93.55	97.86	100	62.96	78.72
产业协调	51.33	58.94	60.67	63.04	61.40	62.78	43.38	65.30
要素配置	42.91	50.31	55.83	62.61	66.74	67.68	48.32	50.99
社会发展一体化	39.77	45.45	41.50	45.17	49.25	55.89	49.10	56.88
教育均衡发展	34.96	28.41	-3.72	8.65	28.29	46.60	34.57	40.59
卫生均衡发展	42.27	45.41	47.32	50.36	36.10	35.55	27.49	53.64
文化均衡发展	48.90	60.21	65.17	61.12	68.32	73.23	66.82	64.03
社会保障均衡发展	32.97	47.77	57.24	60.57	64.29	68.19	67.51	69.25
生活水平一体化	12.20	18.10	26.09	36.95	41.24	49.18	62.10	37.34
收入消费水平	41.81	49.57	58.43	70.29	74.65	82.19	72.13	80.82
居住卫生条件	-17.4	-13.37	-6.26	3.60	7.83	16.16	52.08	-6.13
生态环境一体化	35.51	41.88	48.95	57.56	63.07	70.39	65.45	57.92
水资源利用	67.52	69.23	70.94	79.49	84.62	88.89	45.30	82.91
污染物排放	29.88	38.45	50.88	60.65	67.01	71.38	88.23	60.19
环境卫生治理	9.15	17.94	25.02	32.55	37.58	50.91	62.83	30.68

表 12-2 辽宁城乡发展一体化实现程度进展（环比提高）

单位：百分点

项目	2011年	2012年	2013年	2014年	2015年	2010~2015年年均提高		
						辽宁	全国	东北
总指数	6.30	3.87	7.05	4.03	5.85	5.42	6.77	5.03
经济发展一体化	7.25	4.38	5.04	2.26	1.49	4.08	6.33	4.16
经济发展	6.73	5.87	5.97	4.31	2.14	5.00	7.81	5.63
产业协调	7.61	1.73	2.37	-1.64	1.38	2.29	6.13	2.83
要素配置	7.40	5.52	6.78	4.13	0.94	4.95	5.04	4.01
社会发展一体化	5.68	-3.95	3.67	4.08	6.64	3.22	5.46	2.61
教育均衡发展	-6.55	-32.13	12.37	19.64	18.31	2.33	3.24	0.80
卫生均衡发展	3.14	1.91	3.04	-14.26	-0.55	-1.34	5.21	0.44
文化均衡发展	11.31	4.96	-4.05	7.20	4.91	4.87	6.29	4.24
社会保障均衡发展	14.80	9.47	3.33	3.72	3.90	7.04	7.10	4.96

续表

项目	2011年	2012年	2013年	2014年	2015年	2010~2015年年均提高		
						辽宁	全国	东北
生活水平一体化	5.90	7.99	10.86	4.29	7.94	7.40	7.79	5.39
收入消费水平	7.76	8.86	11.86	4.36	7.54	8.08	10.14	6.39
居住卫生条件	4.03	7.11	9.86	4.23	8.33	6.71	5.44	4.39
生态环境一体化	6.37	7.07	8.61	5.51	7.32	6.98	7.52	7.98
水资源利用	1.71	1.71	8.55	5.13	4.27	4.27	6.15	5.07
污染物排放	8.57	12.43	9.77	6.36	4.37	8.30	8.16	10.51
环境卫生治理	8.79	7.08	7.53	5.03	13.33	8.35	8.24	8.36

3. 城乡发展一体化实现程度进展基本呈全面加快提升态势

2015年，辽宁城乡发展一体化总水平实现程度进展比2014年快1.82个百分点；4个一体化中，除经济发展一体化实现程度进展略微减缓外，其他3个一体化进展均不同程度加快；卫生均衡发展实现程度有所下降，但下降幅度大为减缓（见表12-2）。

4. 2010~2015年城乡发展一体化进程较为缓慢

2010~2015年，辽宁城乡发展一体化总水平实现程度年均提高5.42个百分点，略高于东北地区平均水平，但低于全国平均水平。经济发展一体化和生态环境一体化实现程度进展均低于全国和东北地区平均水平；社会发展一体化和生活水平一体化实现程度进展虽高于东北地区平均水平，但均低于全国平均水平（见表12-2）。

二 城乡发展一体化实现程度排序与变化

1. 2015年：城乡发展一体化总水平排序上升，位居前列，但发展不均衡

2015年，辽宁城乡发展一体化总水平实现程度排序上升1位，位列全国第9，位居东北地区首位，是唯一进入前10行列的非东部地区省份。

但是，辽宁城乡一体化发展不均衡，经济发展一体化排序继续上升，由第3位上升至第2位；社会发展一体化和生活水平一体化排序与总水平排序差距较大，相对靠后；生态环境一体化排序保持不变，仍处于前10行列。

12个二级指标中，经济发展排序由上年第8位上升至并列第1位，但由于上年有5个省份并列第1，因此，2015年辽宁经济发展排序实际上只上升了

3位；产业协调排序继续保持领先地位；教育均衡发展排序大幅提升了5位；居住卫生条件排序继续处于落后地位（见表12-3）。

表12-3 辽宁城乡发展一体化实现程度排序

项目	2010年	2011年	2012年	2013年	2014年	2015年
总指数	9	10	10	9	10	9
经济发展一体化	6	6	6	5	3	2
经济发展	7	7	8	7	8	1
产业协调	5	6	4	4	4	4
要素配置	9	8	8	7	8	8
社会发展一体化	14	12	21	22	17	15
教育均衡发展	15	19	26	23	21	16
卫生均衡发展	11	13	14	12	18	17
文化均衡发展	14	8	8	11	9	10
社会保障均衡发展	18	16	16	16	16	17
生活水平一体化	17	20	19	18	19	19
收入消费水平	10	10	10	8	11	10
居住卫生条件	26	26	26	24	24	24
生态环境一体化	10	11	11	10	10	10
水资源利用	7	9	9	8	8	9
污染物排放	13	16	16	17	17	19
环境卫生治理	21	19	16	18	18	17

2. 2010~2015年变化：城乡发展一体化整体排序基本稳定，经济发展一体化排序逐步上升

2010~2015年，辽宁城乡发展一体化总水平实现程度在全国的排序基本稳定在第9位或第10位。

经济发展一体化实现程度排序逐步上升，由第6位上升至第2位，进入领先行列；生态环境一体化排序较为稳定，仅在第10位和第11位两个位置上变动；生活水平一体化排序也比较稳定；社会发展一体化排序年际波动较大，最终排序仅下降了1位。

12个二级指标中，经济发展一体化中的3个指标排序始终处于前10行列；卫生均衡发展和污染物排放排序基本呈逐步下降趋势，分别从第11位和第13位下降至第17位和第19位；居住卫生条件排序虽有所上升，但仍处于落后地位；文化均衡发展和环境卫生治理排序基本处于上升趋势（见表12-3）。

三　简要评价

辽宁城乡发展一体化总水平实现程度位于全国前10行列，相对水平较高，但社会发展一体化和生活水平一体化相对滞后，发展不平衡。

1. 城乡发展一体化不协调

城乡发展一体化不协调主要表现在经济发展水平、经济发展一体化与社会发展一体化和生活水平一体化不协调，社会发展一体化和生活水平一体化实现程度远低于城乡发展一体化总水平和经济发展一体化实现程度。

社会发展一体化和生活水平一体化进展相对缓慢。2010~2015年，社会发展一体化实现程度年均进展不仅低于总水平和其他3个一体化进展，而且低于同期全国平均进展；生活水平一体化虽然进展相对较快，均高于同期总水平和其他3个一体化进展，但低于同期全国平均进展。

2. 缩小城乡医疗卫生服务人力资源差距

尽管辽宁农村医疗卫生服务人力资源状况不断改善，但改善进程相当缓慢，农村医疗卫生服务人力资源配置低于全国平均水平；同时，城乡医疗卫生服务人力资源配置不合理，城乡差距有所扩大，由此导致卫生均衡发展实现程度下降。

3. 改善农村居住卫生条件和环境

近年来，辽宁农村居住卫生条件逐步改善，农村安全饮用水普及率和农村无害化卫生厕所普及率均逐步提高，但提高速度较为缓慢，不仅与全国平均水平差距依然较大，而且相对差距扩大。

近年来，辽宁农村环境卫生状况得到较大改善，特别是生活垃圾处理率大幅提高，但是仍低于全国平均水平；而农村生活污水处理率提高较为缓慢，与实现目标差距巨大。

第十三章
吉林城乡发展一体化

一 城乡发展一体化实现程度与进展

1. 城乡发展一体化总水平实现程度过半，社会发展一体化实现程度相对较高，生活水平一体化滞后

2015年，吉林城乡发展一体化总水平实现程度为50.08%，略低于全国和东北地区平均水平。

生活水平一体化实现程度低，仅为28.84%；其他3个一体化实现程度均已过半，其中社会发展一体化实现程度相对较高，高于全国和东北地区平均水平。

12个二级指标中，卫生均衡发展、收入消费水平两个指标实现程度较高，均高于全国和东北地区平均水平；产业协调和社会保障均衡发展等指标实现程度也相对较高；居住卫生条件和环境卫生治理等指标实现程度低，特别是居住卫生条件实现程度尚未达到2007年全国平均水平（见表13-1）。

2. 城乡发展一体化水平继续全面提升

2015年，吉林城乡发展一体化总水平实现程度比上年提高了6.48个百分点，延续了逐年提升的态势；4个一体化实现程度均比上年不同程度提高；12个二级指标中，仅文化均衡发展实现程度有所下降；城乡发展一体化水平继续全面提升（见表13-2）。

第十三章　吉林城乡发展一体化

表 13–1　吉林城乡发展一体化实现程度

单位：%

项目	2010年	2011年	2012年	2013年	2014年	2015年	2015年全国	2015年东北
总指数	25.12	31.23	36.50	39.86	43.60	50.08	57.05	54.29
经济发展一体化	30.49	33.15	38.41	43.81	49.83	54.47	51.56	65.00
经济发展	37.33	43.21	50.00	56.16	62.14	67.69	62.96	78.72
产业协调	36.42	36.37	39.85	44.13	51.32	56.06	43.38	65.30
要素配置	17.73	19.87	25.39	31.13	36.02	39.66	48.32	50.99
社会发展一体化	49.43	55.29	62.65	55.00	55.12	61.84	49.10	56.88
教育均衡发展	34.91	46.95	53.82	28.78	22.73	36.99	34.57	40.59
卫生均衡发展	65.99	66.43	78.68	61.97	65.72	78.61	27.49	53.64
文化均衡发展	37.63	47.42	55.86	61.40	60.61	59.37	66.82	64.03
社会保障均衡发展	59.18	60.36	62.26	67.86	71.41	72.40	67.51	69.25
生活水平一体化	2.78	12.53	15.22	19.55	24.99	28.84	62.10	37.34
收入消费水平	48.90	64.57	66.38	69.79	77.28	83.60	72.13	80.82
居住卫生条件	-43.33	-39.5	-35.94	-30.69	-27.30	-25.93	52.08	-6.13
生态环境一体化	17.76	23.96	29.70	41.08	44.49	55.17	65.45	57.92
水资源利用	45.30	48.72	52.14	59.83	62.39	68.38	45.30	82.91
污染物排放	22.99	33.44	48.08	58.26	64.87	70.88	88.23	60.19
环境卫生治理	-15.01	-10.30	-11.13	5.15	6.21	26.25	62.83	30.68

表 13–2　吉林城乡发展一体化实现程度进展（环比提高）

单位：百分点

项目	2011年	2012年	2013年	2014年	2015年	2010~2015年年均提高		
						吉林	全国	东北
总指数	6.11	5.27	3.36	3.74	6.48	4.99	6.77	5.03
经济发展一体化	2.66	5.26	5.4	6.02	4.64	4.80	6.33	4.16
经济发展	5.88	6.79	6.16	5.98	5.55	6.07	7.81	5.63
产业协调	-0.05	3.48	4.28	7.19	4.74	3.93	6.13	2.83
要素配置	2.14	5.52	5.74	4.89	3.64	4.39	5.04	4.01
社会发展一体化	5.86	7.36	-7.65	0.12	6.72	2.48	5.46	2.61
教育均衡发展	12.04	6.87	-25.04	-6.05	14.26	0.42	3.24	0.80
卫生均衡发展	0.44	12.25	-16.71	3.75	12.89	2.52	5.21	0.44
文化均衡发展	9.79	8.44	5.54	-0.79	-1.24	4.35	6.29	4.24
社会保障均衡发展	1.18	1.90	5.60	3.55	0.99	2.64	7.10	4.96

续表

项目	2011年	2012年	2013年	2014年	2015年	2010~2015年年均提高		
						吉林	全国	东北
生活水平一体化	9.75	2.69	4.33	5.44	3.85	5.21	7.79	5.39
收入消费水平	15.67	1.81	3.41	7.49	6.32	6.94	10.14	6.39
居住卫生条件	3.83	3.56	5.25	3.39	1.37	3.48	5.44	4.39
生态环境一体化	6.20	5.74	11.38	3.41	10.68	7.48	7.52	7.98
水资源利用	3.42	3.42	7.69	2.56	5.99	4.62	6.15	5.07
污染物排放	10.45	14.64	10.18	6.61	6.01	9.58	8.16	10.51
环境卫生治理	4.71	-0.83	16.28	1.06	20.04	8.25	8.24	8.36

3. 城乡发展一体化实现程度整体进展大幅加快，初步遏制住下滑趋势

2015年，吉林城乡发展一体化总水平实现程度进展比上年快2.74个百分点，也明显快于2010~2015年年均进展，是自2010年以来进展最快的1年，并初步遏制住逐步下滑的趋势；虽然经济发展一体化和生活水平一体化实现程度进展有所减缓，但社会发展一体化和生态环境一体化进展大幅加快；教育均衡发展、卫生均衡发展以及环境卫生治理等指标实现程度进展大幅提升（见表13-2）。

4. 2010~2015年城乡发展一体化进展缓慢，且基本呈逐步减缓趋势

2010~2015年，吉林城乡发展一体化总水平实现程度年均提高4.99个百分点，低于全国和东北地区平均水平，且进展基本呈逐年下滑趋势，直至2015年才初步遏制住下滑势头。

经济发展一体化实现程度进展快于东北地区平均水平，但低于全国平均水平；其余3个一体化实现程度进展均低于全国和东北地区平均水平（见表13-2）。

二 城乡发展一体化实现程度排序与变化

1. 2015年：城乡发展一体化水平整体排序上升，暂时遏制住全面下滑的趋势，社会发展一体化排序重返前10行列，生活水平一体化排序继续居后

2015年，吉林城乡发展一体化总水平实现程度排序上升1位，列全国第16位，暂时遏制住不断下滑的趋势。

4个一体化中，社会发展一体化排序上升1位，重返前10行列；生态环境一体化排序也上升1位；生活水平一体化排序保持不变，继续处于落后地位。

第十三章 吉林城乡发展一体化

12个二级指标中，产业协调、卫生均衡发展和收入消费水平3个指标排序继续处于前10行列；居住卫生条件排序继续位居最后，环境卫生治理排序虽上升1位，但仍处于落后地位（见表13-3）。

表13-3 吉林城乡发展一体化实现程度排序

项目	2010年	2011年	2012年	2013年	2014年	2015年
总指数	14	13	13	16	17	16
经济发展一体化	12	12	12	12	12	12
经济发展	11	13	13	13	13	14
产业协调	10	10	9	9	7	7
要素配置	16	17	17	18	18	16
社会发展一体化	6	7	7	10	11	10
教育均衡发展	16	11	12	21	23	19
卫生均衡发展	7	8	8	10	9	8
文化均衡发展	18	16	11	10	11	17
社会保障均衡发展	6	9	13	10	10	12
生活水平一体化	23	22	25	25	28	28
收入消费水平	8	7	8	9	8	8
居住卫生条件	30	30	30	30	30	30
生态环境一体化	14	15	16	15	16	15
水资源利用	13	13	13	11	12	11
污染物排放	17	19	19	19	20	21
环境卫生治理	28	28	28	28	28	27

2. 2010~2015年变化：城乡发展一体化排序全面下滑

2010~2015年，吉林城乡发展一体化实现程度在全国的排序呈现逐步全面下滑的趋势，特别是生活水平一体化和社会发展一体化排序下滑幅度较大，分别下降了5位和4位；生态环境一体化排序略微下降；仅经济发展一体化排序稳定不变（见表13-3）。

三 简要评价

近年来，吉林城乡发展一体化水平逐年稳步提升，且2015年进程明显加快，但总体进程依然较慢，2010~2015年城乡发展一体化总水平进展远低于全国平均水平，也低于东北地区平均进展，加之目前城乡发展一体化整体实现程度较低，因此，如不全面加快发展速度，到2020年，城乡发展一体化实现程度仍将与目标有较大差距，这是需要引起高度重视的问题。

1. 提高农村人力资源水平，缩小城乡差距

2010~2015年，吉林农村人口素质有所下降，与此同时，城乡人口素质差距有所扩大，这显然不利于现代农业和农村经济发展。

2. 改善农村居住卫生条件

近年来，吉林农村居住卫生条件逐步改善，农村安全饮用水普及率和农村无害化卫生厕所普及率均逐步提高，但提高速度较为缓慢，与全国平均水平依然存在较大差距，特别是无害化卫生厕所普及率，差距巨大。2015年农村安全饮用水普及率实现程度仅及2007年全国平均水平，而农村无害化卫生厕所普及率实现程度与2007年全国平均水平尚有较大差距。

3. 加大农村环境卫生治理力度

近年来，吉林农村环境卫生状况逐步改善，垃圾处理率和污水处理率有所提高，但改善步伐极为缓慢，与全国平均水平存在巨大差距，离实现目标有巨大差距，农村生活垃圾处理率实现程度还不到目标的1/5，而生活污水处理率实现程度仅及2007年全国平均水平。

第十四章
黑龙江城乡发展一体化

一 城乡发展一体化实现程度与进展

1. 城乡发展一体化总水平接近完成目标的50%，生活水平一体化实现程度低，产业协调实现程度高

2015年，黑龙江城乡发展一体化总水平实现程度为49.71%，低于全国和东北地区平均水平。

经济发展一体化实现程度达到63.72%，虽低于东北地区平均水平，但远高于全国平均水平；生活水平一体化实现程度低，仅为34.02%；生态环境一体化实现程度也相对较低，低于全国和东北地区平均水平。

12个二级指标中，水资源利用接近实现目标；产业协调实现程度远高于全国和东北地区平均水平，由于东北地区产业协调实现程度在4大区域中最高，因此，黑龙江产业协调实现程度相对较高；居住卫生条件和环境卫生治理两个指标实现程度低，前者甚至尚未达到2007年全国平均水平（见表14-1）。

2. 城乡发展一体化水平继续全面提升

2015年，黑龙江城乡发展一体化实现程度延续了逐年全面提升的态势。总水平实现程度比上年提高了5.92个百分点，4个一体化实现程度均不同程度提高，特别是生态环境一体化实现程度大幅提升了13.73个百分点；12个二级指标中，仅要素配置实现程度有所下降（见表14-2）。

表 14-1 黑龙江城乡发展一体化实现程度

单位：%

项目	2010年	2011年	2012年	2013年	2014年	2015年	2015年全国	2015年东北
总指数	26.26	30.70	35.56	40.69	43.79	49.71	57.05	54.29
经济发展一体化	45.75	49.77	54.95	58.39	61.55	63.72	51.56	65.00
经济发展	39.42	46.84	52.35	57.63	62.55	68.49	62.96	78.72
产业协调	65.68	65.80	70.95	72.75	75.88	77.06	43.38	65.30
要素配置	32.15	36.66	41.54	44.80	46.22	45.63	48.32	50.99
社会发展一体化	42.28	42.21	42.53	45.99	47.78	52.90	49.10	56.88
教育均衡发展	39.89	35.64	18.98	31.08	37.77	38.17	34.57	40.59
卫生均衡发展	46.07	46.46	51.06	49.84	41.47	46.77	27.49	53.64
文化均衡发展	41.94	44.00	47.99	49.90	54.98	59.50	66.82	64.03
社会保障均衡发展	41.23	42.72	52.10	53.15	56.88	67.16	67.51	69.25
生活水平一体化	16.20	21.23	25.95	30.32	31.35	34.02	62.10	37.34
收入消费水平	55.92	67.96	71.47	77.88	75.75	76.67	72.13	80.82
居住卫生条件	-23.52	-25.5	-19.57	-17.24	-13.05	-8.63	52.08	-6.13
生态环境一体化	0.81	9.60	18.79	28.07	34.48	48.21	65.45	57.92
水资源利用	59.83	64.96	70.09	76.92	83.76	91.45	45.30	82.91
污染物排放	-29.98	-11.66	7.37	21.58	30.00	38.31	88.23	60.19
环境卫生治理	-27.42	-24.49	-21.08	-14.29	-10.31	14.88	62.83	30.68

表 14-2 黑龙江城乡发展一体化实现程度进展（环比提高）

单位：百分点

项目	2011年	2012年	2013年	2014年	2015年	2010~2015年年均提高		
						黑龙江	全国	东北
总指数	4.44	4.86	5.13	3.10	5.92	4.69	6.77	5.03
经济发展一体化	4.02	5.18	3.44	3.16	2.17	3.59	6.33	4.16
经济发展	7.42	5.51	5.28	4.92	5.94	5.81	7.81	5.63
产业协调	0.12	5.15	1.80	3.13	1.18	2.28	6.13	2.83
要素配置	4.51	4.88	3.26	1.42	-0.59	2.70	5.04	4.01
社会发展一体化	-0.07	0.32	3.46	1.79	5.12	2.12	5.46	2.61
教育均衡发展	-4.25	-16.66	12.10	6.69	0.40	-0.34	3.24	0.80
卫生均衡发展	0.39	4.60	-1.22	-8.37	5.30	0.14	5.21	0.44
文化均衡发展	2.06	3.99	1.91	5.08	4.52	3.51	6.29	4.24
社会保障均衡发展	1.49	9.38	1.05	3.73	10.28	5.19	7.10	4.96

第十四章 黑龙江城乡发展一体化

续表

项目	2011年	2012年	2013年	2014年	2015年	2010~2015年年均提高		
						黑龙江	全国	东北
生活水平一体化	5.03	4.72	4.37	1.03	2.67	3.56	7.79	5.39
收入消费水平	12.04	3.51	6.41	-2.13	0.92	4.15	10.14	6.39
居住卫生条件	-1.98	5.93	2.33	4.19	4.42	2.98	5.44	4.39
生态环境一体化	8.79	9.19	9.28	6.41	13.73	9.48	7.52	7.98
水资源利用	5.13	5.13	6.83	6.84	7.69	6.32	6.15	5.07
污染物排放	18.32	19.03	14.21	8.42	8.31	13.66	8.16	10.51
环境卫生治理	2.93	3.41	6.79	3.98	25.19	8.46	8.24	8.36

3. 城乡发展一体化进程全面加快

2015年，黑龙江城乡发展一体化总水平实现程度进展明显加快，比上年提升2.82个百分点，也快于2010~2015年年均进展，是自2010年以来进展最快的一年；4个一体化中，除经济发展一体化进展有所减缓，其他3个一体化进展明显加快，特别是生态环境一体化实现程度大幅加快了7.32个百分点（见表14-2）。

4. 2010~2015年城乡发展一体化进展基本呈逐步加快趋势，但进展缓慢

2010~2015年，虽然黑龙江城乡发展一体化总水平实现程度年际进展较为均衡，基本呈逐步加快趋势，但进展较慢，年均提高4.69个百分点，低于全国和东北地区平均水平。生态环境一体化实现程度进展较快，快于全国和东北地区平均水平，其他3个一体化实现程度进展均慢于全国和东北地区平均水平（见表14-2）。

二 城乡发展一体化实现程度排序与变化

1. 2015年：城乡发展一体化总水平排序继续下滑，总体居中下游，经济发展一体化排序居前，产业协调居榜首，生活水平一体化排序居后

2015年，黑龙江城乡发展一体化总水平实现程度排序继续下滑，比上年下降1位，列全国第17位，在东北地区3个省份中排名最后。

4个一体化中，经济发展一体化排序继续保持在前10行列；生态环境一体化进程大幅加快，因而排序由第22位大幅上升至第17位，上升了5位；生活水平一体化排序延续了逐年下滑的趋势，且下滑幅度较大，排序降至第 26 位。

产业协调继续保持榜首地位，居住卫生条件、污染物排放和环境卫生治理3 个指标排序继续处于落后状态（见表 14 – 3）。

表 14 – 3　黑龙江城乡发展一体化实现程度排序

项目	2010 年	2011 年	2012 年	2013 年	2014 年	2015 年
总指数	12	14	15	14	16	17
经济发展一体化	7	8	8	8	8	8
经济发展	10	10	12	12	12	12
产业协调	3	1	1	1	1	1
要素配置	11	12	11	11	11	13
社会发展一体化	10	16	19	21	19	19
教育均衡发展	13	15	20	20	19	18
卫生均衡发展	10	12	10	14	16	15
文化均衡发展	16	17	19	19	16	16
社会保障均衡发展	14	19	18	22	21	18
生活水平一体化	16	16	20	21	22	26
收入消费水平	6	6	6	6	10	12
居住卫生条件	28	29	29	29	29	29
生态环境一体化	21	20	21	21	22	17
水资源利用	10	10	10	10	9	8
污染物排放	26	25	26	26	26	26
环境卫生治理	29	29	30	29	30	29

2. 2010～2015 年变化：城乡发展一体化排序持续全面下滑

2010～2015 年，黑龙江城乡发展一体化总水平实现程度进展基本呈逐年加快态势，但总体进展依然较为缓慢，低于同期全国和东北地区平均进展，由此导致在全国的排序持续下滑，由第 12 位下降至第 17 位，下降了 5 位。

经济发展一体化排序较为稳定，除 2010 年外，稳定地位列第 8；生态环境一体化由于 2015 年进程大幅提升，排序大幅上升；社会发展一体化和生活水平一体化排序呈不断下滑趋势，且下滑幅度较大，分别下滑了 9 位和 10 位。

12 个二级指标中，产业协调自 2011 年起始终高居榜首；教育均衡发展、卫生均衡发展、社会保障均衡发展 3 个指标排序下降幅度较大，由此导致社会发展一体化实现程度排序大幅下降；此外，收入消费水平实现程度排序下降幅度也较大，下降了 6 位（见表 14 – 3）。

三 简要评价

自 2010 年以来，黑龙江城乡发展一体化水平虽然逐年提高，但提升幅度相对较小，除生态环境一体化外，城乡发展一体化总水平和其他 3 个一体化实现程度进展均慢于全国和东北地区平均进展，实现程度低于全国平均水平，离实现目标还有较大差距。如按目前进展速度和 2015 年实现程度，2020 年将不能如期实现目标，还需要更大幅度地加快发展步伐。

1. 提高城镇化土地利用效率

2015 年，黑龙江每平方公里城镇建设用地第二、第三产业增加值为 4.3 亿元（2010 年价格），仅及全国平均水平的 74.4%，城镇土地利用效率实现程度仅及 2007 年全国平均水平，利用效率非常低下。

2. 缩小城乡人力资源素质差距

虽然黑龙江农村人口平均受教育年限高于全国平均水平，但近几年来城乡差距有所扩大，城乡差距不仅大于全国平均水平，也大于 2007 年全国平均水平。

3. 进一步加大环境污染治理力度

近年来，黑龙江不断加大环境污染治理力度，污染物排放水平大幅下降，但仍高于全国平均水平，部分污染物排放水平甚至仍高于 2007 年全国平均水平。

4. 大力改善农村居住卫生条件和生活环境

近年来，黑龙江农村居住卫生条件虽然有所改善，但改善程度不大，2015 年农村安全饮用水普及率仅比 2010 年提高 8 个百分点，农村无害化卫生厕所普及率仅提高 4 个百分点。安全饮用水普及率离实现目标还有较大差距，而无害化卫生厕所普及率尚与 2007 年全国平均水平还有较大差距。

近年来，农村环境卫生状况没有得到有效改进，基本处于徘徊不前的局面。虽然 2015 年农村垃圾处理率大幅提高，但仍远低于全国平均水平。2015 年农村垃圾处理率仅完成目标的 1/10，而农村污水处理率尚不及 2007 年全国平均水平。

第十五章
上海城乡发展一体化

一 城乡发展一体化实现程度与进展

1. 城乡发展一体化整体接近实现目标

2015年,上海城乡发展一体化总水平实现程度为90.93%,比全国和东部地区平均水平分别高33.88个和12.94个百分点,接近实现目标。

生态环境一体化已提前实现目标;社会发展一体化和生活水平一体化分别距实现目标仅相差0.2个和4.6个百分点;经济发展一体化实现程度相对滞后,虽然均高于全国和东部地区平均水平,但离实现目标还有一定差距。

12个二级指标中,经济发展等7个指标已提前实现目标;教育均衡发展和社会保障均衡发展距实现目标分别仅相差0.1个和0.69个百分点;收入消费水平接近实现目标。但是,产业协调严重滞后,实现程度与全国和东部地区平均水平差距较大(见表15-1)。

2. 城乡发展一体化总水平实现程度有所下降

2015年,上海社会发展一体化和生态环境一体化实现程度在高水平基础上继续提升,生态环境一体化提前实现目标;但是,产业协调、要素配置和收入消费水平3个指标实现程度下降,特别是收入消费水平实现程度首次下降。这些指标实现程度的下降导致经济发展一体化和生活水平一体化实现程度分别下降了1.41个和1.73个百分点,并最终导致总水平实现程度下降(见表15-2)。

第十五章　上海城乡发展一体化

表15-1　上海城乡发展一体化实现程度

单位：%

项目	2010年	2011年	2012年	2013年	2014年	2015年	2015年全国	2015年东部
总指数	81.83	84.95	89.03	89.55	91.24	90.93	57.05	77.99
经济发展一体化	70.39	70.56	70.19	67.96	69.93	68.52	51.56	63.96
经济发展	100	100	100	100	100	100	62.96	88.16
产业协调	32.80	30.24	25.92	20.45	28.62	25.37	43.38	39.70
要素配置	78.35	81.43	84.66	83.44	81.15	80.18	48.32	64.00
社会发展一体化	75.49	86.40	95.28	96.38	98.08	99.80	49.10	74.67
教育均衡发展	28.01	69.53	96.47	97.02	98.84	99.90	34.57	69.80
卫生均衡发展	94.04	94.04	100	100	100	100	27.49	63.59
文化均衡发展	100	100	100	100	100	100	66.82	85.52
社会保障均衡发展	79.89	82.05	84.66	88.50	93.48	99.31	67.51	79.78
生活水平一体化	88.53	95.70	95.75	96.94	97.13	95.40	62.10	88.10
收入消费水平	77.05	91.40	91.50	93.87	94.27	90.79	72.13	86.86
居住卫生条件	100	100	100	100	100	100	52.08	89.34
生态环境一体化	92.92	87.13	94.88	96.93	99.82	100	65.45	85.24
水资源利用	100	100	100	100	100	100	45.30	79.23
污染物排放	99.28	100	100	100	100	100	88.23	94.04
环境卫生治理	79.48	61.40	84.63	90.80	99.45	100	62.83	82.44

表15-2　上海城乡发展一体化实现程度进展（环比提高）

单位：百分点

项目	2011年	2012年	2013年	2014年	2015年	2010~2015年年均提高		
						上海	全国	东部
总指数	3.12	4.08	0.52	1.69	-0.31	1.82	6.77	3.73
经济发展一体化	0.17	-0.37	-2.23	1.97	-1.41	-0.37	6.33	2.71
经济发展	0	0	0	0	0	0	7.81	4.29
产业协调	-2.56	-4.32	-5.47	8.17	-3.25	-1.49	6.13	0.82
要素配置	3.08	3.23	-1.22	-2.29	-0.97	0.37	5.04	3.04
社会发展一体化	10.91	8.88	1.10	1.70	1.72	4.86	5.46	3.62
教育均衡发展	41.52	26.94	0.55	1.82	1.06	14.38	3.24	4.00
卫生均衡发展	0	5.96	0	0	0	1.19	5.21	1.16
文化均衡发展	0	0	0	0	0	0	6.29	3.62
社会保障均衡发展	2.16	2.61	3.84	4.98	5.83	3.88	7.10	5.69

165

续表

项目	2011年	2012年	2013年	2014年	2015年	2010~2015年年均提高		
						上海	全国	东部
生活水平一体化	7.17	0.05	1.19	0.19	-1.73	1.37	7.79	4.55
收入消费水平	14.35	0.10	2.37	0.40	-3.48	2.75	10.14	6.69
居住卫生条件	0	0	0	0	0	0	5.44	2.41
生态环境一体化	-5.79	7.75	2.05	2.89	0.18	1.42	7.52	4.05
水资源利用	0	0	0	0	0	0	6.15	2.39
污染物排放	0.72	0	0	0	0	0.14	8.16	3.48
环境卫生治理	-18.08	23.23	6.17	8.65	0.55	4.10	8.24	6.27

二 城乡发展一体化实现程度排序与变化

1. 2015年：城乡发展一体化总水平高居榜首，整体排序继续全面领先，产业协调排序靠后

2015年，上海城乡发展一体化整体水平继续保持全面领先，总水平实现程度继续高居榜首。

社会发展一体化和生态环境一体化实现程度均继续保持榜首地位，但经济发展一体化和生活水平一体化实现程度分别位列第6和第4，与总水平实现程度排序不相协调，特别是产业协调处于落后地位，仅位列第18。

12个二级指标中，产业协调、要素配置和收入消费水平3个指标排序均下降1位，其他9个指标排序继续位居第1或并列第1（见表15-3）。

表15-3 上海城乡发展一体化实现程度排序

项目	2010年	2011年	2012年	2013年	2014年	2015年
总指数	2	2	1	1	1	1
经济发展一体化	3	4	5	6	6	6
经济发展	1	1	1	1	1	1
产业协调	12	13	16	17	17	18
要素配置	3	3	2	3	4	5
社会发展一体化	2	1	1	1	1	1
教育均衡发展	18	2	1	1	1	1
卫生均衡发展	3	4	1	1	1	1
文化均衡发展	1	1	1	1	1	1
社会保障均衡发展	1	2	2	2	1	1

续表

项目	2010年	2011年	2012年	2013年	2014年	2015年
生活水平一体化	2	1	2	3	4	4
收入消费水平	3	1	2	3	5	6
居住卫生条件	1	1	1	1	1	1
生态环境一体化	2	3	2	1	1	1
水资源利用	1	1	1	1	1	1
污染物排放	2	1	1	1	1	1
环境卫生治理	3	5	3	2	1	1

3. 2010~2015年变化：城乡发展一体化整体排序上升，经济发展一体化和生活水平一体化排序下降

自2012年起，上海城乡发展一体化总水平实现程度便稳定地占据榜首位置。

2010年，社会发展一体化实现程度位列第2，自2011年起稳定地占据榜首位置；生态环境一体化自2013年起也一直保持榜首位置。但是，经济发展一体化和生活水平一体化实现程度排序则呈逐步下降趋势，分别由第3位和第2位下降至第6位和第4位。

12个二级指标中，9个指标排序或保持榜首位置（或并列第1），或升至榜首位置（或并列第1），但产业协调、要素配置和收入消费水平实现程度排序下降，其中产业协调排序下降幅度较大，由第12位下降至第18位，下降了6位（见表15-3）。

三　简要评价

上海城乡发展一体化整体水平高，处于全国领先地位，但个别短板也十分突出。

1. 城乡发展一体化整体如期实现目标不乐观

尽管目前城乡发展一体化总水平实现程度接近实现目标并处于全国领先地位，但近几年进展不理想，特别是2015年甚至出现下降，如按2010~2015年进展，2020年将如期实现目标，但如按近几年进展，将不能如期实现目标。这一问题需要引起高度重视。

2. 提高农业比较劳动生产率，遏制城乡二元经济恶化趋势，加快经济发展一体化进程

2010~2015年，经济发展一体化实现程度基本呈不断下降趋势，虽然下降幅度很小，但如这一趋势持续下去，将严重阻碍城乡发展一体化整体实现目标。经济发展一体化严重滞后的主要原因在于城乡二元经济问题突出，并呈不断恶化趋势。第一产业劳动生产率相对较低，并离实现目标尚有一定距离；同时，农业比较劳动生产率远远低于非农产业比较劳动生产率，导致发达经济水平和高度城镇化下的产业发展不协调。

3. 城乡居民收入差距缩小趋势不稳定

虽然上海农民收入水平不断提高，并达到全国最高水平，城乡居民收入差距也相对较小，但近年来城乡居民收入差距缩小的趋势不稳定，且差距有所扩大，离实现目标仍有较大差距，因此，延缓了生活水平一体化实现目标的进程。

第十六章
江苏城乡发展一体化

一 城乡发展一体化实现程度与进展

1. 城乡发展一体化整体接近实现目标,生态环境一体化和生活水平一体化距实现目标仅一步之遥

2015年,江苏城乡发展一体化总水平实现程度为90.13%,比全国平均水平高33.08个百分点,比东部地区平均水平高12.14个百分点,接近实现目标。

生态环境一体化和生活水平一体化实现程度分别为99.43%和97.31%,距实现目标分别仅相差0.57个和2.69个百分点。

12个二级指标中,经济发展、文化均衡发展、居住卫生条件、污染物排放和环境卫生治理5个指标已提前实现目标;收入消费水平和水资源利用等也非常接近实现目标(见表16-1)。

2. 城乡发展一体化水平继续全面提升

2015年,江苏城乡发展一体化总水平和4个一体化实现程度不同程度提高,整体水平在较高基础上全面提升,延续了逐步全面提升的态势。

12个二级指标中,又有2个指标提前实现目标(文化均衡发展和环境卫生治理),但卫生均衡发展实现程度较大幅度下降(见表16-2)。

表16-1 江苏城乡发展一体化实现程度

单位：%

项目	2010年	2011年	2012年	2013年	2014年	2015年	2015年全国	2015年东部
总指数	74.30	79.28	83.39	86.06	88.49	90.13	57.05	77.99
经济发展一体化	75.40	74.95	77.99	80.35	81.65	82.43	51.56	63.96
经济发展	88.89	96.29	100	100	100	100	62.96	88.16
产业协调	73.77	62.04	60.75	59.70	59.31	59.35	43.38	39.70
要素配置	63.54	66.53	73.23	81.33	85.64	87.94	48.32	64.00
社会发展一体化	67.27	73.42	77.28	77.18	80.17	81.34	49.10	74.67
教育均衡发展	65.92	62.03	64.82	74.73	64.03	73.02	34.57	69.80
卫生均衡发展	80.14	86.38	86.83	73.09	88.72	73.02	27.49	63.59
文化均衡发展	63.66	74.98	86.30	90.03	92.33	100	66.82	85.52
社会保障均衡发展	59.34	70.31	71.18	70.85	75.59	79.31	67.51	79.78
生活水平一体化	79.61	89.02	93.83	96.31	97.22	97.31	62.10	88.10
收入消费水平	73.56	81.74	87.65	92.61	94.43	94.61	72.13	86.86
居住卫生条件	85.65	96.31	100	100	100	100	52.08	89.34
生态环境一体化	74.92	79.71	84.45	90.40	94.94	99.43	65.45	85.24
水资源利用	66.67	70.94	75.21	83.76	91.45	98.29	45.30	79.23
污染物排放	90.83	95.83	100	100	100	100	88.23	94.04
环境卫生治理	67.26	72.36	78.15	87.44	93.37	100	62.83	82.44

表16-2 江苏城乡发展一体化实现程度进展（环比提高）

单位：百分点

项目	2011年	2012年	2013年	2014年	2015年	2010~2015年年均提高 江苏	全国	东部
总指数	4.98	4.11	2.67	2.43	1.64	3.17	6.77	3.73
经济发展一体化	-0.45	3.04	2.36	1.30	0.78	1.41	6.33	2.71
经济发展	7.40	3.71	0	0	0	2.22	7.81	4.29
产业协调	-11.73	-1.29	-1.05	-0.39	0.04	-2.88	6.13	0.82
要素配置	2.99	6.7	8.1	4.31	2.30	4.88	5.04	3.04
社会发展一体化	6.15	3.86	-0.10	2.99	1.17	2.81	5.46	3.62
教育均衡发展	-3.89	2.79	9.91	-10.70	8.99	1.42	3.24	4.00
卫生均衡发展	6.24	0.45	-13.74	15.63	-15.70	-1.42	5.21	1.16
文化均衡发展	11.32	11.32	3.73	2.30	7.67	7.27	6.29	3.62
社会保障均衡发展	10.97	0.87	-0.33	4.74	3.72	3.99	7.10	5.69

续表

项目	2011年	2012年	2013年	2014年	2015年	2010~2015年年均提高		
						江苏	全国	东部
生活水平一体化	9.41	4.81	2.48	0.91	0.09	3.54	7.79	4.55
收入消费水平	8.18	5.91	4.96	1.82	0.18	4.21	10.14	6.69
居住卫生条件	10.66	3.69	0	0	0	2.87	5.44	2.41
生态环境一体化	4.79	4.74	5.95	4.54	4.49	4.90	7.52	4.05
水资源利用	4.27	4.27	8.55	7.69	6.84	6.32	6.15	2.39
污染物排放	5.00	4.17	0	0	0	1.83	8.16	3.48
环境卫生治理	5.10	5.79	9.29	5.93	6.63	6.55	8.24	6.27

3. 城乡发展一体化进程有所减缓

2015年，江苏城乡发展一体化总水平实现程度比上年提高了1.64个百分点，比2014年进展减缓0.79个百分点；4个一体化实现程度进展也不同程度减缓；卫生均衡发展实现程度则大幅下降15.70个百分点（见表16-2）。

二 城乡发展一体化实现程度排序与变化

1. 2015年：城乡发展一体化整体继续位居前3，生态环境一体化排序上升

2015年，江苏城乡发展一体化总水平实现程度依旧位居全国第3。

经济发展一体化继续高居榜首；生态环境一体化位列第2，比上年更进一步；社会发展一体化和生活水平一体化排序保持不变。

江苏城乡一体化发展比较均衡，12个二级指标均进入前10行列，排位最低的是卫生均衡发展，位列第10。经济发展等5个指标位列第1或并列第1；2015年，产业协调、文化均衡发展、社会保障均衡发展和环境卫生治理4个指标排序提升，其中文化均衡发展和环境卫生治理排序上升至并列第1；但卫生均衡发展排序下降（见表16-3）。

表16-3 江苏城乡发展一体化实现程度排序

项目	2010年	2011年	2012年	2013年	2014年	2015年
总指数	4	4	3	3	3	3
经济发展一体化	1	1	1	1	1	1
经济发展	4	4	1	1	1	1
产业协调	1	4	3	5	6	5
要素配置	4	4	4	4	2	2

续表

项目	2010年	2011年	2012年	2013年	2014年	2015年
社会发展一体化	4	3	4	4	4	4
教育均衡发展	2	7	6	4	7	7
卫生均衡发展	6	6	6	8	7	10
文化均衡发展	5	5	5	5	4	1
社会保障均衡发展	5	7	7	9	9	6
生活水平一体化	5	4	4	4	3	3
收入消费水平	4	5	5	5	4	4
居住卫生条件	4	4	1	1	1	1
生态环境一体化	5	5	5	5	3	2
水资源利用	8	7	7	7	7	7
污染物排放	5	5	1	1	1	1
环境卫生治理	4	3	4	4	3	1

2. 2010~2015年变化：城乡发展一体化整体排序小幅上升，经济发展一体化始终高居榜首

2010~2015年，江苏城乡发展一体化总水平实现程度在全国的排序小幅上升，由第4位上升至第3位。

经济发展一体化始终高居榜首；社会发展一体化除2011年短暂位于第3位外，其他年份均处于第4位；生活水平一体化和生态环境一体化排序呈现稳步上升趋势，分别上升了2位和3位，并进入前3行列。

12个二级指标中，经济发展、文化均衡发展、居住卫生条件、污染物排放和环境卫生治理5个指标跃居并列第1；产业协调、教育均衡发展、卫生均衡发展和社会保障均衡发展等排序下降，特别是产业协调由榜首退至第5位（见表16-3）。

三 简要评价

江苏城乡发展一体化整体水平较高，且发展较为均衡，但发展进程逐年减缓，需要引起重视。如按2010~2015年进展，城乡发展一体化总水平将提前2年实现目标，但若按2015年进展，则将滞后1年实现目标。因此，今后5年还需要保持一定的发展速度。

1. 遏制产业协调实现程度持续下滑

虽然经济发展一体化实现程度相对较高,距实现目标只有不到 1/4 的路程,但发展进程却呈持续下降趋势,实现程度提升缓慢,无论是按 2015 年进程,还是按 2010~2015 年进程,都将无法如期实现目标。经济发展一体化进程持续下滑的根本原因在于产业协调实现程度持续下降。近年来,尽管江苏农业劳动生产率继续大幅提高,但农业比较劳动生产率却持续下降,导致城乡二元经济结构有所恶化,且距实现目标还有较大差距。

2. 缩小城乡人口素质差距

2015 年,江苏农村人口平均受教育水平高于全国平均水平,城乡人口素质差距也小于全国平均水平,但城乡差距却较 2010 年有所扩大,致使教育均衡发展实现程度进展缓慢,实现程度相对较低;同时,无论农村人口素质还是城乡差距,均离实现目标还有一定差距。

3. 进一步缩小城乡医疗卫生服务人力资源差距

2015 年,江苏农村医疗卫生服务人力资源数量高于全国平均水平,城乡差距也小于全国平均水平,但离实现目标仍有较大差距,特别是城乡差距实现程度仅及 2007 年全国平均水平。

第十七章
浙江城乡发展一体化

一 城乡发展一体化实现程度与进展

1. 城乡发展一体化整体比较接近实现目标

2015年,浙江城乡发展一体化总水平实现程度为87.76%,比全国平均水平高30.71个百分点,也高于东部地区平均水平,已经比较接近实现目标。

浙江城乡发展一体化较为均衡。4个一体化实现程度均高于全国和东部地区平均水平。生活水平一体化和生态环境一体化距实现目标分别仅相差5.91个和5.36个百分点;社会发展一体化实现程度也比较接近实现目标;经济发展一体化实现程度也相对较高。

12个二级指标中,经济发展和污染物排放两个指标已提前实现目标;卫生均衡发展、收入消费水平和环境卫生治理3个指标距实现目标分别仅相差4.47个、1.30个和0.70个百分点;文化均衡发展接近实现目标;产业协调实现程度相对较低,虽略高于东部地区平均水平,但低于全国平均水平(见表17-1)。

2. 城乡发展一体化继续全面稳步提高,进展快于上年

2015年,浙江城乡发展一体化总水平实现程度比上年提高2.44个百分点,继续保持高水平基础上逐年稳步提高的态势,进展比上年快1.3个百分点。

4个一体化实现程度也继续全面提高,同样保持高水平基础上逐年稳步提高的态势。经济发展一体化和生活水平一体化实现程度进展慢于上年,社会发展一体化和生态环境一体化实现程度进展快于上年,特别是前者进展大幅加快。

表17-1 浙江城乡发展一体化实现程度

单位：%

项目	2010年	2011年	2012年	2013年	2014年	2015年	2015年全国	2015年东部
总指数	74.14	77.40	81.78	84.18	85.32	87.76	57.05	77.99
经济发展一体化	62.24	65.58	71.72	73.11	73.81	73.98	51.56	63.96
经济发展	86.56	92.43	98.12	100	100	100	62.96	88.16
产业协调	41.40	42.22	51.80	49.56	46.20	41.59	43.38	39.70
要素配置	58.76	62.07	65.24	69.78	75.23	80.36	48.32	64.00
社会发展一体化	69.89	72.51	78.14	82.41	81.47	88.32	49.10	74.67
教育均衡发展	48.38	35.44	48.11	47.07	59.59	81.39	34.57	69.80
卫生均衡发展	100	100	100	100	100	95.57	27.49	63.59
文化均衡发展	77.94	84.02	90.10	94.40	81.59	90.97	66.82	85.52
社会保障均衡发展	53.25	70.57	74.34	88.18	84.68	85.36	67.51	79.78
生活水平一体化	82.10	86.37	88.39	89.64	93.27	94.09	62.10	88.10
收入消费水平	80.35	87.26	90.77	93.42	98.40	98.70	72.13	86.86
居住卫生条件	83.86	85.48	86.01	85.86	88.13	89.48	52.08	89.34
生态环境一体化	82.34	85.14	88.87	91.55	92.75	94.64	65.45	85.24
水资源利用	66.67	70.94	75.21	78.63	82.05	84.62	45.30	79.23
污染物排放	92.05	96.69	100	100	100	100	88.23	94.04
环境卫生治理	88.29	87.77	91.39	96.02	96.21	99.30	62.83	82.44

卫生均衡发展在2010年时就已提前实现目标，但由于2015年农村孕产妇死亡率略微提高，农村医疗卫生服务人员数量继续增加，但城乡差距略微扩大，由此卫生均衡发展实现程度下降。产业协调实现程度则延续了下降趋势（见表17-2）。

表17-2 浙江城乡发展一体化实现程度进展（环比提高）

单位：百分点

项目	2011年	2012年	2013年	2014年	2015年	2010~2015年年均提高		
						浙江	全国	东部
总指数	3.26	4.38	2.40	1.14	2.44	2.72	6.77	3.73
经济发展一体化	3.34	6.14	1.39	0.70	0.17	2.35	6.33	2.71
经济发展	5.87	5.69	1.88	0	0	2.69	7.81	4.29
产业协调	0.82	9.58	-2.24	-3.36	-4.61	0.04	6.13	0.82
要素配置	3.31	3.17	4.54	5.45	5.13	4.32	5.04	3.04

续表

项目	2011年	2012年	2013年	2014年	2015年	2010~2015年年均提高		
						浙江	全国	东部
社会发展一体化	2.62	5.63	4.27	-0.94	6.85	3.69	5.46	3.62
教育均衡发展	-12.94	12.67	-1.04	12.52	21.8	6.60	3.24	4.00
卫生均衡发展	0	0	0	0	-4.43	-0.89	5.21	1.16
文化均衡发展	6.08	6.08	4.30	-12.81	9.38	2.61	6.29	3.62
社会保障均衡发展	17.32	3.77	13.84	-3.50	0.68	6.42	7.10	5.69
生活水平一体化	4.27	2.02	1.25	3.63	0.82	2.40	7.79	4.55
收入消费水平	6.91	3.51	2.65	4.98	0.30	3.67	10.14	6.69
居住卫生条件	1.62	0.53	-0.15	2.27	1.35	1.12	5.44	2.41
生态环境一体化	2.80	3.73	2.68	1.20	1.89	2.46	7.52	4.05
水资源利用	4.27	4.27	3.42	3.42	2.57	3.59	6.15	2.39
污染物排放	4.64	3.31	0	0	0	1.59	8.16	3.48
环境卫生治理	-0.52	3.62	4.63	0.19	3.09	2.20	8.24	6.27

二 城乡发展一体化实现程度排序与变化

1. 2015年：城乡发展一体化总水平继续保持全国第4位，整体继续位居前列

2015年，浙江城乡发展一体化总水平实现程度继续处于全国第4位和东部地区第4位。

4个一体化实现程度排序没有发生任何变化，继续位居全国前列。

12个二级指标中，除产业协调，其他11个指标均位于前10位，其中，经济发展和污染物排放并列全国第1位（见表17-3）。

表17-3 浙江城乡发展一体化实现程度排序

项目	2010年	2011年	2012年	2013年	2014年	2015年
总指数	5	5	4	5	4	4
经济发展一体化	5	5	4	4	4	4
经济发展	5	5	5	1	1	1
产业协调	7	8	7	7	9	11
要素配置	5	5	5	5	5	4

第十七章　浙江城乡发展一体化

续表

项目	2010年	2011年	2012年	2013年	2014年	2015年
社会发展一体化	3	4	3	3	3	3
教育均衡发展	7	16	15	16	10	4
卫生均衡发展	1	1	1	1	1	4
文化均衡发展	4	4	3	4	6	6
社会保障均衡发展	9	6	6	3	3	4
生活水平一体化	4	5	5	5	5	5
收入消费水平	2	3	3	4	2	2
居住卫生条件	5	6	6	7	7	7
生态环境一体化	4	4	3	3	4	4
水资源利用	8	7	7	9	10	10
污染物排放	4	4	1	1	1	1
环境卫生治理	1	1	1	1	2	3

2. 2010~2015年变化：略有上升，社会保障均衡发展排序上升明显，产业协调下降较多

2015年与2010年相比，浙江城乡发展一体化总水平排序上升1位；社会发展一体化和生态环境一体化实现程度排序保持不变；经济发展一体化和生活水平一体化实现程度排序分别上升1位和下降1位。

12个二级指标中，实现程度排序变动也普遍不大。教育均衡发展排序在大幅波动中上升；社会保障均衡发展排序则是逐步提高，到2015年下降1位；而产业协调排序则呈逐步下降趋势（见表17-3）。

三　简要评价

浙江城乡发展一体化实现程度较高，处于全国领先地位，并且在较高基础上呈逐年稳步提升态势，无论是按2015年城乡发展一体化总水平进展还是按2010~2015年年平均进展，都将如期实现目标。但是，2015年，浙江经济发展一体化实现程度相对较低而且进展缓慢，无论是按2015年进展还是按2010~2015年年平均进展都将无法如期实现目标，势必拖累城乡发展一体化总水平如期实现目标。

经济发展一体化相对滞后的主要原因是产业发展不够协调，虽然第一产业劳动生产率较高，2015年处于全国第2位，但农业比较劳动生产率仍远低于非农产业比较劳动生产率，特别是，自2013年以来农业比较劳动生产率提高速度持续低于非农产业比较劳动生产率提高速度，致使城乡二元经济实现程度持续倒退，导致产业协调实现程度持续下降，这一问题需要引起高度重视。另外，农业综合机械化水平较低，虽然自2010年以来逐年提高，但提高速度缓慢，2015年尚未达到2007年全国平均水平。

第十八章
安徽城乡发展一体化

一 城乡发展一体化实现程度和进展

1. 城乡发展一体化整体水平较低

2015年，安徽城乡发展一体化总水平实现程度为46.95%，比全国和中部地区平均水平分别低10.10个和1.38个百分点。

4个一体化中，社会发展一体化实现程度相对较高，高于全国和中部地区平均水平；经济发展一体化和生活水平一体化实现程度低，均低于全国和中部地区平均水平。

12个二级指标中，要素配置和居住卫生条件实现程度均远低于全国和中部地区平均水平，离实现目标差距较大；经济发展、卫生均衡发展和水资源利用等指标实现程度也较低；污染物排放实现程度最高，已达83.02%，但是依然低于全国平均水平5.21个百分点；社会保障均衡发展实现程度相对较高，高于全国和中部地区平均水平（见表18-1）。

2. 城乡发展一体化水平继续全面提升，进展有所减缓

2015年，安徽城乡发展一体化总水平和4个一体化实现程度全面提升，12个二级指标中，仅卫生均衡发展实现程度有所下降，城乡发展一体化延续了逐年全面提升的态势。

2015年，安徽城乡发展一体化总水平实现程度进展有所减缓，比2014年减缓0.51个百分点。生活水平一体化实现程度进展大幅下降，但生态环境一体化进展大幅加快（见表18-2）。

表18-1 安徽城乡发展一体化实现程度

单位：%

项目	2010年	2011年	2012年	2013年	2014年	2015年	2015年全国	2015年中部
总指数	15.21	22.67	27.96	34.42	40.94	46.95	57.05	48.33
经济发展一体化	5.93	10.49	17.98	24.27	29.76	34.76	51.56	35.00
经济发展	-13.75	-3.71	5.93	14.14	21.88	29.81	62.96	40.74
产业协调	39.55	39.13	44.43	47.24	51.12	55.29	43.38	28.45
要素配置	-8.01	-3.94	3.58	11.42	16.28	19.19	48.32	35.82
社会发展一体化	35.83	39.84	41.70	49.01	53.37	57.81	49.10	54.91
教育均衡发展	21.73	25.03	0.30	33.71	43.33	52.92	34.57	59.80
卫生均衡发展	27.23	24.58	50.42	42.99	47.11	44.29	27.49	29.17
文化均衡发展	50.96	52.18	53.40	54.32	54.43	63.24	66.82	62.35
社会保障均衡发展	43.41	57.55	62.67	65.01	68.60	70.79	67.51	68.32
生活水平一体化	1.78	10.44	14.88	18.52	30.05	35.99	62.10	49.68
收入消费水平	26.81	34.92	35.87	37.98	54.97	61.38	72.13	70.18
居住卫生条件	-23.26	-14.04	-6.11	-0.93	5.13	10.59	52.08	29.18
生态环境一体化	17.30	29.91	37.29	45.89	50.60	59.24	65.45	53.73
水资源利用	9.40	12.82	16.24	21.37	24.79	35.04	45.30	34.47
污染物排放	36.52	49.80	61.29	70.35	77.10	83.02	88.23	74.91
环境卫生治理	5.98	27.12	34.35	45.97	49.91	59.66	62.83	51.79

表18-2 安徽城乡发展一体化实现程度进展（环比提高）

单位：百分点

项目	2011年	2012年	2013年	2014年	2015年	2010~2015年年均提高		
						安徽	全国	中部
总指数	7.46	5.29	6.46	6.52	6.01	6.35	6.77	6.13
经济发展一体化	4.56	7.49	6.29	5.49	5.00	5.77	6.33	6.23
经济发展	10.04	9.64	8.21	7.74	7.93	8.71	7.81	9.00
产业协调	-0.42	5.30	2.81	3.88	4.17	3.15	6.13	4.01
要素配置	4.07	7.52	7.84	4.86	2.91	5.44	5.04	5.69
社会发展一体化	4.01	1.86	7.31	4.36	4.44	4.40	5.46	3.90
教育均衡发展	3.30	-24.73	33.41	9.62	9.59	6.24	3.24	3.71
卫生均衡发展	-2.65	25.84	-7.43	4.12	-2.82	3.41	5.21	1.58
文化均衡发展	1.22	1.22	0.92	0.11	8.81	2.46	6.29	4.02
社会保障均衡发展	14.14	5.12	2.34	3.59	2.19	5.48	7.10	6.27

续表

项目	2011年	2012年	2013年	2014年	2015年	2010~2015年年均提高		
						安徽	全国	中部
生活水平一体化	8.66	4.44	3.64	11.53	5.94	6.84	7.79	6.68
收入消费水平	8.11	0.95	2.11	16.99	6.41	6.91	10.14	8.34
居住卫生条件	9.22	7.93	5.18	6.06	5.46	6.77	5.44	5.02
生态环境一体化	12.61	7.38	8.60	4.71	8.64	8.39	7.52	7.71
水资源利用	3.42	3.42	5.13	3.42	10.25	5.13	6.15	5.21
污染物排放	13.28	11.49	9.06	6.75	5.92	9.30	8.16	10.14
环境卫生治理	21.14	7.23	11.62	3.94	9.75	10.74	8.24	7.77

3. 2010~2015年城乡发展一体化总水平进展较为均衡，但进展较为缓慢

2010~2015年，安徽城乡发展一体化总水平实现程度各年进展基本保持均衡的态势，没有大起大落，但进展较为缓慢，虽略高于同期中部地区年均进展速度，但低于同期全国平均进展。

4个一体化中，经济发展一体化实现程度进展低于全国和中部地区平均进展；但生态环境一体化实现程度进展较快，快于全国和中部地区平均进展；社会发展一体化和生活水平一体化实现程度均快于中部地区平均水平，但均低于全国平均水平（见表18-2）。

二 城乡发展一体化实现程度排序与变化

1. 2015年：城乡发展一体化总水平排序依旧处于第19位，生活水平一体化排序落后

2015年，安徽城乡发展一体化总水平实现程度排序没有发生变化，依旧处于全国第19位，在中部地区6个省份中排序上升1位，处于第4位。

社会发展一体化和生态环境一体化实现程度排序均上升1位，排序也相对较高，处于全国中上游，均位居中部地区第2；生活水平一体化实现程度仅处于全国第25位、中部地区末位，明显落后于总水平排序。

12个二级指标中，产业协调排序最高，处于第8位，是唯一进入前10位的指标；经济发展、要素配置、收入消费水平和居住卫生条件4个指标排序靠后（见表18-3）。

表18-3 安徽城乡发展一体化实现程度排序

项目	2010年	2011年	2012年	2013年	2014年	2015年
总指数	19	19	20	20	19	19
经济发展一体化	22	22	20	20	19	19
经济发展	24	24	23	23	23	23
产业协调	8	9	8	8	8	8
要素配置	22	24	23	22	22	22
社会发展一体化	17	19	20	15	13	12
教育均衡发展	22	21	24	18	16	13
卫生均衡发展	17	20	13	16	14	16
文化均衡发展	10	12	15	13	17	15
社会保障均衡发展	13	12	10	13	12	15
生活水平一体化	25	26	26	26	23	25
收入消费水平	16	16	20	22	21	21
居住卫生条件	27	27	25	26	26	25
生态环境一体化	15	14	14	14	14	13
水资源利用	17	17	18	18	18	17
污染物排放	12	10	10	11	11	11
环境卫生治理	23	13	12	11	12	12

2. 2010~2015年变化：整体排序较为稳定，4个一体化排序基本呈上升趋势

2015年与2010年相比，安徽城乡发展一体化总水平实现程度排序未变，多数年份处于第19位。

4个一体化中，除生活水平一体化排序不变，其他3个一体化排序上升，其中社会发展一体化排序上升幅度较大，上升5位。

12个二级指标中，半数指标实现程度排序上升，其中教育均衡发展和环境卫生治理排序上升幅度较大，分别上升9位和11位；文化均衡发展和收入消费水平排序下降幅度较大，均下降5位（见表18-3）。

三 简要评价

安徽城乡发展一体化水平基础较差，虽然近几年呈逐年稳步提升态势，年际进展也较为均衡，但总体进展较慢，低于全国平均进展，因此，城乡发展一体化整体水平依然不高,离实现目标还有较大差距,部分指标短板效应明显。如按目前进展,到2020年离实现目标依然还有较大差距,必须加快发展步伐。

1. 加快经济发展,提高城镇化水平

安徽经济发展一体化实现程度严重滞后,其中一个主要原因是经济发展水平较低,2015年实现程度距目标尚有约4/5的路程,城乡发展一体化基础薄弱。2015年,安徽人均GDP和人口城镇化率均远低于全国平均水平,分别仅居全国第26位(不包括西藏自治区)和第22位。因此,必须加快经济发展、提高城镇化率,夯实城乡发展一体化基础。

2. 提高城镇化土地利用效率

2015年,安徽每平方公里城镇建设用地第二、第三产业增加值为3.45亿元(2010年价格),而2007年全国平均水平已达到4.12亿元(2010年价格),这表明安徽城镇化过程中土地集约利用程度不高,土地利用效率低下。2015年,安徽土地相对利用率实现程度离2007年全国平均水平还有一定的差距。

3. 进一步提高农村人力资源水平,缩小城乡差距

2015年,安徽农村人口平均受教育程度略低于全国平均水平,离实现目标差距较大;另外,虽然城乡人口平均受教育程度差距小于全国平均水平,但离实现目标依然有较大差距。

4. 增加农村医疗卫生服务人力资源,继续缩小城乡差距

2015年,安徽农村医疗卫生服务人员数量水平远远低于全国平均水平,仅略高于2007年全国平均水平;虽然城乡差距小于全国平均水平,但离实现目标依然差距巨大。

5. 大力改善农村居住卫生条件

近年来,安徽农村居住卫生条件明显改善,实现程度进展均快于全国和中部地区平均进展,2015年实现程度比2010年提高33.85个百分点,但由于基础较差,农村居住卫生条件依然较差,实现程度仍然较低,离实现目标差距非常大,还有9/10的路程。2015年,安徽农村安全饮用水普及率和无害化卫生厕所普及率分别只有43.97%和38.60%,远低于全国平均水平,实现程度分别只有10.39%和10.80%,差距巨大,农村居住卫生条件亟待改善。

第十九章
福建城乡发展一体化

一 城乡发展一体化实现程度与进展

1. 城乡发展一体化整体水平相对较高,生活水平一体化接近实现目标

2015年,福建城乡发展一体化总水平实现程度为74.81%,虽略低于东部地区平均水平,但远高于全国平均水平,实现程度相对较高。

4个一体化实现程度均高于全国平均水平。生活水平一体化实现程度达91.61%,接近实现目标;经济发展一体化实现程度相对较高,高于全国和东部地区平均水平;社会发展一体化和生态环境一体化实现程度均低于东部地区平均水平。

12个二级指标中,经济发展和污染物排放两个指标实现程度已提前实现目标;文化均衡发展已非常接近实现目标,收入消费水平和居住卫生条件两个指标接近实现目标;产业协调和水资源利用两个指标实现程度较低(见表19-1)。

表19-1 福建城乡发展一体化实现程度

单位:%

项目	2010年	2011年	2012年	2013年	2014年	2015年	2015年全国	2015年东部
总指数	49.16	54.86	61.79	66.18	70.17	74.81	57.05	77.99
经济发展一体化	42.04	49.90	56.68	61.80	66.64	68.29	51.56	63.96
经济发展	61.69	71.27	82.89	90.99	97.46	100	62.96	88.16
产业协调	17.14	24.00	27.67	29.12	30.02	29.70	43.38	39.70
要素配置	47.28	54.43	59.49	65.30	72.45	75.16	48.32	64.00

续表

项目	2010年	2011年	2012年	2013年	2014年	2015年	2015年全国	2015年东部
社会发展一体化	42.16	43.50	50.62	55.09	54.87	65.33	49.10	74.67
教育均衡发展	45.01	48.24	59.33	53.58	38.22	47.83	34.57	69.80
卫生均衡发展	14.00	8.06	12.38	31.35	33.49	55.94	27.49	63.59
文化均衡发展	63.30	67.28	75.58	80.61	90.74	95.60	66.82	85.52
社会保障均衡发展	46.32	50.45	55.21	54.83	57.03	61.96	67.51	79.78
生活水平一体化	64.22	70.49	77.97	81.43	89.75	91.61	62.10	88.10
收入消费水平	51.06	60.95	70.49	75.42	89.82	92.24	72.13	86.86
居住卫生条件	77.39	80.03	85.45	87.44	89.68	90.98	52.08	89.34
生态环境一体化	48.22	55.55	61.88	66.40	69.43	73.99	65.45	85.24
水资源利用	20.51	24.79	29.06	33.33	38.46	42.74	45.30	79.23
污染物排放	75.37	83.84	90.99	94.87	97.53	100	88.23	94.04
环境卫生治理	48.77	58.02	65.60	71.00	72.31	79.25	62.83	82.44

2. 城乡发展一体化水平全面提升

2015年,福建城乡发展一体化总水平实现程度比上年提高4.64个百分点,继续保持逐年提升的态势;4个一体化实现程度也全部提高;12个二级指标中,仅产业协调实现程度略微下降。城乡发展一体化延续逐年全面提升的态势(见表19-2)。

表19-2 福建城乡发展一体化实现程度进展(环比提高)

单位:百分点

项目	2011年	2012年	2013年	2014年	2015年	2010~2015年年均提高		
						福建	全国	东部
总指数	5.70	6.93	4.39	3.99	4.64	5.13	6.77	3.73
经济发展一体化	7.86	6.78	5.12	4.84	1.65	5.25	6.33	2.71
经济发展	9.58	11.62	8.10	6.47	2.54	7.66	7.81	4.29
产业协调	6.86	3.67	1.45	0.90	-0.32	2.51	6.13	0.82
要素配置	7.15	5.06	5.81	7.15	2.71	5.58	5.04	3.04
社会发展一体化	1.34	7.12	4.47	-0.22	10.46	4.63	5.46	3.62
教育均衡发展	3.23	11.09	-5.75	-15.36	9.61	0.56	3.24	4.00
卫生均衡发展	-5.94	4.32	18.97	2.14	22.45	8.39	5.21	1.16
文化均衡发展	3.98	8.30	5.03	10.13	4.86	6.46	6.29	3.62
社会保障均衡发展	4.13	4.76	-0.38	2.20	4.93	3.13	7.10	5.69

续表

项目	2011年	2012年	2013年	2014年	2015年	2010~2015年年均提高		
						福建	全国	东部
生活水平一体化	6.27	7.48	3.46	8.32	1.86	5.48	7.79	4.55
收入消费水平	9.89	9.54	4.93	14.40	2.42	8.24	10.14	6.69
居住卫生条件	2.64	5.42	1.99	2.24	1.30	2.72	5.44	2.41
生态环境一体化	7.33	6.33	4.52	3.03	4.56	5.15	7.52	4.05
水资源利用	4.28	4.27	4.27	5.13	4.28	4.45	6.15	2.39
污染物排放	8.47	7.15	3.88	2.66	2.47	4.93	8.16	3.48
环境卫生治理	9.25	7.58	5.40	1.31	6.94	6.10	8.24	6.27

3. 城乡发展一体化进展有所加快

2015年，福建城乡发展一体化总水平进展较上年有所加快，虽低于全国平均进展，但快于东部地区平均进展。

虽然经济发展一体化和生活水平一体化进展大幅减缓，但社会发展一体化进展大幅加快（见表19-2）。

4. 2010~2015年城乡发展一体化进展缓慢

2010~2015年，福建城乡发展一体化总水平和4个一体化实现程度进展均慢于全国平均进展速度，但均快于东部地区平均进展（见表19-2）。

二 城乡发展一体化实现程度排序与变化

1. 2015年：城乡发展一体化整体水平处于全国上游、东部地区下游，发展较为均衡

2015年，福建城乡发展一体化总水平实现程度处于全国第7位，但在东部地区排序靠后。

4个一体化排序非常均衡，除生活水平一体化实现程度排在第6位，其他3个一体化均排在第7位，与总水平排序一致。

12个二级指标中，经济发展和污染物排放均为全国并列第1位。产业协调、教育均衡发展、卫生均衡发展和水资源利用4个指标排序相对靠后，社会保障均衡发展排序落后（见表19-3）。

表 19-3 福建城乡发展一体化实现程度排序

项目	2010 年	2011 年	2012 年	2013 年	2014 年	2015 年
总指数	7	7	7	7	7	7
经济发展一体化	8	7	7	7	7	7
经济发展	9	9	9	9	9	1
产业协调	15	16	15	15	16	14
要素配置	6	6	6	6	6	6
社会发展一体化	11	14	11	9	12	7
教育均衡发展	9	10	9	12	18	15
卫生均衡发展	20	23	21	18	19	13
文化均衡发展	6	6	6	6	5	5
社会保障均衡发展	11	15	17	20	20	23
生活水平一体化	6	6	6	6	6	6
收入消费水平	7	8	7	7	6	5
居住卫生条件	6	7	7	6	6	6
生态环境一体化	7	7	7	7	7	7
水资源利用	15	15	16	16	15	15
污染物排放	7	7	7	7	7	1
环境卫生治理	6	6	6	7	6	6

2. 2010~2015 年变化：整体排序非常稳定，但社会保障均衡发展排序退步明显

2010~2015 年，福建城乡发展一体化总水平实现程度始终排在全国第 7 位。

4 个一体化中，社会发展一体化排序上升 4 位，其他 3 个一体化排序非常稳定，生活水平一体化和生态环境一体化实现程度排序没有发生变化，经济发展一体化实现程度排序除 2010 年外，其他年份均排在第 7 位。

12 个二级指标中，卫生均衡发展排序上升幅度较大，社会保障均衡发展和教育均衡发展排序大幅下降。虽然表 19-3 显示经济发展和污染物排放等排序上升幅度较大，但由于 2010 年时已有一些省份提前实现目标，排序并列第 1，因此，实际排序上升幅度小于表中显示的上升幅度（见表 19-3）。

三 简要评价

福建城乡发展一体化实现程度高于全国平均水平，并且 4 个一体化排序非常均衡。同时，城乡发展一体化进程保持了一定水平，按目前进展，福建将如期实现目标。但是，福建城乡发展一体化依然存在一些短板，产业协调、教育均衡发展以及水资源利用等指标不仅实现程度较低，而且进展较慢，如不加快发展，将会严重影响福建城乡发展一体化全面实现目标。

1. 进一步提高农业现代化水平

福建农业劳动生产率水平相对较高，2015年居全国第6位，但农业综合机械化率较低，远低于全国平均水平，而且提高速度极为缓慢，实现程度尚与2007年全国平均水平存在较大差距，严重制约了产业协调实现程度的提高。另外，2010年，福建农田灌溉水有效利用系数高于全国平均水平，但提高速度较慢，2015年已经低于全国平均水平，离实现目标差距较大。

2. 提高农村人力资源水平，遏制农村人力资源水平下降趋势

2015年，福建农村人口平均受教育程度低于全国平均水平；同时，2010~2015年，全国农村人口平均受教育程度有所提高，而福建农村人口平均受教育程度却有所降低。此外，虽然福建人口受教育水平的城乡差距小于全国，但其本身是呈扩大趋势。

3. 缩小城乡医疗卫生服务人力资源差距

虽然福建农村医疗卫生服务人力资源数量高于全国平均水平，但城乡差距较大，2015年依然大于2007年全国平均水平。

第二十章
江西城乡发展一体化

一 城乡发展一体化实现程度与进展

1. 城乡发展一体化实现程度过半

2015 年，江西城乡发展一体化总水平实现程度为 50.59%，虽略高于中部地区平均水平，但低于全国平均水平 6.46 个百分点。

4 个一体化中，生活水平一体化实现程度最高，不仅远超过城乡发展一体化总水平实现程度，也远高于中部地区平均水平，与全国平均水平相差很小；生态环境一体化实现程度较低，低于全国和中部地区平均水平。

12 个二级指标中，收入消费水平实现程度最高，高于全国和中部地区平均水平；水资源利用和卫生均衡发展两个指标与实现目标差距较大，严重滞后于城乡发展一体化总水平；经济发展实现程度也较低（见表 20-1）。

表 20-1 江西城乡发展一体化实现程度

单位：%

项目	2010 年	2011 年	2012 年	2013 年	2014 年	2015 年	2015 年全国	2015 年中部
总指数	20.95	29.50	35.57	40.40	44.39	50.59	57.05	48.33
经济发展一体化	9.42	18.64	26.08	31.57	37.39	44.03	51.56	35.00
经济发展	-9.44	-0.30	9.47	17.65	25.95	34.47	62.96	40.74
产业协调	17.00	25.32	30.13	35.42	40.70	48.54	43.38	28.45
要素配置	20.71	30.89	38.63	41.66	45.51	49.07	48.32	35.82

续表

项目	2010年	2011年	2012年	2013年	2014年	2015年	2015年全国	2015年中部
社会发展一体化	40.36	46.30	49.70	49.11	48.07	52.29	49.10	54.91
教育均衡发展	34.59	45.71	50.13	49.44	55.81	57.10	34.57	59.80
卫生均衡发展	23.28	29.95	29.53	26.34	12.47	12.50	27.49	29.17
文化均衡发展	49.47	50.16	53.54	54.26	55.59	67.58	66.82	62.35
社会保障均衡发展	54.08	59.37	65.60	66.40	68.39	71.99	67.51	68.32
生活水平一体化	24.26	35.49	40.99	47.84	53.21	61.50	62.10	49.68
收入消费水平	44.36	58.36	60.83	68.11	72.52	82.98	72.13	70.18
居住卫生条件	4.16	12.63	21.14	27.57	33.91	40.03	52.08	29.18
生态环境一体化	9.76	17.59	25.53	33.07	38.89	44.55	65.45	53.73
水资源利用	-23.93	-17.09	-10.26	-4.27	0.85	5.98	45.30	34.47
污染物排放	19.79	31.94	44.91	54.90	64.38	71.04	88.23	74.91
环境卫生治理	33.43	37.92	41.93	48.60	51.45	56.61	62.83	51.79

2. 城乡发展一体化水平继续全面提升

2015年，江西城乡发展一体化总水平实现程度比上年提高6.20个百分点，延续了逐年提高的态势；4个一体化实现程度也全部提高，基本延续了逐年提高的态势；12个二级指标实现程度均比上年提高；城乡发展一体化呈逐年全面提高趋势（见表20-2）。

表20-2　江西城乡发展一体化实现程度进展（环比提高）

单位：百分点

项目	2011年	2012年	2013年	2014年	2015年	2010~2015年年均提高		
						江西	全国	中部
总指数	8.55	6.07	4.83	3.99	6.20	5.93	6.77	6.13
经济发展一体化	9.22	7.44	5.49	5.82	6.64	6.92	6.33	6.23
经济发展	9.14	9.77	8.18	8.30	8.52	8.78	7.81	9.00
产业协调	8.32	4.81	5.29	5.28	7.84	6.31	6.13	4.01
要素配置	10.18	7.74	3.03	3.85	3.56	5.67	5.04	5.69
社会发展一体化	5.94	3.40	-0.59	-1.04	4.22	2.39	5.46	3.90
教育均衡发展	11.12	4.42	-0.69	6.37	1.29	4.50	3.24	3.71
卫生均衡发展	6.67	-0.42	-3.19	-13.87	0.03	-2.16	5.21	1.58
文化均衡发展	0.69	3.38	0.72	1.33	11.99	3.62	6.29	4.02
社会保障均衡发展	5.29	6.23	0.80	1.99	3.60	3.58	7.10	6.27

第二十章　江西城乡发展一体化

续表

项目	2011年	2012年	2013年	2014年	2015年	2010~2015年年均提高		
						江西	全国	中部
生活水平一体化	11.23	5.50	6.85	5.37	8.29	7.45	7.79	6.68
收入消费水平	14.00	2.47	7.28	4.41	10.46	7.72	10.14	8.34
居住卫生条件	8.47	8.51	6.43	6.34	6.12	7.17	5.44	5.02
生态环境一体化	7.83	7.94	7.54	5.82	5.66	6.96	7.52	7.71
水资源利用	6.84	6.83	5.99	5.12	5.13	5.98	6.15	5.21
污染物排放	12.15	12.97	9.99	9.48	6.66	10.25	8.16	10.14
环境卫生治理	4.49	4.01	6.67	2.85	5.16	4.64	8.24	7.77

3. 城乡发展一体化进程加快

2015年，江西城乡发展一体化总水平实现程度进展比上年快2.21个百分点。2015年是自2012年以来进展最快的一年，既快于中部地区平均进展，也快于江西2010~2015年年均进展。除生态环境一体化进展略慢于上年外，其他3个一体化进展均快于上年（见表20-2）。

4. 2010~2015年城乡发展一体化实现程度进展较慢，经济发展一体化进展较快

2010~2015年，江西城乡发展一体化总水平实现程度年均进展低于全国和中部地区平均进展，进展速度相对缓慢。4个一体化中，经济发展一体化进展快于全国和中部地区平均进展，进展相对较快；社会发展一体化和生态环境一体化进展较慢，均低于全国和中部地区平均进展。卫生均衡发展实现程度基本呈逐步下降趋势（见表20-2）。

二　城乡发展一体化实现程度排序与变化

1. 2015年：城乡发展一体化总水平排序均位于全国和中部地区中游

2015年，江西城乡发展一体化总水平实现程度处全国第14位，在中部6个省份中排第3位。

4个一体化中，生活水平一体化和经济发展一体化排序相对靠前；社会发展一体化和生态环境一体化则排序较为靠后，与总水平排序有较大差距。

12个二级指标中，只有产业协调和收入消费水平排序进入前10位；经济发展、卫生均衡发展、水资源利用和污染物排放4个指标排序靠后（见表20-3）。

表20-3 江西城乡发展一体化实现程度排序

项目	2010年	2011年	2012年	2013年	2014年	2015年
总指数	15	15	14	15	15	14
经济发展一体化	18	15	14	14	14	14
经济发展	23	22	22	22	22	22
产业协调	16	15	14	12	11	9
要素配置	14	13	12	12	12	11
社会发展一体化	13	11	12	14	18	20
教育均衡发展	17	12	14	14	11	12
卫生均衡发展	18	15	17	19	21	21
文化均衡发展	12	13	14	14	14	12
社会保障均衡发展	8	10	9	11	13	13
生活水平一体化	13	10	10	10	11	11
收入消费水平	9	9	9	10	13	9
居住卫生条件	20	19	19	19	17	17
生态环境一体化	18	19	19	19	19	20
水资源利用	23	23	22	22	22	23
污染物排放	18	20	21	21	21	20
环境卫生治理	9	8	9	9	10	13

2. 2010~2015年变化：城乡发展一体化整体排序较为稳定，经济发展一体化排序上升较多，社会发展一体化排序大幅下降

2010~2015年，江西城乡发展一体化总水平实现程度排序上升1位，排序较为稳定，基本在第14位和第15位徘徊。

4个一体化中，经济发展一体化和生活水平一体化排序分别上升4位和2位；社会发展一体化和生态环境一体化排序下降，其中前者下降幅度较大，下降7位。

12个二级指标中，产业协调排序呈逐年上升趋势，上升幅度较大，上升7位；教育均衡发展排序也较大幅度地上升5位；但社会保障均衡发展排序下降幅度较大，下降5位（见表20-3）。

三 简要评价

江西城乡发展一体化实现程度距离2020年目标还有一半路程，而且进展相对缓慢，按目前进展，难以如期实现目标，需要进一步加快发展。

1. 加快经济发展，提高城镇化水平

江西人均GDP增长和人口城镇化水平提高速度均快于全国平均水平，但经济发展和城镇化水平与全国平均水平仍然有较大差距，需要加快发展。

2. 增加农村医疗卫生服务人力资源数量，缩小城乡差距

近年来，江西农村医疗卫生服务人力资源数量不断增加，但依然远低于全国平均水平；同时，城乡医疗卫生服务人力资源配置不合理状况没有得到有效改善，城乡差距趋于扩大，且扩大幅度高于全国，2015年城乡差距远远大于2007年全国平均水平。

3. 提高农业水资源利用效率

2015年，江西农田灌溉水有效利用率低于全国平均水平，2015年实现程度仅及2007年全国平均水平，与实现目标差距巨大，是制约江西生态环境一体化实现程度提高的主要因素。

4. 提高城镇化土地利用效率

2015年，江西每平方公里城镇建设用地第二、第三产业增加值为3.94亿元（2010年价格），不及全国平均水平的70%，城镇土地利用效率实现程度尚不及2007年全国平均水平，利用效率非常低下。

5. 改善农村居住卫生条件和环境

2015年，江西农村无害化卫生厕所普及率较高，接近实现目标，但是，农村安全饮用水普及率较低，仅及全国平均水平的60%，尚不及2007年全国平均水平，由此制约了居住卫生条件实现程度的提高。此外，同全国一样，江西农村生活污水处理率很低，与实现目标差距巨大。

第二十一章
山东城乡发展一体化

一 城乡发展一体化实现程度与进展

1. 城乡发展一体化整体水平相对较高，生态环境一体化接近实现目标，教育均衡发展滞后

2015年，山东城乡发展一体化总水平实现程度为77.74%，高于全国平均水平20.69个百分点，与东部地区平均水平相差很小。

4个一体化实现程度均高于全国平均水平，但除生态环境一体化外，其余3个一体化实现程度均低于东部地区平均水平，生态环境一体化已接近实现目标。

12个二级指标中，水资源利用已经提前实现目标；卫生均衡发展在2014年实现目标，但由于2015年医疗卫生服务人力资源城乡差距略微扩大，实现程度有所下降；污染物排放、经济发展和环境卫生治理3个指标接近实现目标；教育均衡发展实现程度较低（见表21-1）。

表21-1 山东城乡发展一体化实现程度

单位：%

项目	2010年	2011年	2012年	2013年	2014年	2015年	2015年全国	2015年东部
总指数	50.01	57.15	63.84	67.69	74.20	77.74	57.05	77.99
经济发展一体化	40.61	43.27	46.85	52.14	57.35	62.48	51.56	63.96
经济发展	36.70	46.75	57.55	68.16	78.39	89.72	62.96	88.16
产业协调	38.52	35.90	37.77	40.62	43.30	47.02	43.38	39.70
要素配置	46.60	47.14	45.22	47.65	50.36	50.68	48.32	64.00

续表

项目	2010年	2011年	2012年	2013年	2014年	2015年	2015年全国	2015年东部
社会发展一体化	45.86	58.99	68.15	65.54	69.62	71.01	49.10	74.67
教育均衡发展	23.45	38.62	54.89	38.69	55.38	35.20	34.57	69.80
卫生均衡发展	87.19	92.96	99.75	99.79	100	94.26	27.49	63.59
文化均衡发展	55.25	61.10	66.95	68.95	69.05	77.31	66.82	85.52
社会保障均衡发展	17.57	43.28	51.00	54.75	54.05	77.28	67.51	79.78
生活水平一体化	45.40	54.08	62.00	68.73	78.63	83.86	62.10	88.10
收入消费水平	31.57	44.65	54.71	61.58	76.58	85.76	72.13	86.86
居住卫生条件	59.24	63.50	69.30	75.88	80.68	81.96	52.08	89.34
生态环境一体化	68.16	72.26	78.37	84.33	91.19	93.60	65.45	85.24
水资源利用	98.29	100	100	100	100	100	45.30	79.23
污染物排放	61.97	64.58	73.50	81.94	88.12	92.94	88.23	94.04
环境卫生治理	44.21	52.21	61.62	71.05	85.46	87.84	62.83	82.44

2. 城乡发展一体化水平继续全面提升

2015年，山东城乡发展一体化总水平在较高基础上继续提升，延续了逐年提升的态势；4个一体化实现程度也全面提升；12个二级指标中，教育均衡发展和卫生均衡发展实现程度下降（见表21-2）。

表21-2 山东城乡发展一体化实现程度进展（环比提高）

单位：百分点

项目	2011年	2012年	2013年	2014年	2015年	2010~2015年年均提高		
						山东	全国	东部
总指数	7.14	6.69	3.85	6.51	3.54	5.55	6.77	3.73
经济发展一体化	2.66	3.58	5.29	5.21	5.13	4.37	6.33	2.71
经济发展	10.05	10.80	10.61	10.23	11.33	10.60	7.81	4.29
产业协调	-2.62	1.87	2.85	2.68	3.72	1.70	6.13	0.82
要素配置	0.54	-1.92	2.43	2.71	0.32	0.82	5.04	3.04
社会发展一体化	13.13	9.16	-2.61	4.08	1.39	5.03	5.46	3.62
教育均衡发展	15.17	16.27	-16.20	16.69	-20.18	2.35	3.24	4.00
卫生均衡发展	5.77	6.79	0.04	0.21	-5.74	1.41	5.21	1.16
文化均衡发展	5.85	5.85	2.00	0.10	8.26	4.41	6.29	3.62
社会保障均衡发展	25.71	7.72	3.75	-0.70	23.23	11.94	7.10	5.69
生活水平一体化	8.68	7.92	6.73	9.90	5.23	7.69	7.79	4.05
收入消费水平	13.08	10.06	6.87	15.00	9.18	10.84	10.14	6.69
居住卫生条件	4.26	5.80	6.58	4.80	1.28	4.54	5.44	2.41

续表

项目	2011年	2012年	2013年	2014年	2015年	2010~2015年年均提高		
						山东	全国	东部
生态环境一体化	4.10	6.11	5.96	6.86	2.41	5.09	7.52	4.44
水资源利用	1.71	0	0	0	0	0.34	6.15	2.39
污染物排放	2.61	8.92	8.44	6.18	4.82	6.19	8.16	3.48
环境卫生治理	8.00	9.41	9.43	14.41	2.38	8.73	8.24	6.27

3. 城乡发展一体化进展大幅减缓

2015年，山东城乡发展一体化总水平比上年提高3.54个百分点，进展比上年大幅减缓2.97个百分点；经济发展一体化实现程度进展基本与上年持平，其他3个一体化进展明显减缓（见表21-2）。

4. 2010~2015年城乡发展一体化实现程度进展基本呈逐步减缓趋势

2010~2015年，山东城乡发展一体化总水平实现程度年均进展虽快于东部地区平均进展，但低于全国平均进展，并基本呈逐年减缓趋势；同样，4个一体化实现程度年均进展均高于东部地区平均进展，但均低于全国平均进展，其中经济发展一体化实现程度年均进展最为缓慢。

12个二级指标中，社会保障均衡发展、经济发展、收入消费水平和环境卫生治理等指标实现程度年均进展较快；产业协调和要素配置等指标实现程度年均进展缓慢（见表21-2）。

二 城乡发展一体化实现程度排序与变化

1. 2015年：城乡发展一体化总体排序较为均衡并处于前列，教育均衡发展排序靠后

2015年，山东城乡发展一体化总水平实现程度继续处于全国第6位。

4个一体化实现程度排序也较为靠前，而且比较均衡，均处于前10位。经济发展一体化和生活水平一体化实现程度排序上升1位。

12个二级指标中，除教育均衡发展外，其他11个指标排序都处于前10位，特别是水资源利用的实现程度并列全国第1。教育均衡发展排序则明显靠后，仅处于第20位（见表21-3）。

表21-3 山东城乡发展一体化实现程度排序

项目	2010年	2011年	2012年	2013年	2014年	2015年
总指数	6	6	6	6	6	6
经济发展一体化	9	10	11	11	10	9
经济发展	12	11	10	10	10	10
产业协调	9	11	10	10	10	10
要素配置	8	9	10	10	10	10
社会发展一体化	7	6	6	6	6	6
教育均衡发展	21	13	11	17	12	20
卫生均衡发展	5	5	4	4	1	5
文化均衡发展	7	7	7	8	8	8
社会保障均衡发展	24	18	20	21	24	9
生活水平一体化	8	8	8	8	8	7
收入消费水平	12	11	11	11	9	7
居住卫生条件	9	9	9	8	8	8
生态环境一体化	6	6	6	6	5	5
水资源利用	5	1	1	1	1	1
污染物排放	8	8	8	8	8	8
环境卫生治理	7	7	7	6	5	5

2. 2010~2015年变化：整体排序非常稳定，变化很小

2010~2015年，山东城乡发展一体化总水平始终排在全国第6位，4个一体化排序也非常稳定，基本保持不变（见表21-3）。

三 简要评价

山东城乡发展一体化水平处于全国领先地位，而且发展较为均衡，进展速度也保持在一定水平。山东城乡发展一体化未来需要重视以下几个问题。

1. 防止城乡发展一体化进展减缓

总体上看，山东城乡发展一体化保持了一个相对较快的发展进程，按2010~2015年年均进展，将如期实现目标。但是，2015年进展大幅减缓，如按此进展，则将难以如期实现目标，因此，需要采取措施，防止发展进程继续减缓。

2. 加快改善城乡二元经济

山东农业比较劳动生产率水平较低，2010~2015年，虽然农业劳动生产率有所提高，但农业比较劳动生产率提高慢于非农产业比较劳动生产率，从而导致城乡二元经济问题没有得到改善，反而略微恶化，极大地制约了山东经济发展一体化实现程度的提高。

3. 提高农村人力资源素质，缩小城乡差距

目前，山东农村义务教育教师平均受教育程度略低于全国平均水平，城乡差距也略大于全国平均水平；同时，虽然山东农村人口平均受教育水平高于全国平均水平，但近年来城乡差距有所扩大。此外，无论是农村义务教育教师水平和城乡差距，还是农村人口受教育水平与城乡差距，均与目标还有较大差距。

第二十二章
河南城乡发展一体化

一 城乡发展一体化实现程度与进展

1. 城乡发展一体化总水平实现程度过半,卫生均衡发展实现程度严重滞后

2015年,河南城乡发展一体化总水平实现程度为52.71%,虽高于中部地区平均水平,但低于全国平均水平。

4个一体化中,生态环境一体化实现程度最高,为73.77%,高于全国和中部地区平均水平;经济发展一体化实现程度最低,仅为城乡发展一体化总水平实现程度的60.79%,低于全国和中部地区平均水平,与实现目标差距较大。

12个二级指标中,水资源利用已提前实现目标;污染物排放实现程度相对较高,但依然低于全国平均水平。卫生均衡发展严重滞后,实现程度仅为4.36%;经济发展、产业协调和环境卫生治理等指标实现程度也较低,与实现目标还有较大差距(见表22-1)。

表22-1 河南城乡发展一体化实现程度

单位:%

项目	2010年	2011年	2012年	2013年	2014年	2015年	2015年全国	2015年中部
总指数	25.30	37.00	37.48	42.94	47.64	52.71	57.05	48.33
经济发展一体化	7.34	30.38	20.13	26.55	29.16	32.04	51.56	35.00
经济发展	-24.66	-13.36	-3.16	5.28	14.02	23.58	62.96	40.74
产业协调	32.32	64.46	33.84	36.79	32.54	29.37	43.38	28.45
要素配置	14.36	40.05	29.71	37.59	40.93	43.15	48.32	35.82

续表

项目	2010年	2011年	2012年	2013年	2014年	2015年	2015年全国	2015年中部
社会发展一体化	32.84	41.43	43.60	46.63	43.96	51.31	49.10	54.91
教育均衡发展	43.92	48.73	60.30	60.79	52.59	71.75	34.57	59.80
卫生均衡发展	-2.54	11.85	6.30	10.62	7.11	4.36	27.49	29.17
文化均衡发展	50.07	53.65	57.22	59.80	60.59	66.53	66.82	62.35
社会保障均衡发展	39.91	51.47	50.57	55.30	55.55	62.59	67.51	68.32
生活水平一体化	19.70	28.15	30.65	38.19	50.00	53.72	62.10	49.68
收入消费水平	14.66	27.70	34.92	42.66	59.36	64.19	72.13	70.18
居住卫生条件	24.74	28.59	26.39	33.72	40.65	43.25	52.08	29.18
生态环境一体化	41.31	48.03	55.56	60.38	67.41	73.77	65.45	53.73
水资源利用	71.79	79.49	87.18	88.89	98.29	100	45.30	34.47
污染物排放	36.60	47.21	59.50	67.56	75.50	82.18	88.23	74.91
环境卫生治理	15.55	17.40	19.99	24.71	28.44	39.12	62.83	51.79

2. 城乡发展一体化水平全面提升,产业协调和卫生均衡发展实现程度继续下降

2015年,河南城乡发展一体化总水平实现程度比上年提高5.07个百分点,延续逐年提高的态势;4个一体化实现程度均比上年不同程度提高;12个二级指标中,产业协调和卫生均衡发展实现程度继续下降(见表22-2)。

表22-2 河南城乡发展一体化实现程度进展(环比提高)

单位:百分点

项目	2011年	2012年	2013年	2014年	2015年	2010~2015年年均提高		
						河南	全国	中部
总指数	11.70	0.48	5.46	4.70	5.07	5.48	6.77	6.13
经济发展一体化	23.04	-10.25	6.42	2.61	2.88	4.94	6.33	6.23
经济发展	11.30	10.20	8.44	8.74	9.56	9.65	7.81	9.00
产业协调	32.14	-30.62	2.95	-4.25	-3.17	-0.59	6.13	4.01
要素配置	25.69	-10.34	7.88	3.34	2.22	5.76	5.04	5.69
社会发展一体化	8.59	2.17	3.03	-2.67	7.35	3.69	5.46	3.90
教育均衡发展	4.81	11.57	0.49	-8.20	19.16	5.57	3.24	3.71
卫生均衡发展	14.39	-5.55	4.32	-3.51	-2.75	1.38	5.21	1.58
文化均衡发展	3.58	3.57	2.58	0.79	5.94	3.29	6.29	4.02
社会保障均衡发展	11.56	-0.90	4.73	0.25	7.04	4.54	7.10	6.27
生活水平一体化	8.45	2.50	7.54	11.81	3.72	6.80	7.79	6.68
收入消费水平	13.04	7.22	7.74	16.70	4.83	9.91	10.14	8.34
居住卫生条件	3.85	-2.20	7.33	6.93	2.60	3.70	5.44	5.02

第二十二章　河南城乡发展一体化

续表

项目	2011年	2012年	2013年	2014年	2015年	2010~2015年年均提高		
						河南	全国	中部
生态环境一体化	6.72	7.53	4.82	7.03	6.36	6.49	7.52	7.71
水资源利用	7.70	7.69	1.71	9.40	1.71	5.64	6.15	5.21
污染物排放	10.61	12.29	8.06	7.94	6.68	9.12	8.16	10.14
环境卫生治理	1.85	2.59	4.72	3.73	10.68	4.71	8.24	7.77

3. 城乡发展一体化进展有所加快，但依然较慢

2015年，河南城乡发展一体化总水平实现程度比上年提高5.07个百分点，进展虽略快于上年，却远低于全国和中部地区平均进展。4个一体化中，社会发展一体化进展大幅加快，但生活水平一体化进展大幅减缓。教育均衡发展、文化均衡发展、社会保障均衡发展和环境卫生治理等指标实现程度进展大幅加快（见表22-2）。

4. 2010~2015年城乡发展一体化进程较慢

2010~2015年，河南城乡发展一体化总水平年均提高5.48个百分点，低于全国和中部地区平均进展，进展较为缓慢。

生活水平一体化实现程度进展相对较快，虽低于全国平均进展，但略高于中部地区平均进展；其他3个一体化进展均低于全国和中部地区平均进展。

12个二级指标中，经济发展、收入消费水平和污染物排放等指标实现程度进展较快，产业协调和卫生均衡发展实现程度进展相当缓慢，特别是前者实现程度下降（见表22-2）。

二　城乡发展一体化实现程度排序与变化

1. 2015年：城乡发展一体化总水平排序全国中上游，但发展不均衡，生态环境一体化排序居前，社会发展一体化和经济发展一体化排序靠后

2015年，河南城乡发展一体化总水平实现程度处于全国第12位，处于中部地区第1位。

4个一体化中，生态环境一体化排序最高，处于全国第8位；但经济发展一体化和社会发展一体化排序较为靠后，发展不均衡较为突出。

12个二级指标中，仅水资源利用和教育均衡发展排序进入前10位，其中水资源利用并列全国第1；经济发展、卫生均衡发展和环境卫生治理等指标排序靠后（见表22-3）。

表22-3 河南城乡发展一体化实现程度排序

项目	2010年	2011年	2012年	2013年	2014年	2015年
总指数	13	11	12	12	12	12
经济发展一体化	21	13	17	17	21	20
经济发展	27	26	26	26	25	25
产业协调	13	2	12	11	14	15
要素配置	18	11	16	14	14	15
社会发展一体化	18	18	18	19	22	21
教育均衡发展	10	9	8	9	13	9
卫生均衡发展	22	22	23	23	22	24
文化均衡发展	11	10	9	12	12	14
社会保障均衡发展	15	14	21	18	23	20
生活水平一体化	14	14	16	16	14	16
收入消费水平	19	20	21	19	19	19
居住卫生条件	12	14	18	15	15	15
生态环境一体化	9	8	8	8	8	8
水资源利用	6	6	6	6	6	1
污染物排放	11	12	12	13	12	13
环境卫生治理	16	20	21	23	23	22

2. 2010~2015年变化：城乡发展一体化总水平排序基本稳定，社会保障均衡发展和环境卫生治理等排序下滑明显

2015年与2010年相比，河南城乡发展一体化总水平排序上升1位，自2012年起稳定地位居第12。

4个一体化中，经济发展一体化排序波动较大，但最终排序上升1位；生活水平一体化和社会发展一体化排序下降；生态环境一体化实现程度排序除2010年外，一直处于第8位。

12个二级指标中，社会保障均衡发展和环境卫生治理排序下降幅度较大（见表22-3）。

三 简要评价

目前，河南城乡发展一体化不仅实现程度较低，而且进展较慢，按目前进展速度，到2020年离实现目标仍有一定差距，因此，必须加快发展进程。

1. 加快经济发展，提高人口城镇化水平

虽然近年来河南人均GDP增长和人口城镇化率均快于全国平均水平，但经济发展水平和城镇化水平依然低于全国平均水平，城乡发展一体化基础薄弱。因此，必须加快经济发展、提高城镇化率，夯实城乡发展一体化基础。

2. 加快农业发展，降低农业劳动力比重，提高农业劳动生产率

2015年，河南农业劳动力比重依然高达47%；同时，农业发展水平较低，按2010年不变价计算的第一产业劳动生产率远低于全国平均水平，严重制约了第一产业比较劳动生产率的提高。

3. 增加农村医疗卫生服务人力资源数量，缩小城乡差距

近年来，河南农村医疗卫生服务人员数量保持了与全国同步增长，但是，由于基础较差，目前与全国平均水平依然有较大差距。同时，虽然农村医疗卫生服务人员数量不断增长，但同期城市增幅更加迅速，从而导致城乡差距不断拉大，城乡差距甚至远远大于2007年全国平均水平。

4. 改善农村居住卫生条件和生活环境

近年来，河南农村安全饮用水普及率、无害化卫生厕所普及率以及农村生活垃圾处理率不断提高，农村居住卫生条件和生活环境有所改善，但改善进程较为缓慢，居住卫生条件和生活环境依然较差，与全国平均水平差距依然较大，离实现目标还有较大差距，特别是生活污水处理率，2015年尚不及2007年全国平均水平。

第二十三章
湖北城乡发展一体化

一 城乡发展一体化实现程度与进展

1. 城乡发展一体化总水平实现程度过半

2015年,湖北城乡发展一体化总水平实现程度为51.02%,虽高于中部地区平均水平,但低于全国平均水平6.03个百分点。

4个一体化实现程度较为均衡。除经济发展一体化外,其他3个一体化实现程度均约为55%。社会发展一体化实现程度相对较高,高于全国和中部地区平均水平,其余3个一体化实现程度均低于全国平均水平。

12个二级指标中,仅污染物排放和卫生均衡发展实现程度超过80%,其中前者接近实现目标,后者约为全国平均水平的3倍。要素配置、教育均衡发展和水资源利用3个指标实现程度相对较低,特别是水资源利用的实现程度与2020年目标差距巨大(见表23-1)。

表23-1 湖北城乡发展一体化实现程度

单位:%

项目	2010年	2011年	2012年	2013年	2014年	2015年	2015年全国	2015年中部
总指数	17.70	26.23	31.73	38.93	45.53	51.02	57.05	48.33
经济发展一体化	-6.25	10.49	16.54	23.15	31.47	40.61	51.56	35.00
经济发展	19.45	31.93	42.39	50.48	59.40	68.16	62.96	40.74
产业协调	-18.26	-0.15	1.93	8.57	19.21	29.11	43.38	28.45
要素配置	-19.94	-0.29	5.31	10.39	15.80	24.55	48.32	35.82

第二十三章 湖北城乡发展一体化

续表

项目	2010年	2011年	2012年	2013年	2014年	2015年	2015年全国	2015年中部
社会发展一体化	38.42	42.44	41.00	49.37	55.50	55.09	49.10	54.91
教育均衡发展	27.41	21.88	22.69	17.35	25.88	20.23	34.57	59.80
卫生均衡发展	63.28	62.58	50.50	77.94	86.12	82.44	27.49	29.17
文化均衡发展	34.82	43.47	48.47	49.52	48.26	47.74	66.82	62.35
社会保障均衡发展	28.15	41.81	42.33	52.70	61.74	69.95	67.51	68.32
生活水平一体化	25.19	31.81	39.33	44.14	50.27	55.01	62.10	49.68
收入消费水平	37.29	41.76	52.04	59.19	67.93	72.58	72.13	70.18
居住卫生条件	13.10	21.86	26.61	29.08	32.61	37.44	52.08	29.18
生态环境一体化	13.42	20.19	30.07	39.05	44.90	53.37	65.45	53.73
水资源利用	-6.84	-1.71	3.42	5.98	9.40	14.53	45.30	34.47
污染物排放	46.06	56.63	67.34	75.67	82.50	89.45	88.23	74.91
环境卫生治理	1.04	5.66	19.44	35.48	42.79	56.12	62.83	51.79

2. 城乡发展一体化总水平实现程度继续提升，但社会发展一体化实现程度下降

2015年，湖北城乡发展一体化总水平实现程度比上年提高5.49个百分点，继续保持逐年提高的态势；社会发展一体化实现程度比上年下降0.41个百分点，其他3个一体化实现程度延续了逐年提升的趋势。12个二级指标中，除社会发展一体化中的教育均衡发展、卫生均衡发展和文化均衡发展实现程度有所下降外，其余指标均有较大幅度的提高（见表23-2）。

表23-2 湖北城乡发展一体化实现进展（环比提高）

单位：百分点

项目	2011年	2012年	2013年	2014年	2015年	2010~2015年年均提高		
						湖北	全国	中部
总指数	8.53	5.50	7.20	6.60	5.49	6.66	6.77	6.13
经济发展一体化	16.74	6.05	6.61	8.32	9.14	9.37	6.33	6.23
经济发展	12.48	10.46	8.09	8.92	8.76	9.74	7.81	9.00
产业协调	18.11	2.08	6.64	10.64	9.90	9.47	6.13	4.01
要素配置	19.65	5.60	5.08	5.41	8.75	8.90	5.04	5.69
社会发展一体化	4.02	-1.44	8.37	6.13	-0.41	3.33	5.46	3.90
教育均衡发展	-5.53	0.81	-5.34	8.53	-5.65	-1.44	3.24	3.71
卫生均衡发展	-0.70	-12.08	27.44	8.18	-3.68	3.83	5.21	1.58
文化均衡发展	8.65	5.00	1.05	-1.26	-0.52	2.58	6.29	4.02
社会保障均衡发展	13.66	0.52	10.37	9.04	8.21	8.36	7.10	6.27

续表

项目	2011年	2012年	2013年	2014年	2015年	2010~2015年年均提高		
						湖北	全国	中部
生活水平一体化	6.62	7.52	4.81	6.13	4.74	5.96	7.79	6.68
收入消费水平	4.47	10.28	7.15	8.74	4.65	7.06	10.14	8.34
居住卫生条件	8.76	4.75	2.47	3.53	4.83	4.87	5.44	5.02
生态环境一体化	6.77	9.88	8.98	5.85	8.47	7.99	7.52	7.71
水资源利用	5.13	5.13	2.56	3.42	5.13	4.27	6.15	5.21
污染物排放	10.57	10.71	8.33	6.83	6.95	8.68	8.16	10.14
环境卫生治理	4.62	13.78	16.04	7.31	13.33	11.02	8.24	7.77

3. 城乡发展一体化总水平进展有所减缓

2015年，湖北城乡发展一体化总水平实现程度进展不仅低于上年，而且低于全国平均水平。经济发展一体化和生态环境一体化加快推进，进展快于上年，但社会发展一体化实现程度下降（见表23-2）。

4. 2010~2015年城乡发展一体化总水平进展与全国平均进展基本同步，但总体呈逐年减缓趋势

2010~2015年，湖北城乡发展一体化总水平实现程度年均提高6.66个百分点，仅比全国平均水平低0.11个百分点，比中部地区平均进展高0.53个百分点，总体呈逐年减缓趋势。

经济发展一体化进展较快，比全国和中部地区平均进展分别快3.04个和3.14个百分点，且自2013年起呈逐年加快趋势；生态环境一体化进展也较快，快于全国和中部地区平均进展；社会发展一体化和生活水平一体化进展较慢，均低于全国和中部地区平均进展。

经济发展、产业协调、要素配置、社会保障均衡发展和环境卫生治理5个指标年均进展均快于全国和中部地区平均进展，文化均衡发展和教育均衡发展年均进展不理想，尤其是后者实现程度出现倒退（见表23-2）。

二 城乡发展一体化实现程度排序与变化

1. 2015年：城乡发展一体化总水平居中上游，整体排序较为均衡

2015年，湖北城乡发展一体化总水平实现程度处于全国第13位、中部地区第2位，排序较上年上升1位。

4个一体化排序比较均衡，相差不大；社会发展一体化和生态环境一体化排序下降，其中前者大幅下降6位；经济发展一体化排序上升2位。

12个二级指标中，卫生均衡发展和污染物排放实现程度排序较高，进入全国前10位；要素配置、教育均衡发展、文化均衡发展和水资源利用4个指标实现程度排序处于全国后10位（见表23-3）。

表23-3 湖北城乡发展一体化实现程度排序

项目	2010年	2011年	2012年	2013年	2014年	2015年
总指数	18	17	18	17	14	13
经济发展一体化	25	21	21	21	17	15
经济发展	14	14	14	14	14	13
产业协调	27	20	20	19	18	16
要素配置	26	22	22	23	23	21
社会发展一体化	16	15	22	12	10	16
教育均衡发展	19	23	19	22	22	23
卫生均衡发展	9	9	12	7	8	7
文化均衡发展	19	20	18	20	22	25
社会保障均衡发展	20	21	29	23	17	16
生活水平一体化	11	11	11	11	13	13
收入消费水平	11	13	13	14	15	15
居住卫生条件	18	18	17	18	19	18
生态环境一体化	17	17	15	16	15	16
水资源利用	18	20	20	20	20	21
污染物排放	9	9	9	9	9	9
环境卫生治理	26	27	24	17	17	14

2. 2010~2015年变化：整体排序上升明显，经济发展一体化排序提升较快，产业协调和环境卫生治理排序上升幅度突出

2015年相比2010年，湖北城乡发展一体化总水平实现程度排序上升5位，上升幅度较大。

4个一体化中，经济发展一体化排序呈逐步上升趋势，并大幅上升10位；生态环境一体化排序略微上升；生活水平一体化排序下降；社会发展一体化排序年际波动较大。

12个二级指标中，产业协调和环境卫生治理排序提升突出，分别提高11位和12位，要素配置和社会保障均衡发展排序分别上升5位和4位。文化均衡发展、教育均衡发展和收入消费水平3个指标排序下降幅度较大（见表23-3）。

三 简要评价

湖北城乡发展一体化实现程度不高，按目前进展，2020年将无法如期实现目标，因此，需要进一步加快发展。

1. 进一步提高农业劳动生产率，加快农业现代化发展，大力改善城乡二元经济结构

近年来，湖北农业劳动生产率大幅提高，第一产业劳动力比重有所下降，农业比较劳动生产率也不断提高，城乡二元经济结构状况有了比较大的改善，但由于基础较差，二元经济结构问题并没有得到根本性改变，实现程度仅及2007年全国平均水平；农业劳动生产率和农业现代化水平较低，农业水资源利用效率不高，与实现目标差距较大。因此，还需要进一步提高农业劳动生产率，降低农业劳动力比重。

2. 提高城镇化土地利用效率

2015年与2010年相比，湖北城镇化土地利用效率大幅度提高，提高速度快于全国平均水平，但由于基础较差，土地利用效率依然较低，仅为全国平均水平的80%，与实现目标差距依然较大。

3. 增加农村义务教育人力资源数量，缩小城乡差距

近年来，湖北农村义务教育人力资源素质有所提高，但提高较为缓慢，2015年农村义务教育人力资源素质仍低于全国平均水平；同时，虽然义务教育人力资源质量城乡差距有所缩小，但仍大于全国平均水平。

4. 遏制农村人力资源素质下降和城乡差距扩大趋势

2015年，湖北农村人口平均受教育年限高于全国平均水平，但是，近年来农村人口平均受教育年限却不断下降；同时，人口平均受教育年限的城乡差距不断扩大，并远远大于全国平均水平，实现程度与2007年全国平均水平还有较大差距。因此，必须采取有效措施遏制住农村人力资源素质下降和城乡差距扩大趋势。

5. 大力改善农村居住卫生条件

目前，湖北农村居住卫生条件较差，且实现程度进展较慢，低于全国和中部地区平均进展。2015年，农村安全饮用水普及率和无害化卫生厕所普及率低于全国平均水平，与实现目标差距较大。

第二十四章
湖南城乡发展一体化

一 城乡发展一体化实现程度与进展

1. 城乡发展一体化整体水平较低

2015年,湖南城乡发展一体化总水平实现程度仅为42.14%,低于全国平均水平14.91个百分点,也低于中部地区平均水平。

4个一体化中,除社会发展一体化外,其他3个一体化实现程度均未超过50%,而且均低于全国和中部地区平均水平,特别是经济发展一体化实现程度低,与实现目标差距较大。

12个二级指标中,教育均衡发展和社会保障均衡发展实现程度相对较高,均高于全国和中部地区平均水平;虽然污染物排放是唯一实现程度超过80%的指标,但低于全国平均水平;收入消费水平实现程度也相对较高,与全国和中部地区平均水平基本同步;其余8个指标实现程度均低于全国和中部地区平均水平,特别是产业协调、卫生均衡发展、居住卫生条件和水资源利用4个指标与实现目标差距较大,是制约湖南城乡发展一体化提升的重要因素(见表24-1)。

2. 城乡发展一体化水平继续全面提升

2015年,湖南城乡发展一体化总水平和4个一体化实现程度继续全面提升,延续了逐年全面提升的态势;12个指标中,仅教育均衡发展实现程度有所下降(见表24-2)。

表 24-1 湖南城乡发展一体化实现程度

单位：%

项目	2010年	2011年	2012年	2013年	2014年	2015年	2015年全国	2015年中部
总指数	6.97	19.40	25.30	30.49	35.52	42.14	57.05	48.33
经济发展一体化	-4.28	7.41	13.34	17.99	22.78	26.83	51.56	35.00
经济发展	-7.83	2.56	11.89	20.27	28.80	38.23	62.96	40.74
产业协调	-2.58	9.08	9.95	9.20	10.29	11.91	43.38	28.45
要素配置	-2.42	10.59	18.18	24.50	29.25	30.36	48.32	35.82
社会发展一体化	22.28	41.69	45.41	48.43	49.85	54.90	49.10	54.91
教育均衡发展	55.66	65.19	67.86	67.66	73.53	71.79	34.57	59.80
卫生均衡发展	-15.08	6.94	9.51	13.44	4.73	16.84	27.49	29.17
文化均衡发展	14.79	38.98	43.91	50.73	53.46	58.45	66.82	62.35
社会保障均衡发展	33.74	55.64	60.33	61.89	67.68	72.51	67.51	68.32
生活水平一体化	2.36	10.48	15.51	21.61	29.12	39.05	62.10	49.68
收入消费水平	19.66	31.78	40.12	45.29	56.75	71.31	72.13	70.18
居住卫生条件	-14.94	-10.82	-9.10	-2.07	1.49	6.79	52.08	29.18
生态环境一体化	7.53	18.02	26.93	33.95	40.33	47.76	65.45	53.73
水资源利用	-16.24	-12.82	-9.40	-2.56	3.42	11.11	45.30	34.47
污染物排放	27.17	46.22	58.86	66.73	74.13	80.64	88.23	74.91
环境卫生治理	11.67	20.65	31.34	37.67	43.44	51.54	62.83	51.79

表 24-2 湖南城乡发展一体化实现进展（环比提高）

单位：百分点

项目	2011年	2012年	2013年	2014年	2015年	2010~2015年年均提高 湖南	全国	中部
总指数	12.43	5.90	5.19	5.03	6.62	7.03	6.77	6.13
经济发展一体化	11.69	5.93	4.65	4.79	4.05	6.22	6.33	6.23
经济发展	10.39	9.33	8.38	8.53	9.43	9.21	7.81	9.00
产业协调	11.66	0.87	-0.75	1.09	1.62	2.90	6.13	4.01
要素配置	13.01	7.59	6.32	4.75	1.11	6.56	5.04	5.69
社会发展一体化	19.41	3.72	3.02	1.42	5.05	6.52	5.46	3.90
教育均衡发展	9.53	2.67	-0.20	5.87	-1.74	3.23	3.24	3.71
卫生均衡发展	22.02	2.57	3.93	-8.71	12.11	6.38	5.21	1.58
文化均衡发展	24.19	4.93	6.82	2.73	4.99	8.73	6.29	4.02
社会保障均衡发展	21.90	4.69	1.56	5.79	4.83	7.75	7.10	6.27

第二十四章　湖南城乡发展一体化

续表

项目	2011年	2012年	2013年	2014年	2015年	2010~2015年年均提高		
						湖南	全国	中部
生活水平一体化	8.12	5.03	6.10	7.51	9.93	7.34	7.79	6.68
收入消费水平	12.12	8.34	5.17	11.46	14.56	10.33	10.14	8.34
居住卫生条件	4.12	1.72	7.03	3.56	5.30	4.35	5.44	5.02
生态环境一体化	10.49	8.91	7.02	6.38	7.43	8.05	7.52	7.71
水资源利用	3.42	3.42	6.84	5.98	7.69	5.47	6.15	5.21
污染物排放	19.05	12.64	7.87	7.40	6.51	10.69	8.16	10.14
环境卫生治理	8.98	10.69	6.33	5.77	8.10	7.97	8.24	7.77

3. 城乡发展一体化进程加快，遏制住了持续减缓的趋势

2015年，湖南城乡发展一体化总水平实现程度比上年提高6.62个百分点，不仅快于中部地区平均进展，也比上年进展快1.59个百分点。除经济发展一体化外，其他3个一体化进展均快于上年，遏制住前几年进展持续下降的趋势（见表24-2）。

4. 2010~2015年城乡发展一体化实现程度进展总体呈下降趋势，但进展相对较快

2010~2015年，湖南城乡发展一体化总水平进展总体呈下降趋势，但进展相对较快，年均进展高于全国和中部地区平均进展。

4个一体化中，生态环境一体化和社会发展一体化进展较快，均高于全国和中部地区平均进展；生活水平一体化进展高于中部地区平均进展，但略低于全国平均进展；经济发展一体化进展基本与全国和中部地区进展同步。

12个二级指标中，经济发展、收入消费水平和污染物排放等指标实现程度年均进展较快，超过9个百分点；要素配置、卫生均衡发展、文化均衡发展和社会保障均衡发展4个指标年均进展也相对较快；上述7个指标年均进展均快于全国和中部地区平均水平；产业协调和教育均衡发展等两个指标年均进展较慢（见表24-2）。

二　城乡发展一体化实现程度排序与变化

1. 2015年：城乡发展一体化整体水平较低，排序较为靠后，处于中部地区末位，教育均衡发展排序靠前

2015年，湖南城乡发展一体化总水平实现程度处于全国第22位、中部地区末位；4个一体化排序也较为靠后；12个二级指标中，仅教育均衡发展排序进入前10位，位居第8，居住卫生条件排序落后，处于第27位（见表24-3）。

表24-3 湖南城乡发展一体化实现程度排序

项目	2010年	2011年	2012年	2013年	2014年	2015年
总指数	22	21	22	22	22	22
经济发展一体化	24	23	23	23	23	23
经济发展	21	21	21	21	21	20
产业协调	19	18	18	18	19	19
要素配置	21	19	19	19	19	19
社会发展一体化	22	17	15	16	16	17
教育均衡发展	6	4	5	6	6	8
卫生均衡发展	25	24	22	22	23	19
文化均衡发展	24	21	21	18	19	18
社会保障均衡发展	17	13	14	14	14	11
生活水平一体化	24	25	24	23	26	22
收入消费水平	17	19	17	17	20	16
居住卫生条件	24	25	27	27	27	27
生态环境一体化	19	18	18	18	17	18
水资源利用	22	21	21	21	21	22
污染物排放	15	14	13	14	14	14
环境卫生治理	19	16	14	16	16	16

2. 2010~2015年变化：城乡发展一体化总水平排序非常稳定，社会发展一体化排序提升幅度较大

2010~2015年，湖南城乡发展一体化总水平排序除2011年处于第21位外，其余年份均处于第22位，排序变动很小。

4个一体化实现程度排序均有所上升，其中社会发展一体化实现程度排序上升幅度较大，从第22位上升到第17位，上升5位。

12个二级指标中，多数实现程度排序不同程度上升，其中卫生均衡发展、文化均衡发展和社会保障均衡发展上升幅度较大，均上升6位。教育均衡发展虽一直位于前10位，但排序有所下降（见表24-3）。

三　简要评价

虽然湖南城乡发展一体化进展相对较快，但由于基础较差，实现程度依然较低，即使保持目前的进展水平，2020年依然与实现目标还有较大差距，因此，还需要全面加大发展力度。

1. 加快经济发展，提高城镇化水平

2010~2015年，湖南人均GDP增长和人口城镇化率提高速度均快于全国平均水平，但由于基础较差，经济发展水平和城镇化水平依然低于全国平均水平，城乡发展一体化基础薄弱。因此，必须加快经济发展、提高城镇化率，夯实城乡发展一体化基础。

2. 提高农业现代化水平，遏制城乡二元经济结构恶化趋势

近年来，尽管湖南农业发展水平有所提高，但发展较为缓慢，农业劳动生产率、农业综合机械化率以及农业用水利用效率等均低于全国平均水平，特别是农田灌溉水利用效率较低，与实现目标差距巨大；同时，第一产业劳动力比重远大于全国平均水平，致使城乡二元经济结构问题呈现持续恶化的趋势，2015年尚未达到2007年全国平均水平，严重拖累了经济发展一体化和城乡发展一体化实现程度的提高。

3. 加大金融资金对农业的支持力度，提高城镇化土地利用效率

近年来，湖南对农业的财政支持力度不断加大，并已提前实现目标，但金融资金对农业的支持不足，而且农业贷款相对强度呈持续下降趋势。此外，虽然城镇化土地利用效率不断提高，但仍低于全国平均水平，与实现目标还有较大差距。

4. 缩小医疗卫生服务人力资源城乡差距

近年来，湖南农村医疗卫生服务人员呈增加趋势，但同期城市医疗卫生服务人员增长更快，从而使城乡差距较大，而且差距持续扩大，实现程度与2007年全国平均水平还有巨大差距。

5. 大力改善农村居住卫生条件和环境

2015年与2010年相比，湖南农村安全饮用水普及率提高速度快于全国平均水平，但依然较低；同时，农村无害化卫生厕所普及率虽有所提高，但提高速度低于全国平均水平，普及率依然低于全国平均水平，与实现目标还有较大差距。农村生活污水处理率与实现目标差距也非常大。因此，必须加大力度改善农村居住卫生条件和环境。

第二十五章
广东城乡发展一体化

一 城乡发展一体化实现程度与进展

1. 城乡发展一体化总水平实现程度高于全国平均水平,生态环境一体化相对落后

2015年,广东城乡发展一体化总水平实现程度为63.63%,高于全国平均水平6.58个百分点,但低于东部地区平均水平。

4个一体化中,经济发展一体化、社会发展一体化和生活环境一体化实现程度均高于全国平均水平,但低于东部地区平均水平;生态环境一体化实现程度低于全国和东部地区平均水平。

12个二级指标实现程度差距较大。其中,经济发展、文化均衡发展和污染物排放3个指标已提前实现目标;但卫生均衡发展和水资源利用的实现程度尚未达到2007年全国平均水平,产业协调与实现目标差距巨大,这些是制约广东城乡发展一体化水平提高的主要因素(见表25-1)。

2. 城乡发展一体化水平继续全面提升

2015年,广东城乡发展一体化总水平和4个一体化实现程度全面提高,延续了逐年全面提升的态势;12个二级指标实现程度也均不同程度提高(见表25-2)。

第二十五章 广东城乡发展一体化

表25-1 广东城乡发展一体化实现程度

单位：%

项目	2010年	2011年	2012年	2013年	2014年	2015年	2015年全国	2015年东部
总指数	37.39	44.77	48.97	51.15	59.43	63.63	57.05	77.99
经济发展一体化	39.14	45.08	48.20	52.34	56.75	58.97	51.56	63.96
经济发展	77.48	82.95	87.62	93.12	98.31	100	62.96	88.16
产业协调	-6.79	-0.77	0.88	2.61	4.84	7.22	43.38	39.70
要素配置	46.72	53.06	56.09	61.29	67.10	69.69	48.32	64.00
社会发展一体化	44.71	51.43	54.11	46.00	55.92	62.54	49.10	74.67
教育均衡发展	47.80	60.49	64.06	59.38	59.90	77.26	34.57	69.80
卫生均衡发展	-10.38	-13.34	-14.43	-47.56	-13.64	-5.59	27.49	63.59
文化均衡发展	80.66	84.85	89.04	94.62	100	100	66.82	85.52
社会保障均衡发展	60.75	73.71	77.80	77.56	77.43	78.51	67.51	79.78
生活水平一体化	39.87	50.12	53.68	59.16	73.78	75.39	62.10	88.10
收入消费水平	11.38	32.33	37.57	44.03	71.69	73.72	72.13	86.86
居住卫生条件	68.36	67.92	69.79	74.29	75.87	77.05	52.08	89.34
生态环境一体化	25.84	32.46	39.90	47.09	51.26	57.63	65.45	85.24
水资源利用	-33.33	-26.50	-19.66	-14.53	-6.84	-1.71	45.30	79.23
污染物排放	83.80	89.92	93.47	96.56	99.11	100	88.23	94.04
环境卫生治理	27.05	33.96	45.90	59.23	61.52	74.60	62.83	82.44

表25-2 广东城乡发展一体化实现进展（环比提高）

单位：百分点

项目	2011年	2012年	2013年	2014年	2015年	2010~2015年年均提高		
						广东	全国	东部
总指数	7.38	4.20	2.18	8.28	4.20	5.25	6.77	3.73
经济发展一体化	5.94	3.12	4.14	4.41	2.22	3.97	6.33	2.71
经济发展	5.47	4.67	5.50	5.19	1.69	4.50	7.81	4.29
产业协调	6.02	1.65	1.73	2.23	2.38	2.80	6.13	0.82
要素配置	6.34	3.03	5.20	5.81	2.59	4.59	5.04	3.04
社会发展一体化	6.72	2.68	-8.11	9.92	6.62	3.57	5.46	3.62
教育均衡发展	12.69	3.57	-4.68	0.52	17.36	5.89	3.24	4.00
卫生均衡发展	-2.96	-1.09	-33.13	33.92	8.05	0.96	5.21	1.16
文化均衡发展	4.19	4.19	5.58	5.38	0	3.87	6.29	3.62
社会保障均衡发展	12.96	4.09	-0.24	-0.13	1.08	3.55	7.10	5.69

续表

项目	2011年	2012年	2013年	2014年	2015年	2010~2015年年均提高		
						广东	全国	东部
生活水平一体化	10.25	3.56	5.48	14.62	1.61	7.10	7.79	4.55
收入消费水平	20.95	5.24	6.46	27.66	2.03	12.47	10.14	6.69
居住卫生条件	-0.44	1.87	4.50	1.58	1.18	1.74	5.44	2.41
生态环境一体化	6.62	7.44	7.19	4.17	6.37	6.36	7.52	4.05
水资源利用	6.83	6.84	5.13	7.69	5.13	6.32	6.15	2.39
污染物排放	6.12	3.55	3.09	2.55	0.89	3.24	8.16	3.48
环境卫生治理	6.91	11.94	13.33	2.29	13.08	9.51	8.24	6.27

3. 城乡发展一体化进程大幅减缓

2015年，广东城乡发展一体化总水平实现程度比上年提高4.20个百分点，高于东部地区平均进展，但低于全国平均进展。同时，进展比上年大幅下降4.08个百分点。除生态环境一体化进展快于上年，其他3个一体化进展均比上年有较大幅度下降（见表25-2）。

4. 2010~2015年城乡发展一体化进展不均衡，进展较为缓慢

2010~2015年，广东城乡发展一体化总水平实现程度年均提高5.25个百分点，高于东部地区平均进展，但低于全国平均进展，进展较为缓慢。同时，年际进展很不均衡。

4个一体化中，社会发展一体化年均进展慢于全国和东部地区平均进展，其他3个一体化年均进展均快于东部地区平均进展，但均慢于全国平均进展。

卫生均衡发展、社会保障均衡发展和居住卫生条件等指标实现程度年均进展严重滞后，教育均衡发展、收入消费水平和环境卫生治理等指标实现程度年均进展较快，均快于全国和东部地区平均进展；水资源利用虽然实现程度较低，但进展较快（见表25-2）。

二 城乡发展一体化实现程度排序与变化

1. 2015年：城乡发展一体化总水平处于第8位，在东部地区排序靠后，产业协调、卫生均衡发展和水资源利用排序靠后

2015年，广东城乡发展一体化总水平实现程度排序没有发生变化，依然处于全国第8位、东部地区倒数第3位。4个一体化中，社会发展一体化和生活水平一体化处于全国前10位，经济发展一体化和生态环境一体化排序相对靠后，排在全国中上游。12个二级指标实现程度排序差异较大，多数处于全国前10位，特别是经济发展、污染物排放和文化均衡发展3个指标并列全国第1位；但产业协调、卫生均衡发展和水资源利用3个指标实现程度排序靠后（见表25-3）。

表25-3 广东城乡发展一体化实现程度排序

项目	2010年	2011年	2012年	2013年	2014年	2015年
总指数	8	8	8	10	8	8
经济发展一体化	10	9	9	10	11	11
经济发展	6	6	7	8	6	1
产业协调	22	21	22	22	22	22
要素配置	7	7	7	8	7	7
社会发展一体化	8	9	9	20	9	8
教育均衡发展	8	8	7	10	9	6
卫生均衡发展	23	27	25	29	26	26
文化均衡发展	3	3	4	3	1	1
社会保障均衡发展	3	3	3	6	8	8
生活水平一体化	9	9	9	9	9	9
收入消费水平	20	18	18	18	14	13
居住卫生条件	8	8	8	9	9	9
生态环境一体化	13	13	13	13	13	14
水资源利用	24	24	24	24	23	25
污染物排放	6	6	6	6	6	1
环境卫生治理	11	10	8	8	9	8

2. 2010~2015年变化：整体排序非常稳定，变化很小

2010~2015年，广东城乡发展一体化总水平排序没有变化，除2013年短暂下滑外，其余年份均处于第8位。

4个一体化中，经济发展一体化和生态环境一体化实现程度排序均下降1位，社会发展一体化和生活水平一体化排序未变。

12个二级指标中，收入消费水平上升幅度较大，上升7位；经济发展、污染物排放和文化均衡发展上升到并列全国第1位；其他指标排序变化不大（见表25-3）。

三　简要评价

广东城乡发展一体化实现程度相对较高，但是在东部地区较为落后，而且进展速度相对缓慢，按目前进展，如期实现2020年目标的前景并不乐观。此外，城乡发展一体化总水平与经济发展水平不相协调，发展不均衡，短板明显，需要提速发展。

1. 提高农业比较劳动生产率，促进产业协调发展

广东经济发展水平较高，2015年已提前实现目标，但是产业发展不协调，与实现目标差距较大。农业综合机械化水平远远低于全国平均水平，农业水资源利用效率低下，尚不及2007年全国平均水平。虽然农业劳动生产率高于全国平均水平，但与实现目标仍有一定差距，而且农业劳动生产率大大低于非农产业劳动生产率，致使农业比较劳动生产率较低，城乡二元经济结构问题严重，且处于恶化状态。

2. 加大金融资金对农业的支持力度

广东财政对农业的相对支持力度较大，财政支农相对程度高于全国平均水平，并已提前实现目标。但金融对农业支持相对力度不够，农业贷款相对强度远远低于全国平均水平，与2007年全国平均水平还有较大差距。

3. 增加农村医疗卫生服务人力资源数量，缩小城乡差距

2015年与2010年相比，广东农村医疗卫生服务人力资源数量不断增加，但无论是增长速度还是数量均低于全国平均水平；同时，医疗卫生服务人力资源数量的城乡差距远大于全国平均水平，与2007年全国平均水平还有巨大差距。

第二十六章
广西城乡发展一体化

一 城乡发展一体化实现程度与进展

1. 城乡发展一体化水平低，经济发展一体化严重滞后

2015年，广西城乡发展一体化总水平实现程度为38.01%，虽高于西部地区平均水平，但远低于全国平均水平。

社会发展一体化实现程度相对较高，高于西部地区和全国平均水平；生活水平一体化和生态环境一体化实现程度均高于西部地区平均水平，但均低于全国平均水平；经济发展一体化实现程度严重滞后，不仅远低于全国平均水平，而且低于西部地区平均水平，与实现目标相差巨大。

二级指标实现程度普遍不高。污染物排放实现程度最高，也未超过80%，且低于全国平均水平；产业协调、要素配置和水资源利用实现程度非常滞后，水资源利用实现程度甚至尚未达到2007年全国平均水平（见表26-1）。

2. 城乡发展一体化水平全面提升

2015年，广西城乡发展一体化总水平和4个一体化实现程度均比上年不同程度提高，延续了逐年全面提升的态势；12个二级指标中，仅卫生均衡发展实现程度下降，收入消费水平、水资源利用、污染物排放和环境卫生治理4个指标实现程度提高幅度较大（见表26-2）。

表 26-1 广西城乡发展一体化实现程度

单位：%

项目	2010年	2011年	2012年	2013年	2014年	2015年	2015年全国	2015年西部
总指数	1.26	11.38	18.70	24.60	31.41	38.01	57.05	30.32
经济发展一体化	-18.47	-13.49	-9.40	-3.77	1.00	6.87	51.56	16.25
经济发展	-24.40	-14.82	-5.52	2.19	9.28	15.89	62.96	33.47
产业协调	-12.63	-11.51	-12.53	-5.88	-3.39	0.16	43.38	-1.61
要素配置	-18.38	-14.12	-10.13	-7.62	-2.90	4.56	48.32	16.87
社会发展一体化	29.21	36.37	44.05	48.14	50.05	50.82	49.10	31.88
教育均衡发展	20.55	23.99	37.57	32.90	28.78	34.74	34.57	8.70
卫生均衡发展	36.45	46.59	50.73	53.34	62.23	47.87	27.49	10.17
文化均衡发展	28.42	36.20	44.37	49.34	51.99	58.40	66.82	46.80
社会保障均衡发展	31.44	38.70	43.52	56.97	57.20	62.26	67.51	61.85
生活水平一体化	9.93	19.00	28.80	32.60	45.72	52.68	62.10	41.40
收入消费水平	-12.01	1.01	7.30	9.27	33.30	44.60	72.13	47.54
居住卫生条件	31.86	36.99	50.30	55.93	58.15	60.76	52.08	35.26
生态环境一体化	-15.64	3.62	11.36	21.42	28.87	41.67	65.45	31.74
水资源利用	-56.41	-50.43	-44.44	-38.46	-31.62	-15.38	45.30	9.01
污染物排放	-11.23	36.01	48.37	59.94	67.20	76.65	88.23	44.32
环境卫生治理	20.74	25.28	30.17	42.78	51.04	63.73	62.83	41.88

表 26-2 广西城乡发展一体化实现进展（环比提高）

单位：百分点

项目	2011年	2012年	2013年	2014年	2015年	2010~2015年年均提高		
						广西	全国	西部
总指数	10.12	7.32	5.90	6.81	6.60	7.35	6.77	7.09
经济发展一体化	4.98	4.09	5.63	4.77	5.87	5.07	6.33	4.80
经济发展	9.58	9.30	7.71	7.09	6.61	8.06	7.81	8.46
产业协调	1.12	-1.02	6.65	2.49	3.55	2.56	6.13	1.70
要素配置	4.26	3.99	2.51	4.72	7.46	4.59	5.04	4.23
社会发展一体化	7.16	7.68	4.09	1.91	0.77	4.32	5.46	6.00
教育均衡发展	3.44	13.58	-4.67	-4.12	5.96	2.84	3.24	2.25
卫生均衡发展	10.14	4.14	2.61	8.89	-14.36	2.28	5.21	6.60
文化均衡发展	7.78	8.17	4.97	2.65	6.41	6.00	6.29	7.16
社会保障均衡发展	7.26	4.82	13.45	0.23	5.06	6.16	7.10	7.97

续表

项目	2011年	2012年	2013年	2014年	2015年	2010~2015年年均提高		
						广西	全国	西部
生活水平一体化	9.07	9.80	3.80	13.12	6.96	8.55	7.79	8.12
收入消费水平	13.02	6.29	1.97	24.03	11.30	11.32	10.14	10.56
居住卫生条件	5.13	13.31	5.63	2.22	2.61	5.78	5.44	5.69
生态环境一体化	19.26	7.74	10.06	7.45	12.80	11.46	7.52	9.44
水资源利用	5.98	5.99	5.98	6.84	16.24	8.21	6.15	7.41
污染物排放	47.24	12.36	11.57	7.25	9.45	17.58	8.16	15.34
环境卫生治理	4.54	4.89	12.61	8.26	12.69	8.60	8.24	5.55

3. 城乡发展一体化继续保持较快进展

2015年，广西城乡发展一体化总水平实现程度比上年提高6.60个百分点，进展略低于上年，也低于全国和西部地区平均进展；生态环境一体化进程大幅加快，经济发展一体化进展快于上年；但生活水平一体化进展较大幅度减缓（见表26-2）。

4. 2010~2015年城乡发展一体化进展较快，污染物排放和收入消费水平实现程度大幅提高

2010~2015年，广西城乡发展一体化总水平实现程度年均提高7.35个百分点，高于全国和西部地区平均水平，进展相对较快；生活水平一体化和生态环境一体化进展较快，均高于全国和西部地区平均进展；污染物排放和收入消费水平实现程度大幅提高，年均分别提高17.58个和11.32个百分点；社会发展一体化实现程度进展缓慢，低于全国和西部地区平均水平（见表26-2）。

二 城乡发展一体化实现程度排序与变化

1. 2015年：城乡发展一体化整体排序靠后，社会发展一体化排序大幅下降

2015年，广西城乡发展一体化总水平实现程度处于全国第25位、西部地区第6位。4个一体化排序也比较靠后，特别是经济发展一体化处于全国倒数第4位。12个二级指标没有一个进入前10位，排序相对居前的环境卫生治理和居住卫生条件分别处于第11位和第12位；经济发展、要素配置和水资源利用3个指标处于后5位（见表26-3）。

表 26-3　广西城乡发展一体化实现程度排序

项目	2010 年	2011 年	2012 年	2013 年	2014 年	2015 年
总指数	25	24	23	24	25	25
经济发展一体化	27	27	27	27	27	27
经济发展	26	27	27	27	27	27
产业协调	23	23	25	23	23	23
要素配置	25	25	25	27	27	26
社会发展一体化	19	21	17	17	15	22
教育均衡发展	23	22	18	19	20	21
卫生均衡发展	12	11	11	11	11	14
文化均衡发展	20	22	20	21	20	19
社会保障均衡发展	19	25	27	17	19	21
生活水平一体化	19	18	18	19	18	18
收入消费水平	26	26	28	27	28	25
居住卫生条件	11	10	10	10	10	12
生态环境一体化	25	23	24	23	23	23
水资源利用	27	27	27	30	27	27
污染物排放	22	17	18	18	16	16
环境卫生治理	14	14	15	13	11	11

2. 2010~2015 年变化：城乡发展一体化整体排序变化较小，污染物排放实现程度排序提升较大

2015 年相比 2010 年，广西城乡发展一体化总水平实现程度排序经历了从上升到下降的过程，最终保持不变，依旧处于第 25 位。

4 个一体化排序基本稳定，社会发展一体化实现程度排序下降 3 位，生活水平一体化和生态环境一体化排序均略微上升。

12 个二级指标中，污染物排放实现程度排序提升幅度较大，上升 6 位；环境卫生治理排序上升 3 位；其他指标最终排序变化均在 2 位以内（见表 26-3）。

三　简要评价

广西城乡发展一体化进展较快，但由于基础较差，城乡发展一体化总水平实现程度依然较低，按目前进展速度，到 2020 年，生态环境一体化和生活水平一体化将接近实现目标，而总水平、经济发展一体化和社会发展一体化将无

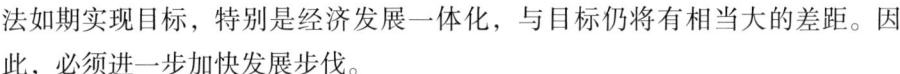

法如期实现目标，特别是经济发展一体化，与目标仍将有相当大的差距。因此，必须进一步加快发展步伐。

1. 加快经济发展，提高城镇化水平

2010~2015年，广西人均GDP增长和人口城镇化率提高速度均快于全国平均水平，但由于基础较差，经济发展水平和城镇化水平依然低于全国平均水平，人均GDP仅为全国平均水平的74%，城乡发展一体化基础极其薄弱。因此，必须加快经济发展、提高城镇化率，夯实城乡发展一体化基础。

2. 提高农业现代化水平，遏制城乡二元经济结构恶化趋势

尽管近几年来广西农业发展水平有所提高，但发展较为缓慢，农业劳动生产率、农业综合机械化率以及农业用水利用效率等低于全国平均水平，特别是农田灌溉水利用效率与实现目标差距巨大；同时，第一产业劳动力比重远大于全国平均水平，致使城乡二元经济结构问题呈现持续恶化的趋势，2015年尚未达到2007年全国平均水平，严重拖累了经济发展一体化和城乡发展一体化实现程度的提高。

3. 加大资金对农业的支持力度，改善城乡要素配置

广西无论是农业贷款相对强度还是财政支农相对程度均低于全国平均水平，特别是财政支农相对程度，绝大多数省份和全国已经提前实现目标，表明广西对农业的资金支持相对不足。同时，虽然城镇化土地利用效率大幅度提高，但土地利用效率依然较低，2015年仅为全国平均水平的80%，与实现目标依然差距较大。

4. 加快提高农民收入水平，缩小城乡居民收入和消费差距

2015年与2010年相比，广西农民人均可支配收入提高了80%，增长远快于全国平均水平，但由于基础较差，农民收入水平依然较低，2015年仅为全国平均水平的80%；同时，虽然城乡居民收入差距不断缩小，但依然较大，与实现目标差距较大。城乡居民消费差距也较大。

5. 提高农村人力资源素质，缩小城乡差距

广西农村义务教育教师平均受教育年限远低于全国平均水平，而且提高速度较为缓慢，与实现目标还有一定差距；虽然城乡差距有所缩小，但仍大于全国平均水平。同时，近年来，农村人口平均受教育年限没有提高，而城乡差距却在不断扩大。

第二十七章
海南城乡发展一体化

一 城乡发展一体化实现程度与进展

1. 城乡发展一体化整体水平相对较低,经济发展一体化实现程度低

2015年,海南城乡发展一体化总水平实现程度达到58.70%,仅比全国平均水平高1.65个百分点,比东部地区平均水平低19.29个百分点,实现程度相对较低。4个一体化实现程度均远远低于东部地区平均水平,特别是经济发展一体化实现程度甚至远低于全国平均水平。

12个二级指标中,居住卫生条件接近实现目标;产业协调、社会保障均衡发展等实现程度相对较高,均高于全国和东部地区平均水平;要素配置实现程度低,尚不及2007年全国平均水平;经济发展、卫生均衡发展和收入消费水平等实现程度远低于全国和东部地区平均水平(见表27-1)。

表27-1 海南城乡发展一体化实现程度

单位:%

项目	2010年	2011年	2012年	2013年	2014年	2015年	2015年全国	2015年东部
总指数	34.60	42.43	47.88	53.67	59.43	58.70	57.05	77.99
经济发展一体化	11.24	14.43	18.89	25.04	28.72	30.13	51.56	63.96
经济发展	14.42	20.31	27.05	34.34	41.27	48.92	62.96	88.16
产业协调	61.09	62.93	66.79	69.15	71.01	67.66	43.38	39.70
要素配置	-41.79	-39.94	-37.19	-28.38	-26.13	-26.19	48.32	64.00

第二十七章 海南城乡发展一体化

续表

项目	2010年	2011年	2012年	2013年	2014年	2015年	2015年全国	2015年东部
社会发展一体化	41.15	44.15	52.34	56.72	64.34	56.91	49.10	74.67
教育均衡发展	35.21	35.17	46.85	49.97	51.79	60.51	34.57	69.80
卫生均衡发展	33.93	21.63	28.56	33.60	60.09	10.38	27.49	63.59
文化均衡发展	38.19	48.74	56.41	65.42	67.38	76.03	66.82	85.52
社会保障均衡发展	57.27	71.03	77.55	77.91	78.09	80.70	67.51	79.78
生活水平一体化	52.81	66.62	68.87	76.39	84.90	77.45	62.10	88.10
收入消费水平	28.28	44.41	48.85	61.18	77.96	62.38	72.13	86.86
居住卫生条件	77.33	88.83	88.88	91.60	91.83	92.52	52.08	89.34
生态环境一体化	33.22	44.52	51.43	56.55	59.76	70.30	65.45	85.24
水资源利用	53.85	55.56	57.26	59.83	64.10	68.38	45.30	79.23
污染物排放	39.20	49.37	56.13	62.83	66.92	72.86	88.23	94.04
环境卫生治理	6.60	28.64	40.89	46.98	48.25	69.68	62.83	82.44

2. 城乡发展一体化总水平首次出现下降

2015年，海南城乡发展一体化总水平实现程度首次出现下降，比上年下降0.73个百分点。生态环境一体化实现程度大幅上升；社会发展一体化和生活水平一体化实现程度首次出现下降；经济发展一体化实现程度虽继续提升，但进展减缓。

12个二级指标中，产业协调、要素配置、卫生均衡发展和收入消费水平4个指标实现程度下降（见表27-2）。

表27-2 海南城乡发展一体化实现程度进展（环比提高）

单位：百分点

项目	2011年	2012年	2013年	2014年	2015年	2010~2015年年均提高		
						海南	全国	东部
总指数	7.83	5.45	5.79	5.76	-0.73	4.82	6.77	3.73
经济发展一体化	3.19	4.46	6.15	3.68	1.41	3.78	6.33	2.71
经济发展	5.89	6.74	7.29	6.93	7.65	6.90	7.81	4.29
产业协调	1.84	3.86	2.36	1.86	-3.35	1.31	6.13	0.82
要素配置	1.85	2.75	8.81	2.25	-0.06	3.12	5.04	3.04
社会发展一体化	3.00	8.19	4.38	7.62	-7.43	3.15	5.46	3.62
教育均衡发展	-0.04	11.68	3.12	1.82	8.72	5.06	3.24	4.00
卫生均衡发展	-12.30	6.93	5.04	26.49	-49.71	-4.71	5.21	1.16

续表

项目	2011年	2012年	2013年	2014年	2015年	2010~2015年年均提高		
						海南	全国	东部
文化均衡发展	10.55	7.67	9.01	1.98	8.65	7.57	6.29	3.62
社会保障均衡发展	13.76	6.52	0.36	0.18	2.61	4.69	7.10	5.69
生活水平一体化	13.81	2.25	7.52	8.51	-7.45	4.93	7.79	4.55
收入消费水平	16.13	4.44	12.33	16.78	-15.58	6.82	10.14	6.69
居住卫生条件	11.50	0.05	2.72	0.23	0.69	3.04	5.44	2.41
生态环境一体化	11.30	6.91	5.12	3.21	10.54	7.42	7.52	4.05
水资源利用	1.71	1.70	2.57	4.27	4.28	2.91	6.15	2.39
污染物排放	10.17	6.76	6.70	4.09	5.94	6.73	8.16	3.48
环境卫生治理	22.04	12.25	6.09	1.27	21.43	12.62	8.24	6.27

3. 2010~2015年城乡发展一体化进展缓慢

2010~2015年，海南城乡发展一体化总水平实现程度进展虽略快于东部地区平均进展，但慢于全国平均进展。总水平进展相对较慢主要源于4个一体化进展均低于全国平均进展，特别是社会发展一体化的进展不仅远低于全国平均进展，也低于东部地区平均进展；经济发展一体化进展虽快于东部地区年平均进展，但远低于全国平均进展。12个二级指标中，除教育均衡发展、文化均衡发展和环境卫生治理外，其他9个指标进展均低于全国平均进展，其中卫生均衡发展实现程度下降（见表27-2）。

二 城乡发展一体化实现程度排序与变化

1. 2015年：城乡发展一体化总水平排序首次未能进入前10位，整体排序下降，产业协调排序居前

2015年，海南城乡发展一体化总水平实现程度排序下降2位，位列全国第11，首次未能进入前10位（见表27-3）。

4个一体化中，除生活水平一体化外，其他3个一体化均未能进入前10位。经济发展一体化和生态环境一体化排序未发生变化；经济发展一体化排序位列第22，依旧靠后；社会发展一体化和生活水平一体化实现程度排序下降。

12个二级指标中，产业协调排序位居第3，社会保障均衡发展、居住卫生条件排序靠前；要素配置居全国末位，卫生均衡发展和收入消费水平排序也较为靠后（见表27-3）。

表27-3 海南城乡发展一体化实现程度排序

项目	2010年	2011年	2012年	2013年	2014年	2015年
总指数	10	9	9	8	9	11
经济发展一体化	16	18	19	18	22	22
经济发展	15	17	18	18	18	18
产业协调	4	3	2	2	2	3
要素配置	30	29	30	29	29	30
社会发展一体化	12	13	10	8	8	13
教育均衡发展	14	17	16	13	14	11
卫生均衡发展	15	21	18	17	12	23
文化均衡发展	17	15	10	9	10	9
社会保障均衡发展	7	5	4	4	7	5
生活水平一体化	7	7	7	7	7	8
收入消费水平	14	12	14	12	7	20
居住卫生条件	7	5	5	5	5	5
生态环境一体化	11	10	10	11	11	11
水资源利用	11	11	11	11	11	11
污染物排放	10	11	15	15	18	18
环境卫生治理	22	12	11	10	13	10

2. 2010~2015年变化：城乡发展一体化实现程度整体排序下降，经济发展一体化排序大幅下降

2010~2015年，海南城乡发展一体化总水平实现程度排序小幅下降1位，但比排序最高时的2013年下降3位。

4个一体化中，生态环境一体化和生活水平一体化排序较为稳定，基本未发生变化。由于经济发展和要素配置进展极其缓慢，经济发展一体化排序大幅下降6位。

由于收入消费水平进展相对缓慢，排序大幅下降6位。虽然环境卫生治理进展较快，排序大幅上升12位，但由于污染物排放进展相对缓慢，排序大幅下降8位，因此，生态环境一体化排序基本稳定（见表27-3）。

三 简要评价

虽然海南城乡发展一体化总水平位居全国第11，排序相对居前，但城乡一体化发展很不均衡，进展缓慢，短板突出。

1. 大力加快城乡发展一体化进程

虽然海南城乡发展一体化总水平实现程度起点相对较高，但是由于进展缓慢，远低于全国平均进展，总水平实现程度相对较低。按照目前进展速度，到2020年城乡发展一体化总水平将无法如期实现目标。4个一体化中，生活水平一体化和生态环境一体化预期可实现目标，社会发展一体化距实现目标将还有1/4的路程，而经济发展一体化实现程度预期无法过半。

2. 加快经济发展，提高城镇化水平

2015年，海南人均GDP为35594.71元（2010年不变价），比2010年增长49.83%，虽略快于同期全国平均增长，但增长速度仅位列全国第22。由于海南人均GDP起点较低，增长较为缓慢，因此，人均GDP水平依然较低，2015年仅及全国平均水平的约80%，位列全国第23（不包括西藏）；同时，城镇化水平也低于全国平均水平。经济发展水平和城镇化水平较低严重制约了海南城乡发展一体化整体水平的提升。

3. 改善城乡要素配置，提高城镇化土地利用效率

（1）提高非农就业水平

目前，海南非农就业水平较低，2015年第一产业劳动力比重达42%，比全国平均水平高出10个百分点。

（2）加大财政资金和信贷资金对农业支持力度

2015年，海南农业贷款相对强度和财政支农相对程度均处于全国末位，尚不及2007年全国平均水平。

（3）提高城镇化土地利用效率

2015年，海南每平方公里城镇建设用地第二、第三产业增加值为3.11亿元（2010年价格），仅相当于全国平均水平的53%，尚未达到2007年全国平均水平，这表明海南城镇化过程中土地集约利用程度不高，城镇化土地利用率低下。2015年，海南土地相对利用率实现程度与2007年全国平均水平还有一定距离。

4. 提高农民收入水平，缩小城乡居民消费差距

2015年，海南农村居民人均可支配收入为9326.62元，仅位列全国第19、东部地区末位，低于全国平均水平。此外，海南城乡居民消费差距较大。2015年，海南城乡居民消费比为2.64（以农村为1），仅位列全国第23，城乡差距远大于全国平均水平。

第二十八章
重庆城乡发展一体化

一 城乡发展一体化实现程度与进展

1. 城乡发展一体化整体水平较低

2015年,重庆城乡发展一体化总水平实现程度达到47.42%,虽比西部地区平均水平高17.10个百分点,位居西部地区第2,但比全国平均水平低9.63个百分点,实现程度较低。

4个一体化实现程度虽然均高于西部地区平均水平,但是,仅社会发展一体化实现程度超过50%,且高于全国平均水平,其他3个一体化实现程度均未过半,且均低于全国平均水平。

12个二级指标中,经济发展、卫生均衡发展、社会保障均衡发展以及污染物排放等指标实现程度较高;产业协调和水资源利用两个指标实现程度低,均不及2007年全国平均水平,教育均衡发展实现程度也很低(见表28-1)。

2. 城乡发展一体化水平继续保持全面提升的态势

2015年,重庆城乡发展一体化水平全面提高,延续了逐年全面提高的态势。城乡发展一体化总水平实现程度比2014年提高了7.37个百分点,4个一体化实现程度均比2014年不同程度提高,12个二级指标中,仅社会保障均衡发展实现程度略微下降(见表28-2)。

第二十八章　重庆城乡发展一体化

表 28-1　重庆城乡发展一体化实现程度

单位：%

项目	2010年	2011年	2012年	2013年	2014年	2015年	2015年全国	2015年西部
总指数	12.38	20.50	29.08	35.05	40.05	47.42	57.05	30.32
经济发展一体化	14.01	12.74	19.37	24.48	33.93	39.91	51.56	16.25
经济发展	30.71	43.25	55.49	65.69	75.53	82.73	62.96	33.47
产业协调	-13.52	-24.33	-22.21	-23.77	-12.07	-6.59	43.38	-1.61
要素配置	24.84	19.30	24.82	31.52	38.34	43.60	48.32	16.87
社会发展一体化	22.55	33.67	45.50	50.73	45.38	56.64	49.10	31.88
教育均衡发展	-11.44	-21.65	-6.25	2.52	-18.90	16.14	34.57	8.70
卫生均衡发展	35.06	50.43	61.97	69.27	65.63	76.56	27.49	10.17
文化均衡发展	27.18	43.91	51.31	53.61	55.34	57.84	66.82	46.80
社会保障均衡发展	39.39	62.00	74.99	77.53	79.44	76.02	67.51	61.85
生活水平一体化	-0.58	12.14	23.49	30.37	40.73	46.45	62.10	41.40
收入消费水平	-18.70	-2.67	14.09	22.76	37.77	43.92	72.13	47.54
居住卫生条件	17.54	26.96	32.90	37.98	43.69	48.99	52.08	35.26
生态环境一体化	13.55	23.44	27.96	34.61	40.16	46.68	65.45	31.74
水资源利用	-11.11	-14.53	-17.95	-11.11	-6.84	-2.56	45.30	9.01
污染物排放	17.31	46.96	60.64	71.02	79.20	87.13	88.23	44.32
环境卫生治理	34.45	37.89	41.18	43.93	48.11	55.49	62.83	41.88

表 28-2　重庆城乡发展一体化实现程度进展（环比提高）

单位：百分点

项目	2011年	2012年	2013年	2014年	2015年	2010~2015年年均提高		
						重庆	全国	西部
总指数	8.12	8.58	5.97	5.00	7.37	7.01	6.77	7.09
经济发展一体化	-1.27	6.63	5.11	9.45	5.98	5.18	6.33	4.80
经济发展	12.54	12.24	10.20	9.84	7.20	10.40	7.81	8.46
产业协调	-10.81	2.12	-1.56	11.70	5.48	1.39	6.13	1.70
要素配置	-5.54	5.52	6.70	6.82	5.26	3.75	5.04	4.23
社会发展一体化	11.12	11.83	5.23	-5.35	11.26	6.82	5.46	6.00
教育均衡发展	-10.21	15.40	8.77	-21.42	35.04	5.52	3.24	2.25
卫生均衡发展	15.37	11.54	7.30	-3.64	10.93	8.30	5.21	6.60
文化均衡发展	16.73	7.40	2.30	1.73	2.50	6.13	6.29	7.16
社会保障均衡发展	22.61	12.99	2.54	1.91	-3.42	7.33	7.10	7.97

续表

项目	2011年	2012年	2013年	2014年	2015年	2010~2015年年均提高		
						重庆	全国	西部
生活水平一体化	12.72	11.35	6.88	10.36	5.72	9.41	7.79	8.12
收入消费水平	16.03	16.76	8.67	15.01	6.15	12.52	10.14	10.56
居住卫生条件	9.42	5.94	5.08	5.71	5.30	6.29	5.44	5.69
生态环境一体化	9.89	4.52	6.65	5.55	6.52	6.63	7.52	9.44
水资源利用	-3.42	-3.42	6.84	4.27	4.28	1.71	6.15	7.41
污染物排放	29.65	13.68	10.38	8.18	7.93	13.96	8.16	15.34
环境卫生治理	3.44	3.29	2.75	4.18	7.38	4.21	8.24	5.55

3. 城乡发展一体化总水平实现程度进展加快

2015年，重庆城乡发展一体化总水平实现程度进展加快，比2014年进展快2.37个百分点，扭转了前两年进展持续下滑的趋势。总水平进展加快主要源于社会发展一体化进展的大幅加快，特别是教育均衡发展和卫生均衡发展进展的大幅加快（见表28-2）。

4. 2010~2015年城乡发展一体化进展相对较快

2010~2015年，重庆城乡发展一体化总水平实现程度年均进展虽略慢于西部地区平均进展，但快于全国平均进展。总水平进展相对较快主要源于社会发展一体化和生活水平一体化进展较快，两者均快于全国和西部地区平均进展；生态环境一体化进展相对较慢，低于西部地区和全国平均进展（见表28-2）。

二 城乡发展一体化实现程度排序与变化

1. 2015年：城乡发展一体化整体排序上升，社会发展一体化排序大幅提升

2015年，重庆城乡发展一体化总水平实现程度排序提升2位，位列全国第18、西部地区第2。

4个一体化中，生活水平一体化实现程度排序未发生变化，依然排在第20位；经济发展一体化和生态环境一体化排序均小幅下降1位，分别位列全国第16和第19；得益于教育均衡发展和卫生均衡发展实现程度的快速提高，社会发展一体化排序大幅提升6位。

12个二级指标中，教育均衡发展排序大幅上升，文化均衡发展和社会保障均衡发展排序下降幅度较大。卫生均衡发展、社会保障均衡发展和污染物排放3个指标排序相对较高，均进入全国前10行列。产业协调、教育均衡发展、收入消费水平和水资源利用等指标排序靠后（见表28-3）。

表28-3 重庆城乡发展一体化实现程度排序

项目	2010年	2011年	2012年	2013年	2014年	2015年
总指数	20	20	19	19	20	18
经济发展一体化	14	20	18	19	15	16
经济发展	13	12	11	11	11	11
产业协调	24	27	27	27	27	27
要素配置	12	18	18	17	15	14
社会发展一体化	21	22	14	11	20	14
教育均衡发展	26	25	27	25	28	24
卫生均衡发展	13	10	9	9	10	9
文化均衡发展	21	18	16	16	15	20
社会保障均衡发展	16	8	5	7	6	10
生活水平一体化	26	23	21	20	20	20
收入消费水平	28	28	25	25	25	26
居住卫生条件	16	16	14	14	14	14
生态环境一体化	16	16	17	17	18	19
水资源利用	21	22	23	23	23	26
污染物排放	20	13	11	10	10	10
环境卫生治理	8	9	10	12	14	15

2. 2010～2015年变化：城乡发展一体化整体排序上升

2010～2015年，重庆城乡发展一体化总水平实现程度小幅上升2位。

4个一体化中，受益于4个二级指标排序全面提升，社会发展一体化排序大幅提升7位；生活水平一体化排序大幅提升6位。虽然与2010年相比，经济发展一体化排序下降2位，但实际上自2012年以来基本呈上升趋势，2015年比2011年提升了4位。虽然污染物排放排序大幅提升10位，但是由于水资源利用和环境卫生治理排序分别下降5位和7位，生态环境一体化排序下降3位（见表28-3）。

三 简要评价

虽然重庆城乡发展一体化总水平居西部地区第2位，但与发达地区省份相比还存在较大差距,整体发展水平较低,短板突出。

1. 加快城乡发展一体化进程

虽然近几年来重庆城乡发展一体化总水平进展相对较快,但由于起点较低,目前实现程度离实现目标还有较大差距。按照目前的进展速度,到2020年,离实现目标还有约1/5的路程,特别是经济发展一体化离实现目标还有较大差距。因此,必须进一步加快发展步伐。

2. 提高农业劳动生产率和农业现代化水平,改善城乡二元经济结构

自2012年以来,重庆城乡二元经济状况有所改善,但改善程度不大,农业比较劳动生产率远远低于非农产业比较劳动生产率,二元经济问题依然十分突出,2015年实现程度尚未达到2007年全国平均水平。2015年,第一产业劳动生产率低于全国平均水平,农业综合机械化率和农田灌溉水有效利用系数不仅低于全国平均水平,甚至尚未达到2007年全国平均水平,农业现代化水平较低。

3. 提高农村人力资源水平,缩小城乡差距

自2010年以来,重庆农村人口平均受教育年限有所提高,但依然低于全国平均水平;同时,城乡差距大于全国平均水平,近年来城乡差距并没有明显缩小,除2015年外,2011年以来其他年份城乡差距还有所扩大。

4. 提高农民收入水平

近年来,重庆农民收入水平持续提高,城乡差距也不断缩小,但农民收入水平依然低于全国平均水平;农民收入水平较低也反映在城乡居民消费差距较大上,虽然差距不断缩小,但仍远远大于全国平均水平。

5. 改善农村居住卫生条件和环境

2015年,重庆农村安全饮用水普及率以及农村生活垃圾处理率均低于全国平均水平,需要采取有效措施加快提高。

第二十九章
四川城乡发展一体化

一 城乡发展一体化实现程度与进展

1. 城乡发展一体化整体水平较低,经济发展一体化严重滞后,教育均衡发展、产业协调以及水资源利用实现程度低

2015年,四川城乡发展一体化总水平实现程度为39.15%,虽比西部地区平均水平高8.83个百分点,但比全国平均水平低17.90个百分点,离实现目标差距较大。

4个一体化实现程度均低于全国平均水平,其中,仅生活水平一体化实现程度超过50%,其他3个一体化实现程度均未过半;经济发展一体化严重滞后,不仅远低于全国平均水平,也低于西部地区平均水平。

12个二级指标中,仅污染物排放实现程度超过80%,产业协调和水资源利用两个指标实现程度尚不及2007年全国平均水平,教育均衡发展实现程度离目标差距也较大(见表29-1)。

2. 城乡发展一体化继续全面提升

2015年,四川城乡发展一体化总水平及4个一体化实现程度全面提高,延续了全面提高的态势;12个二级指标实现程度也全部提升,其中教育均衡发展和文化均衡发展提升幅度较大(见表29-2)。

表 29-1 四川城乡发展一体化实现程度

单位：%

项目	2010年	2011年	2012年	2013年	2014年	2015年	2015年全国	2015年西部
总指数	1.69	12.66	18.29	22.80	32.10	39.15	57.05	30.32
经济发展一体化	-16.28	-7.78	-0.58	5.25	10.98	15.61	51.56	16.25
经济发展	-22.93	-12.88	-2.87	5.52	13.72	21.71	62.96	33.47
产业协调	-14.62	-15.89	-13.76	-8.89	-4.17	-0.26	43.38	-1.61
要素配置	-11.28	5.42	14.88	19.13	23.39	25.39	48.32	16.87
社会发展一体化	16.83	31.29	27.56	24.04	33.01	42.95	49.10	31.88
教育均衡发展	12.60	31.99	-2.71	-31.65	-8.03	8.54	34.57	8.70
卫生均衡发展	34.84	44.61	46.36	49.44	54.61	59.79	27.49	10.17
文化均衡发展	5.03	12.86	21.65	29.57	34.04	48.96	66.82	46.80
社会保障均衡发展	14.83	35.72	44.96	48.80	51.44	54.48	67.51	61.85
生活水平一体化	11.42	19.95	31.23	37.72	47.23	54.59	62.10	41.40
收入消费水平	29.97	39.62	54.01	61.11	72.96	79.63	72.13	47.54
居住卫生条件	-7.13	0.28	8.45	14.33	21.51	29.55	52.08	35.26
生态环境一体化	-5.22	7.16	14.95	24.20	37.16	43.46	65.45	31.74
水资源利用	-60.68	-52.99	-45.30	-37.61	-31.62	-24.79	45.30	9.01
污染物排放	18.65	44.91	57.90	67.98	74.53	82.28	88.23	44.32
环境卫生治理	26.38	29.57	32.24	42.24	68.57	72.88	62.83	41.88

表 29-2 四川城乡发展一体化实现程度进展（环比提高）

单位：百分点

项目	2011年	2012年	2013年	2014年	2015年	2010~2015年年均提高		
						四川	全国	西部
总指数	10.97	5.63	4.51	9.30	7.05	7.49	6.77	7.09
经济发展一体化	8.50	7.20	5.83	5.73	4.63	6.38	6.33	4.80
经济发展	10.05	10.01	8.39	8.20	7.99	8.93	7.81	8.46
产业协调	-1.27	2.13	4.87	4.72	3.91	2.87	6.13	1.70
要素配置	16.70	9.46	4.25	4.26	2.00	7.33	5.04	4.23
社会发展一体化	14.46	-3.73	-3.52	8.97	9.94	5.22	5.46	6.00
教育均衡发展	19.39	-34.70	-28.94	23.62	16.57	-0.81	3.24	2.25
卫生均衡发展	9.77	1.75	3.08	5.17	5.18	4.99	5.21	6.60
文化均衡发展	7.83	8.79	7.92	4.47	14.92	8.79	6.29	7.16
社会保障均衡发展	20.89	9.24	3.84	2.64	3.04	7.93	7.10	7.97

第二十九章　四川城乡发展一体化

续表

项目	2011年	2012年	2013年	2014年	2015年	2010~2015年年均提高		
						四川	全国	西部
生活水平一体化	8.53	11.28	6.49	9.51	7.36	8.63	7.79	8.12
收入消费水平	9.65	14.39	7.11	11.85	6.67	9.93	10.14	10.56
居住卫生条件	7.41	8.17	5.88	7.18	8.04	7.34	5.44	5.69
生态环境一体化	12.38	7.79	9.25	12.96	6.30	9.74	7.52	9.44
水资源利用	7.69	7.69	7.69	5.99	6.83	7.18	6.15	7.41
污染物排放	26.26	12.99	10.08	6.55	7.75	12.73	8.16	15.34
环境卫生治理	3.19	2.67	10.00	26.33	4.31	9.30	8.24	5.55

3. 城乡发展一体化实现程度进展较快，但有所减缓

2015年，四川城乡发展一体化总水平实现程度比上年提高了7.05个百分点，快于全国平均进展，但相比上年有所回落，进展比2014年回落2.25个百分点。

4个一体化中，仅社会发展一体化实现程度进展快于上年，其余3个一体化进展均低于上年；特别是生态环境一体化进展大幅下降了6.66个百分点（见表29-2）。

4. 2010~2015年城乡发展一体化实现程度进展较快

2010~2015年，四川城乡发展一体化总水平实现程度年均进展不仅快于全国平均进展，也快于西部地区平均进展。

4个一体化中，社会发展一体化进展较慢，低于全国和西部地区平均进展；经济发展一体化进展虽快于全国和西部地区平均进展，但呈逐年减缓趋势；生活水平一体化和生态环境一体化进展较快，均快于全国和西部地区平均水平（见表29-2）。

二　城乡发展一体化实现程度排序与变化

1. 2015年：城乡发展一体化整体排序略升，排序依然靠后

2015年，四川城乡发展一体化总水平实现程度排序提升1位，但排序依然靠后，位列全国第23、西部地区第4。

4个一体化中，经济发展一体化和社会发展一体化实现程度排序靠后；得益于文化均衡发展实现程度的快速提高，社会发展一体化排序提升2位；得益于收入消费水平实现程度的提高,生活水平一体化排序提升3位,排序相对居前;生态发展一体化排序下降2位,排序靠后。

12个二级指标中,仅环境卫生治理排序进入前10位,收入消费水平、卫生均衡发展、污染物排放3个指标排序也相对靠前;水资源利用、经济发展、产业协调、教育均衡发展、社会保障均衡发展等指标排序靠后(见表29-3)。

表29-3 四川城乡发展一体化实现程度排序

项目	2010年	2011年	2012年	2013年	2014年	2015年
总指数	24	23	24	25	24	23
经济发展一体化	26	26	26	26	26	26
经济发展	25	25	25	25	26	26
产业协调	25	26	26	25	25	25
要素配置	23	21	20	20	20	20
社会发展一体化	24	23	24	27	26	24
教育均衡发展	24	18	25	29	26	26
卫生均衡发展	14	14	15	15	13	12
文化均衡发展	26	27	26	27	27	23
社会保障均衡发展	27	27	24	28	25	26
生活水平一体化	18	17	14	17	17	14
收入消费水平	13	14	12	13	12	11
居住卫生条件	22	22	21	21	21	21
生态环境一体化	22	22	22	22	20	22
水资源利用	28	28	28	29	27	28
污染物排放	19	15	14	12	13	12
环境卫生治理	12	11	13	14	8	9

2. 2010~2015年变化:城乡发展一体化整体水平排序较为稳定,略微上升,生活水平一体化排序大幅提升

2010~2015年,四川城乡发展一体化总水平实现程度小幅上升1位,排序始终较为靠后。

4个一体化中,生活水平一体化排序大幅提升4位,其他3个一体化排序未变;12个二级指标中,除污染物排放排序大幅上升7位外,其余指标排序变动不大(见表29-3)。

三 简要评价

四川城乡发展一体化整体水平较低,处于全国下游,城乡发展一体化短板较多，离实现目标差距较大。近年来，四川城乡发展一体化进程较快，但基础较差，如不加快发展，将无法如期实现目标。按目前进展，生活水平一体化和生态环境一体化将在2020年接近实现目标，但总水平以及经济发展一体化和社会发展一体化将无法实现目标，特别是经济发展一体化实现程度将无法过半，严重拖累城乡发展一体化总水平目标的实现。

1. 加快经济发展，提高城镇化水平

2015年，四川人均GDP为34931.41元（2010年不变价），比2010年增长63.5%，远快于同期全国平均增长，但人均GDP水平依然较低，仅及全国平均水平的80%；同时，城镇化水平也远低于全国平均水平。经济发展和城镇化水平较低严重制约了四川经济发展一体化和城乡发展一体化整体水平的提升。

2. 提高农业劳动生产率和农业现代化水平，遏制城乡二元经济结构恶化趋势

近年来，四川农业发展水平有所提高，但发展较为缓慢，农业发展水平依然较低，农业劳动生产率、农业综合机械化率以及农业用水利用效率等均远低于全国平均水平；另外，第一产业劳动力比重依然较大，虽然农业劳动生产率有所提高，但农业比较劳动生产率提高幅度远低于非农产业比较劳动生产率提高幅度，导致城乡二元经济结构问题呈现持续恶化的趋势，严重拖累了经济发展一体化和城乡发展一体化实现程度的提高。因此，应深入推进农业供给侧结构性改革，加快扭转城乡二元经济结构恶化的趋势。

3. 改善城乡要素配置，提高城镇化土地利用效率

提高非农就业水平。目前，四川非农就业水平较低，2015年第一产业劳动力比重达38.4%，比全国平均水平高出6.6个百分点。

提高城镇化土地利用效率。近年来，四川城镇化土地利用效率有所提高，但利用效率依然较低。2015年，四川每平方公里城镇建设用地第二、第三产业产值为4.68亿元（2010年价格），远低于全国平均水平，离实现目标还有较大差距。

4. 遏制农村人力资源素质下降趋势和城乡差距扩大趋势

2015年，四川农村人口平均受教育年限远低于全国平均水平，尚不及2007年全国平均水平，而且近年来农村人口平均受教育年限有所下降；同时，人口平均受教育年限的城乡差距不断扩大，并远远大于全国平均水平，实现程度离 2007 年全国平均水平还有较大差距。因此，必须采取有效措施遏制住农村人力资源素质下降趋势和城乡差距扩大趋势。

5. 进一步缩小城乡社会保障差距

近年来，四川无论是城乡基本医疗保障水平差距还是城乡居民最低生活保障水平差距均呈不断缩小趋势，且缩小幅度较大。但是，城乡差距依然较大，大于全国平均水平。

6. 加快农民收入增长

2015 年，四川收入消费水平实现程度为 79.63%，比较接近实现目标，这主要得益于城乡居民收入消费差距不断缩小且低于全国平均水平。但是，尽管农民收入不断提高，但收入水平依然较低，与全国平均水平还有一定差距。

第三十章
贵州城乡发展一体化

一 城乡发展一体化实现程度与进展

1. 城乡发展一体化实现程度全面落后，首次超过2007年全国平均水平

2015年，贵州城乡发展一体化总水平实现程度为5.12%，远低于全国和西部地区平均水平，首次超过2007年全国平均水平。

4个一体化实现程度均非常低，社会发展一体化和生态环境一体化实现程度超过2007年全国平均水平，但均低于全国和西部地区平均水平；生活水平一体化实现程度虽远低于全国和西部地区平均水平，但远高于其他3个一体化实现程度；经济发展一体化严重滞后，实现程度离2007年全国平均水平还有较大差距。

12个二级指标中，经济发展、产业协调、要素配置、卫生均衡发展以及水资源利用5个指标实现程度尚未达到2007年全国平均水平，实现程度最高的社会保障均衡发展也只有58.1%（见表30-1）。

2. 城乡发展一体化水平全面提升

2015年，贵州城乡发展一体化总水平比上年提高11.37个百分点，延续了逐年提升的态势；4个一体化以及12个二级指标的实现程度也全部提高（见表30-2）。

表30-1 贵州城乡发展一体化实现程度

单位：%

项目	2010年	2011年	2012年	2013年	2014年	2015年	2015年全国	2015年西部
总指数	-39.73	-32.51	-21.88	-9.42	-6.25	5.12	57.05	30.32
经济发展一体化	-42.02	-56.21	-51.47	-46.43	-40.14	-34.50	51.56	16.25
经济发展	-56.37	-49.55	-41.83	-34.01	-23.51	-13.62	62.96	33.47
产业协调	-53.65	-79.00	-75.78	-73.30	-70.39	-66.90	43.38	-1.61
要素配置	-16.04	-40.09	-36.79	-31.99	-26.51	-22.98	48.32	16.87
社会发展一体化	-38.38	-25.07	-7.98	12.75	-3.00	14.54	49.10	31.88
教育均衡发展	-41.55	-61.80	-35.24	-30.41	-39.15	11.93	34.57	8.70
卫生均衡发展	-139.97	-83.42	-55.70	7.17	-62.02	-53.37	27.49	10.17
文化均衡发展	-16.22	2.40	12.36	26.97	39.30	41.50	66.82	46.80
社会保障均衡发展	44.20	42.53	46.64	47.28	49.86	58.10	67.51	61.85
生活水平一体化	-23.83	-9.86	-4.75	7.18	18.74	30.17	62.10	41.40
收入消费水平	-30.64	-12.26	-9.63	8.51	27.46	39.90	72.13	47.54
居住卫生条件	-17.02	-7.45	0.12	5.85	10.02	20.43	52.08	35.26
生态环境一体化	-54.70	-38.88	-23.33	-11.20	-0.62	10.27	65.45	31.74
水资源利用	-52.14	-47.01	-41.88	-35.90	-31.62	-27.35	45.30	9.01
污染物排放	-133.60	-90.15	-52.89	-24.42	-1.74	19.86	88.23	44.32
环境卫生治理	21.63	20.51	24.77	26.74	31.52	38.31	62.83	41.88

表30-2 贵州城乡发展一体化实现程度进展（环比提高）

单位：百分点

项目	2011年	2012年	2013年	2014年	2015年	2010~2015年年均提高		
						贵州	全国	西部
总指数	7.23	10.63	12.46	3.17	11.37	8.97	6.77	7.09
经济发展一体化	-14.19	4.74	5.04	6.29	5.64	1.50	6.33	4.80
经济发展	6.82	7.72	7.82	10.50	9.89	8.55	7.81	8.46
产业协调	-25.35	3.22	2.48	2.91	3.49	-2.65	6.13	1.70
要素配置	-24.05	3.30	4.80	5.48	3.53	-1.39	5.04	4.23
社会发展一体化	13.31	17.09	20.73	-15.75	17.54	10.58	5.46	6.00
教育均衡发展	-20.25	26.56	4.83	-8.74	51.08	10.70	3.24	2.25
卫生均衡发展	56.55	27.72	62.87	-69.19	8.65	17.32	5.21	6.60
文化均衡发展	18.62	9.96	14.61	12.33	2.20	11.54	6.29	7.16
社会保障均衡发展	-1.67	4.11	0.64	2.58	8.24	2.78	7.10	7.97

续表

项目	2011年	2012年	2013年	2014年	2015年	2010~2015年年均提高		
						贵州	全国	西部
生活水平一体化	13.97	5.11	11.93	11.56	11.43	10.80	7.79	8.12
收入消费水平	18.38	2.63	18.14	18.95	12.44	14.11	10.14	10.56
居住卫生条件	9.57	7.57	5.73	4.17	10.41	7.49	5.44	5.69
生态环境一体化	15.82	15.55	12.13	10.58	10.89	12.99	7.52	9.44
水资源利用	5.13	5.13	5.98	4.28	4.27	4.96	6.15	7.41
污染物排放	43.45	37.26	28.47	22.68	21.60	30.69	8.16	15.34
环境卫生治理	-1.12	4.26	1.97	4.78	6.79	3.34	8.24	5.55

3. 城乡发展一体化实现程度进展恢复性加快

2015年，贵州城乡社会发展一体化实现程度进展在上年大幅下降的基础上恢复性大幅提高，由此促使城乡发展一体化总水平实现程度进展大幅提高，比上年进展提高8.2个百分点，也明显快于2010~2015年年均进展；经济发展一体化进展有所减缓，生活水平一体化和生态环境一体化保持了与2014年相当的快速进展（见表30-2）。

4. 2010~2015年城乡发展一体化总水平进展速度全国最快，经济发展一体化进展十分缓慢

2010~2015年，贵州城乡发展一体化总水平实现程度年均提高8.97个百分点，进展速度居全国首位。社会发展一体化、生活水平一体化和生态环境一体化实现程度年均进展均为全国最快，但经济发展一体化进展严重滞后，年均仅1.5个百分点，远低于全国和西部地区平均进展，这主要是由于2011年实现程度出现下降，实际上，自2012年起各个年份的进展均远快于2010~2015年年均进展（见表30-2）。

二 城乡发展一体化实现程度排序与变化

1. 2015年：城乡发展一体化总水平实现程度依然位居全国末位

2015年，贵州城乡发展一体化总水平实现程度排序未发生变化，依然位居全国末位。

生活水平一体化排序上升2位，但排序依旧靠后；其他3个一体化排序未发生变化，其中经济发展一体化继续居全国末位，社会发展一体化和生态环境一体化排序继续位列倒数第 2。

绝大多数二级指标排序居后，居住卫生条件排序最高，也仅位列第 22。2015 年 12 个二级指标排序变化不大，但教育均衡发展和社会保障均衡发展排序分别上升了 4 位和 3 位（见表 30-3）。

表 30-3 贵州城乡发展一体化实现程度排序

项目	2010 年	2011 年	2012 年	2013 年	2014 年	2015 年
总指数	30	30	30	30	30	30
经济发展一体化	29	30	30	30	30	30
经济发展	30	30	30	30	30	30
产业协调	29	30	30	30	30	30
要素配置	24	30	29	30	30	29
社会发展一体化	29	29	29	29	29	29
教育均衡发展	29	29	29	28	29	25
卫生均衡发展	29	29	29	25	29	29
文化均衡发展	30	28	28	28	25	27
社会保障均衡发展	12	20	23	29	27	24
生活水平一体化	30	30	30	29	29	27
收入消费水平	30	30	30	28	29	28
居住卫生条件	25	24	24	23	23	22
生态环境一体化	30	29	29	29	29	29
水资源利用	26	26	26	27	27	29
污染物排放	30	29	29	28	28	28
环境卫生治理	13	17	17	22	22	23

2. 2010~2015 年变化：城乡发展一体化总水平实现程度始终居全国末位

2010~2015 年，贵州城乡发展一体化总水平实现程度排序从未发生变化，始终居全国末位。

生活水平一体化排序呈缓慢上升趋势，其他 3 个一体化排序基本稳定。

多数二级指标排序较为稳定，变化不大，但要素配置、社会保障均衡发展和环境卫生治理 3 个指标排序下降幅度较大（见表 30-3）。

三 简要评价

虽然贵州城乡发展一体化进展全国最快，但是，由于起点太低，直到

2015年总水平实现程度才首次超过2007年全国平均水平。即使按目前较快的发展速度，到2020年离实现目标依然还有一半的路程；特别是经济发展一体化，即使按近几年相对较快的进程，到2020年实现程度依然无法达到2007年全国平均水平。

贵州城乡发展一体化的各个方面都十分落后，实现城乡发展一体化的任务十分艰巨。贵州作为一个内陆山区省份，城乡发展一体化起点低，农业人口比重全国最大，经济发展水平和城镇化水平全国最低，生态环境脆弱。因此，必须进一步加快经济发展，提高城镇化水平，全面加快城乡发展一体化进程。同时，中央也要进一步加大对贵州城乡社会发展事业和生态环境建设等的支持力度。

第三十一章
云南城乡发展一体化

一 城乡发展一体化实现程度与进展

1. 城乡发展一体化整体水平落后，经济发展一体化实现程度尚未达到 2007 年全国平均水平

2015 年，云南城乡发展一体化总水平实现程度仅为 15.29%，比全国和西部地区平均水平分别低 41.76 个和 15.03 个百分点，离实现目标差距较大。

经济发展一体化实现程度尚未达到 2007 年全国平均水平，其他 3 个一体化的实现程度也均低于全国和西部地区平均水平，生活水平一体化实现程度最高，也仅为 36.60%。

12 个二级指标中，经济发展等 6 个指标实现程度尚未达到 2007 年全国平均水平，仅社会保障均衡发展和污染物排放两个指标实现程度超过 50%，污染物排放实现程度最高，达到 63.05%（见表 31-1）。

2. 城乡发展一体化总水平实现程度继续提升，但社会发展一体化实现程度微降

2015 年，云南城乡发展一体化总水平实现程度比上年提高 4.57 个百分点，延续了逐年不断提升的态势。社会发展一体化实现程度比上年下降 0.4 个百分点，其他 3 个一体化实现程度不同程度提高。12 个二级指标中，教育均衡发展实现程度出现较大幅度下降，其他指标实现程度均不同程度提高（见表 31-2）。

表31-1 云南城乡发展一体化实现程度

单位：%

项目	2010年	2011年	2012年	2013年	2014年	2015年	2015年全国	2015年西部
总指数	-18.58	-12.75	-6.97	3.41	10.72	15.29	57.05	30.32
经济发展一体化	-43.32	-39.25	-32.76	-27.21	-21.89	-16.61	51.56	16.25
经济发展	-49.90	-39.77	-27.99	-20.78	-14.15	-5.91	62.96	33.47
产业协调	-56.54	-57.35	-53.71	-50.46	-46.06	-42.30	43.38	-1.61
要素配置	-23.53	-20.64	-16.59	-10.38	-5.46	-1.61	48.32	16.87
社会发展一体化	-19.31	-6.10	-3.52	16.26	16.98	16.58	49.10	31.88
教育均衡发展	-19.38	-28.52	-29.67	7.16	14.47	-2.69	34.57	8.70
卫生均衡发展	-65.70	-53.63	-48.36	-25.73	-26.68	-17.63	27.49	10.17
文化均衡发展	9.03	18.59	20.35	31.42	28.73	33.10	66.82	46.80
社会保障均衡发展	-1.18	39.15	43.60	52.20	51.38	53.53	67.51	61.85
生活水平一体化	-1.86	7.92	12.55	14.19	29.86	36.60	62.10	41.40
收入消费水平	-9.32	5.70	11.34	7.50	35.38	42.46	72.13	47.54
居住卫生条件	5.60	10.13	13.76	20.88	24.34	30.75	52.08	35.26
生态环境一体化	-9.84	-13.57	-4.15	10.41	17.93	24.59	65.45	31.74
水资源利用	-64.96	-63.25	-61.54	-36.75	-32.48	-27.35	45.30	9.01
污染物排放	14.89	11.41	28.14	40.77	50.94	63.05	88.23	44.32
环境卫生治理	20.55	11.12	20.94	27.21	35.34	38.07	62.83	41.88

表31-2 云南城乡发展一体化实现程度进展（环比提高）

单位：百分点

项目	2011年	2012年	2013年	2014年	2015年	2010~2015年年均提高		
						云南	全国	西部
总指数	5.83	5.78	10.38	7.31	4.57	6.77	6.77	7.09
经济发展一体化	4.07	6.49	5.55	5.32	5.28	5.34	6.33	4.80
经济发展	10.13	11.78	7.21	6.63	8.24	8.80	7.81	8.46
产业协调	-0.81	3.64	3.25	4.40	3.76	2.85	6.13	1.70
要素配置	2.89	4.05	6.21	4.92	3.85	4.38	5.04	4.23
社会发展一体化	13.21	2.58	19.78	0.72	-0.40	7.18	5.46	6.00
教育均衡发展	-9.14	-1.15	36.83	7.31	-17.16	3.34	3.24	2.25
卫生均衡发展	12.07	5.27	22.63	-0.95	9.05	9.61	5.21	6.60
文化均衡发展	9.56	1.76	11.07	-2.69	4.37	4.81	6.29	7.16
社会保障均衡发展	40.33	4.45	8.60	-0.82	2.15	10.94	7.10	7.97

续表

项目	2011年	2012年	2013年	2014年	2015年	2010~2015年年均提高		
						云南	全国	西部
生活水平一体化	9.78	4.63	1.64	15.67	6.74	7.69	7.79	8.12
收入消费水平	15.02	5.64	-3.84	27.88	7.08	10.36	10.14	10.56
居住卫生条件	4.53	3.63	7.12	3.46	6.41	5.03	5.44	5.69
生态环境一体化	-3.73	9.42	14.56	7.52	6.66	6.89	7.52	9.44
水资源利用	1.71	1.71	24.79	4.27	5.13	7.52	6.15	7.41
污染物排放	-3.48	16.73	12.63	10.17	12.11	9.63	8.16	15.34
环境卫生治理	-9.43	9.82	6.27	8.13	2.73	3.50	8.24	5.55

3. 城乡发展一体化实现程度进展全面减缓

2015年，云南城乡发展一体化总水平实现程度进展在上年大幅减缓的基础上继续减缓，进展比上年回落2.74个百分点。4个一体化实现程度进展也全部减缓，特别是生活水平一体化实现程度进展大幅下降8.93个百分点，社会发展一体化实现程度下降（见表31-2）。

4. 2010~2015年城乡发展一体化进展较慢

2010~2015年，云南城乡发展一体化总水平实现程度年均提高6.77个百分点，与全国平均水平同步，但低于西部地区平均进展。社会发展一体化年均进展相对较快，快于全国和西部地区平均进展；生活水平一体化和生态环境一体化实现程度年均进展均低于全国和西部地区平均进展；经济发展一体化实现程度年均进展最慢，远低于总水平进展，虽快于西部地区平均进展，但低于全国平均进展（见表31-2）。

二 城乡发展一体化实现程度排序与变化

1. 2015年：城乡发展一体化总水平位列倒数第3，整体排序变化很小

2015年，云南城乡发展一体化总水平实现程度排序未发生变化，依然位居倒数第3，在西部地区11个省份中排序仅高于青海和贵州。

4个一体化中，经济发展一体化和社会发展一体化排序依旧分别居倒数第2位和倒数第3位；生活水平一体化排序未发生变化；环境卫生治理排序大幅下降，导致生态环境一体化排序下降1位，位居第27。

12个二级指标中，有9个指标排序居后5位，居住卫生条件排序最高，也仅排在第20位（见表31-3）。

第三十一章　云南城乡发展一体化

表31-3　云南城乡发展一体化实现程度排序

项目	2010年	2011年	2012年	2013年	2014年	2015年
总指数	28	29	29	28	28	28
经济发展一体化	30	29	29	29	29	29
经济发展	29	29	28	28	29	29
产业协调	30	29	29	29	29	29
要素配置	28	28	28	28	28	28
社会发展一体化	28	28	27	28	28	28
教育均衡发展	27	28	28	24	25	27
卫生均衡发展	28	28	28	28	28	28
文化均衡发展	25	26	27	26	28	28
社会保障均衡发展	30	23	26	24	26	28
生活水平一体化	27	27	27	27	24	24
收入消费水平	25	25	26	29	26	27
居住卫生条件	19	20	20	20	20	20
生态环境一体化	24	27	27	25	26	27
水资源利用	29	29	30	28	30	29
污染物排放	21	22	22	22	22	22
环境卫生治理	15	24	19	21	19	24

2. 2010~2015年变化：城乡发展一体化整体排序落后，变化较小

2015年与2010年相比，云南城乡发展一体化总水平实现程度排序没有变化，多数年份处于倒数第3位。

经济发展一体化和社会发展一体化实现程度排序非常稳定，除个别年份外，基本处于倒数第2位和倒数第3位。生活水平一体化实现程度排序上升了3位；生态环境一体化实现程度排序则在波动中下降3位。

12个二级指标中，大多数指标排序变化很小，但文化均衡发展排序下降了3位，而环境卫生治理排序则大幅下降了9位（见表31-3）。

三　简要评价

云南城乡发展一体化整体水平起点低，进展较为缓慢，特别需要引起高度重视的是城乡发展一体化进程已经连续2年下降。按照目前的进展速度，到

2020年城乡发展一体化总水平实现程度距实现目标仍然还有一半以上的路程。

云南城乡发展一体化落后是全方位的,但突出体现在以下一些方面。

经济发展水平低下,2015年人均GDP仅略高于2007年全国平均水平;人口城镇化率低,2015年尚不及2007年全国平均水平。

农业发展水平低下,二元经济结构问题严重。农业劳动力比重、农业劳动生产率、农业综合机械化率、农业用水效率等不仅远低于2015年全国平均水平,且与2007年全国平均水平存在较大差距。产业发展极不协调,农业比较劳动生产率远低于非农产业比较劳动生产率,且改善进程极为缓慢。

城镇化进程土地利用效率低下。

农村人力资源缺乏,素质差。2015年农村人口平均受教育年限不仅远低于全国平均水平,与2007年全国平均水平还存在一定差距;同时,城乡人口素质差距较大。农村医疗卫生服务人力资源数量虽然大幅增加,但仍低于全国平均水平;另外,城乡差距较大,且缩小进程十分缓慢。

农民收入水平低,城乡居民收入消费水平差距较大。

农村居住卫生条件和环境较差,虽然农村安全饮用水普及率高于全国平均水平,但农村无害化卫生厕所普及率、生活垃圾处理率和生活污水处理率均远低于全国平均水平。

第三十二章
陕西城乡发展一体化

一 城乡发展一体化实现程度与进展

1. 城乡发展一体化总水平实现程度过半，社会发展一体化实现程度相对较高，卫生均衡发展实现程度高

2015年，陕西城乡发展一体化总水平实现程度为50.47%，比全国平均水平低6.58个百分点，但比西部地区平均水平高20.15个百分点。

社会发展一体化实现程度为62.31%，远高于全国和西部地区平均水平；生活水平一体化实现程度低于全国和西部地区平均水平；经济发展一体化和生态环境一体化实现程度虽均高于西部地区平均水平，但均低于全国平均水平（见表32-1）。

12个二级指标中，经济发展等6个指标实现程度过半，其中卫生均衡发展实现程度达到91.73%，已接近实现目标；产业协调、社会保障均衡发展以及收入消费水平等实现程度较低，均低于全国平均发展水平（见表32-1）。

2. 城乡发展一体化实现程度整体提升，但社会发展一体化实现程度下降

2015年，陕西城乡发展一体化总水平实现程度比上年提高2.88个百分点，延续了逐步提高的态势。

4个一体化中，社会发展一体化实现程度下降，其他3个一体化实现程度均不同程度提高，延续了逐步提高的态势（见表32-2）。

表 32-1 陕西城乡发展一体化实现程度

单位：%

项目	2010年	2011年	2012年	2013年	2014年	2015年	2015年全国	2015年西部
总指数	20.22	29.20	35.05	42.20	47.59	50.47	57.05	30.32
经济发展一体化	7.90	15.95	22.15	26.97	32.03	35.77	51.56	16.25
经济发展	4.44	14.89	29.61	39.14	48.43	57.30	62.96	33.47
产业协调	-3.19	4.08	6.58	6.82	9.33	10.54	43.38	-1.61
要素配置	22.46	28.87	30.26	34.94	38.32	39.46	48.32	16.87
社会发展一体化	38.73	52.28	54.31	63.92	67.39	62.31	49.10	31.88
教育均衡发展	42.34	62.90	51.27	67.14	74.26	44.74	34.57	8.70
卫生均衡发展	65.55	73.71	82.17	93.30	92.53	91.73	27.49	10.17
文化均衡发展	24.61	26.18	32.37	40.32	45.55	57.41	66.82	46.80
社会保障均衡发展	22.43	46.33	51.42	54.91	57.24	55.37	67.51	61.85
生活水平一体化	4.49	13.53	21.96	28.09	36.78	41.15	62.10	41.40
收入消费水平	-13.48	-2.35	9.26	18.13	34.02	39.67	72.13	47.54
居住卫生条件	22.46	29.40	34.67	38.05	39.54	42.62	52.08	35.26
生态环境一体化	29.76	35.03	41.79	49.83	54.15	62.66	65.45	31.74
水资源利用	47.86	50.43	52.99	56.41	58.97	62.39	45.30	9.01
污染物排放	26.77	31.07	49.25	61.11	69.93	77.86	88.23	44.32
环境卫生治理	14.64	23.60	23.12	31.97	33.55	47.74	62.83	41.88

表 32-2 陕西城乡发展一体化实现程度进展（环比提高）

单位：百分点

项目	2011年	2012年	2013年	2014年	2015年	2010~2015年年均提高 陕西	2010~2015年年均提高 全国	2010~2015年年均提高 西部
总指数	8.98	5.85	7.15	5.39	2.88	6.05	6.77	7.09
经济发展一体化	8.05	6.20	4.82	5.06	3.74	5.57	6.33	4.80
经济发展	10.45	14.72	9.53	9.29	8.87	10.57	7.81	8.46
产业协调	7.27	2.50	0.24	2.51	1.21	2.75	6.13	1.70
要素配置	6.41	1.39	4.68	3.38	1.14	3.40	5.04	4.23
社会发展一体化	13.55	2.03	9.61	3.47	-5.08	4.72	5.46	6.00
教育均衡发展	20.56	-11.63	15.87	7.12	-29.52	0.48	3.24	2.25
卫生均衡发展	8.16	8.46	11.13	-0.77	-0.80	5.24	5.21	6.60
文化均衡发展	1.57	6.19	7.95	5.23	11.86	6.56	6.29	7.16
社会保障均衡发展	23.90	5.09	3.49	2.33	-1.87	6.59	7.10	7.97

续表

项目	2011年	2012年	2013年	2014年	2015年	2010~2015年年均提高		
						陕西	全国	西部
生活水平一体化	9.04	8.43	6.13	8.69	4.37	7.33	7.79	8.12
收入消费水平	11.13	11.61	8.87	15.89	5.65	10.63	10.14	10.56
居住卫生条件	6.94	5.27	3.38	1.49	3.08	4.03	5.44	5.69
生态环境一体化	5.27	6.76	8.04	4.32	8.51	6.58	7.52	9.44
水资源利用	2.57	2.56	3.42	2.56	3.42	2.91	6.15	7.41
污染物排放	4.30	18.18	11.86	8.82	7.93	10.22	8.16	15.34
环境卫生治理	8.96	-0.48	8.85	1.58	14.19	6.62	8.24	5.55

3. 城乡发展一体化总水平进展减缓，但生态环境一体化实现程度进展大幅加快

2015年，陕西城乡发展一体化总水平实现程度仅提高2.88个百分点，进展大幅减缓，比上年下降了2.51个百分点。但生态环境一体化实现程度比上年提高8.51个百分点，进展大幅加快，比上年快4.19个百分点；其他3个一体化实现程度进展减缓，其中社会发展一体化实现程度下降（见表32-2）。

4. 2010~2015年城乡发展一体化进展缓慢且基本呈持续减缓趋势

2010~2015年，陕西城乡发展一体化总水平实现程度年均提高6.05个百分点，低于全国和西部地区平均进展，且基本呈持续减缓的趋势。4个一体化实现程度年均进展均低于全国平均进展；除经济发展一体化年均进展快于西部地区年均进展外，其他3个一体化实现程度进展均低于西部地区平均进展（见表32-2）。

二 城乡发展一体化实现程度排序与变化

1. 2015年：城乡发展一体化整体水平位居全国中游，西部地区首位

2015年，陕西城乡发展一体化总水平实现程度排序下降2位，居全国第15位、西部地区首位。

社会发展一体化排序虽然下降2位，但依旧处于前10行列；生活水平一体化和生态环境一体化排序均未发生变化，后者排序相对靠前，位列全国第12；经济发展一体化排序小幅下降1位。

12个二级指标中，仅卫生均衡发展排序进入前10行列；收入消费水平和社会保障均衡发展两个指标排序居后，特别是前者位列倒数第2（见表32-3）。

表32-3 陕西城乡发展一体化实现程度排序

项目	2010年	2011年	2012年	2013年	2014年	2015年
总指数	16	16	16	13	13	15
经济发展一体化	20	17	16	16	16	17
经济发展	18	18	16	15	15	15
产业协调	20	19	19	21	20	20
要素配置	13	14	14	15	16	17
社会发展一体化	15	8	8	7	7	9
教育均衡发展	12	6	13	7	5	17
卫生均衡发展	8	7	7	6	6	6
文化均衡发展	22	24	24	24	23	21
社会保障均衡发展	23	17	19	19	18	25
生活水平一体化	21	21	22	22	21	21
收入消费水平	27	27	27	26	27	29
居住卫生条件	13	13	13	13	16	16
生态环境一体化	12	12	12	12	12	12
水资源利用	12	12	12	13	13	13
污染物排放	16	21	17	16	15	15
环境卫生治理	17	15	18	19	21	18

2. 2010～2015年变化：城乡发展一体化整体排序小幅上升，社会发展一体化排序大幅提高

2015年与2010年相比，陕西城乡发展一体化总水平实现程度排序小幅上升1位。整体排序较为稳定，变化较小。社会发展一体化排序上升幅度较大，上升了6位，经济发展一体化排序上升了3位（见表32-3）。

三 简要评价

陕西城乡发展一体化实现程度在西部地区最高，城乡一体化发展相对均衡，是西部地区发展最为均衡的省份。但是，陕西城乡发展一体化离实现目标还有较大差距，特别是经济发展一体化和生活水平一体化实现程度尚未过半。

1. 扭转城乡发展一体化进程逐年减缓趋势

自2011年以来，陕西城乡发展一体化进程基本呈逐年下降趋势，且进展十分缓慢，低于其他西部地区省份。按照目前的进展速度，到 2020 年，陕西城乡发展一体化总水平实现程度只能达到 80%，离实现目标还有一定距离。

2. 提高农业劳动生产率和农业发展水平，促进产业协调发展，遏制城乡二元经济结构恶化趋势

目前，陕西农业劳动力比重依然较高，农业劳动生产率低下，且提高速度缓慢，农业综合机械化率也低于全国平均水平，产业发展不协调，城乡二元经济结构问题严重，不仅没有得到改善，反而有所恶化。

3. 提高农民收入，缩小城乡收入消费差距

近年来，陕西农村居民人均可支配收入快速增长，增长速度远高于全国平均水平，但是由于起点低，农民收入水平依然较低，2015 年，陕西农村居民人均可支配收入比全国平均水平低 24%。虽然城乡居民收入消费差距不断缩小，但差距依然较大，城乡居民收入消费差距远大于全国平均水平。

4. 改善农村居住卫生条件和环境

陕西农村安全饮用水普及率高于全国平均水平，但农村无害化卫生厕所普及率、农村生活垃圾处理率和农村生活污水处理率均远低于全国平均水平。

第三十三章
甘肃城乡发展一体化

一 城乡发展一体化实现程度与进展

1. 城乡发展一体化整体水平低

2015年，甘肃城乡发展一体化总水平实现程度仅为15.31%，不仅远低于全国平均水平，与西部地区平均水平也存在较大差距。

经济发展一体化实现程度尚未达到2007年全国平均水平，其他3个一体化实现程度均未超过30%，社会发展一体化实现程度最高，也只有29.24%。

12个二级指标中，卫生均衡发展和社会保障均衡发展实现程度相对较高，分别为66.64%和65.69%；经济发展等4个指标实现程度尚未达到2007年全国平均水平（见表33-1）。

表33-1 甘肃城乡发展一体化实现程度

单位：%

项目	2010年	2011年	2012年	2013年	2014年	2015年	2015年全国	2015年西部
总指数	-18.39	-9.56	-0.18	4.40	10.93	15.31	57.05	30.32
经济发展一体化	-39.57	-32.00	-25.98	-21.01	-15.51	-10.84	51.56	16.25
经济发展	-44.30	-38.13	-29.50	-21.75	-13.71	-5.87	62.96	33.47
产业协调	-45.78	-41.46	-38.30	-35.09	-30.74	-26.46	43.38	-1.61
要素配置	-28.62	-16.40	-10.14	-6.20	-2.08	-0.20	48.32	16.87

续表

项目	2010年	2011年	2012年	2013年	2014年	2015年	2015年全国	2015年西部
社会发展一体化	2.17	9.20	25.78	24.72	28.41	29.24	49.10	31.88
教育均衡发展	-34.80	-28.04	12.46	-13.25	-8.28	-29.27	34.57	8.70
卫生均衡发展	21.63	28.30	38.69	49.93	46.45	66.64	27.49	10.17
文化均衡发展	-5.18	-5.04	-5.67	1.19	5.15	13.90	66.82	46.80
社会保障均衡发展	27.02	41.57	57.65	61.02	70.32	65.69	67.51	61.85
生活水平一体化	-16.92	-2.04	0.28	5.86	11.39	16.13	62.10	41.40
收入消费水平	-22.63	-8.39	-3.20	5.65	11.66	15.51	72.13	47.54
居住卫生条件	-11.22	4.31	3.75	6.08	11.12	16.74	52.08	35.26
生态环境一体化	-19.23	-13.39	-0.81	8.02	19.44	26.72	65.45	31.74
水资源利用	25.64	29.91	34.19	41.03	46.15	49.57	45.30	9.01
污染物排放	-55.39	-45.53	-15.70	2.18	12.18	23.08	88.23	44.32
环境卫生治理	-27.93	-24.54	-20.91	-19.15	-0.01	7.51	62.83	41.88

2. 城乡发展一体化水平继续全面提升

2015年，甘肃城乡发展一体化总水平实现程度比上年提高4.38个百分点，延续了逐年提升的态势。4个一体化实现程度也全部提高，同样延续了逐年提升的态势。受农村人口受教育年限下降以及城乡差距扩大影响，教育均衡发展实现程度下降；受城乡基本医疗保障水平差距扩大影响，社会保障均衡发展实现程度有所下降（见表33-2）。

表33-2　甘肃城乡发展一体化实现程度进展（环比提高）

单位：百分点

项目	2011年	2012年	2013年	2014年	2015年	2010~2015年年均提高		
						甘肃	全国	西部
总指数	8.83	9.38	4.58	6.53	4.38	6.74	6.77	7.09
经济发展一体化	7.57	6.02	4.97	5.50	4.67	5.75	6.33	4.80
经济发展	6.17	8.63	7.75	8.04	7.84	7.69	7.81	8.46
产业协调	4.32	3.16	3.21	4.35	4.28	3.86	6.13	1.70
要素配置	12.22	6.26	3.94	4.12	1.88	5.68	5.04	4.23
社会发展一体化	7.03	16.58	-1.06	3.69	0.83	5.41	5.46	6.00
教育均衡发展	6.76	40.50	-25.71	4.97	-20.99	1.11	3.24	2.25
卫生均衡发展	6.67	10.39	11.24	-3.48	20.19	9.00	5.21	6.60

续表

项目	2011年	2012年	2013年	2014年	2015年	2010~2015年年均提高		
						甘肃	全国	西部
文化均衡发展	0.14	-0.63	6.86	3.96	8.75	3.82	6.29	7.16
社会保障均衡发展	14.55	16.08	3.37	9.30	-4.63	7.73	7.10	7.97
生活水平一体化	14.88	2.32	5.58	5.53	4.74	6.61	7.79	8.12
收入消费水平	14.24	5.19	8.85	6.01	3.85	7.63	10.14	10.56
居住卫生条件	15.53	-0.56	2.33	5.04	5.62	5.59	5.44	5.69
生态环境一体化	5.84	12.58	8.83	11.42	7.28	9.19	7.52	9.44
水资源利用	4.27	4.27	6.84	5.12	3.42	4.79	6.15	7.41
污染物排放	9.86	29.83	17.88	10.00	10.90	15.69	8.16	15.34
环境卫生治理	3.39	3.63	1.76	19.14	7.52	7.09	8.24	5.55

3. 城乡发展一体化进程全面放缓

2015年，甘肃城乡发展一体化总水平实现程度进展比2014年下降2.15个百分点；4个一体化实现程度进展速度均低于2014年；12个二级指标中，有8个指标进展低于2014年（见表33-2）。

4. 2010~2015年城乡发展一体化进程较为缓慢

2010~2015年，甘肃城乡发展一体化总水平实现程度年均提高6.74个百分点，低于全国和西部地区平均水平。

4个一体化中，社会发展一体化和生活水平一体化年均进展缓慢，均低于全国和西部地区平均进展；经济发展一体化年均进展虽高于西部地区平均水平，但低于全国平均进展；生态环境一体化年均进展虽高于全国平均进展，但低于西部地区平均进展（见表33-2）。

二 城乡发展一体化实现程度排序与变化

1. 2015年：城乡发展一体化整体排序居后，卫生均衡发展排序相对较高

2015年，甘肃城乡发展一体化总水平实现程度排序未发生变化，依然位居第27。

4个一体化实现程度排序均未发生变化，继续处于全国下游，其中，生活水平一体化排序处于全国末位。

12个二级指标中,有8个指标排序处于后5位,其中,文化均衡发展、收入消费水平和环境卫生治理等均居全国末位;卫生均衡发展和水资源利用等指标排序相对较高,分别位列第11和第14(见表33-3)。

表33-3 甘肃城乡发展一体化实现程度排序

项目	2010年	2011年	2012年	2013年	2014年	2015年
总指数	27	27	27	27	27	27
经济发展一体化	28	28	28	28	28	28
经济发展	28	28	29	29	28	28
产业协调	28	28	28	28	28	28
要素配置	29	26	26	25	26	27
社会发展一体化	26	27	25	26	27	27
教育均衡发展	28	27	22	26	27	29
卫生均衡发展	19	18	16	13	15	11
文化均衡发展	27	30	30	30	30	30
社会保障均衡发展	21	22	15	15	11	19
生活水平一体化	29	29	29	30	30	30
收入消费水平	29	29	29	30	30	30
居住卫生条件	23	21	23	22	22	23
生态环境一体化	26	26	25	26	25	25
水资源利用	14	14	14	14	14	14
污染物排放	27	27	27	27	27	27
环境卫生治理	30	30	29	30	29	30

2. 2010~2015年变化:城乡发展一体化整体排序居后的状况没有发生变化

2010~2015年,甘肃城乡发展一体化总水平实现程度排序从未发生变化,始终位列全国第27。

4个一体化排序变化也很小,经济发展一体化实现程度排序从未发生变化,始终位列全国倒数第3;社会发展一体化和生活水平一体化两个指标排序下降1位;生态环境一体化排序上升1位(见表33-3)。

三 简要评价

甘肃城乡发展一体化不仅整体水平起点低,而且进展较为缓慢,并且基本呈逐步减缓趋势。按照目前的进展速度，到2020年城乡发展一体化总水平实现程度距实现目标仍然还有一半以上的路程。

虽然甘肃卫生均衡发展和社会保障均衡发展实现程度相对较高，但总体上城乡发展一体化落后是全方位的。甘肃城乡发展一体化落后突出体现在以下方面。

经济发展水平低下，2015年人均GDP（2010年不变价）仅高于贵州和云南，仅为全国平均水平的60%；人口城镇化率低，2015年尚不及2007年全国平均水平。

农业发展水平低下，产业发展极不协调，二元经济结构问题严重。农业劳动力比重过大，农业劳动生产率十分低下，农业综合机械化率低，农业比较劳动生产率远低于非农产业比较劳动生产率，且改善进程极为缓慢。

城镇化进程土地利用效率低下，实现程度离2007年全国平均水平尚有较大差距。

农村人力资源素质低下，农村人口平均受教育年限离2007年全国平均水平尚有较大差距；城乡人口平均受教育年限差距较大，且呈扩大趋势。

农民收入水平低，城乡居民收入消费水平差距大。2015年，甘肃农村居民人均可支配收入仅及全国平均水平的60%；城乡居民收入差距大于2007年全国平均水平。

农村居住卫生条件和环境较差，农村无害化卫生厕所普及率和生活污水处理率尚不及2007年全国平均水平，生活垃圾处理率远低于全国平均水平；甚至城市生活垃圾无害化处理率也较低，2015年仅及2007年全国平均水平。

第三十四章
青海城乡发展一体化

一 城乡发展一体化实现程度与进展

1. 城乡发展一体化整体水平低

2015年,青海城乡发展一体化总水平实现程度仅为9.44%,远低于全国和西部地区平均水平。

4个一体化实现程度均未超过30%,其中,社会发展一体化实现程度离2007年全国平均水平还有较大差距。经济发展一体化实现程度高于西部地区平均水平,但远低于全国平均水平;其他3个一体化实现程度均低于全国和西部地区平均水平。

12个二级指标中,卫生均衡发展和教育均衡发展两个指标实现程度与2007年全国平均水平还有巨大差距;居住卫生条件和水资源利用等指标实现程度仅及2007年全国平均水平;仅社会保障均衡发展和收入消费水平两个指标实现程度超过50%(见表34-1)。

2. 城乡发展一体化总水平实现程度继续提高

2015年,青海城乡发展一体化总水平实现程度比上年提高了4.01个百分点;社会发展一体化实现程度继续下降,其他3个一体化实现程度均继续提高;教育均衡发展、卫生均衡发展和居住卫生条件3个指标实现程度下降(见表34-2)。

表 34-1 青海城乡发展一体化实现程度

单位：%

项目	2010年	2011年	2012年	2013年	2014年	2015年	2015年全国	2015年西部
总指数	-21.68	-9.82	4.69	1.26	5.43	9.44	57.05	30.32
经济发展一体化	-3.90	3.27	9.01	14.24	18.61	21.59	51.56	16.25
经济发展	-3.23	5.60	14.42	22.04	30.03	35.47	62.96	33.47
产业协调	-6.32	-2.38	1.83	7.38	9.03	10.50	43.38	-1.61
要素配置	-2.15	6.58	10.78	13.32	16.77	18.82	48.32	16.87
社会发展一体化	-56.43	-37.40	-4.18	-30.99	-36.98	-38.21	49.10	31.88
教育均衡发展	-57.76	-66.08	-62.82	-63.32	-60.25	-62.09	34.57	8.70
卫生均衡发展	-157.65	-139.10	-32.06	-145.59	-164.84	-189.09	27.49	10.17
文化均衡发展	-9.76	24.48	28.12	33.07	39.09	45.33	66.82	46.80
社会保障均衡发展	-0.55	31.11	50.02	51.86	38.08	53.01	67.51	61.85
生活水平一体化	4.19	10.89	20.84	20.81	27.02	28.46	62.10	41.40
收入消费水平	7.21	24.27	36.90	38.73	47.70	51.34	72.13	47.54
居住卫生条件	1.17	-2.50	4.79	2.65	6.34	5.58	52.08	35.26
生态环境一体化	-30.57	-16.02	-6.92	0.99	13.08	25.93	65.45	31.74
水资源利用	-74.36	-63.25	-52.14	-29.91	-11.71	5.13	45.30	9.01
污染物排放	-15.61	-3.47	13.00	24.04	33.92	43.31	88.23	44.32
环境卫生治理	-1.75	18.65	18.39	8.83	16.43	29.35	62.83	41.88

表 34-2 青海城乡发展一体化实现程度进展（环比提高）

单位：百分点

项目	2011年	2012年	2013年	2014年	2015年	2010~2015年年均提高		
						青海	全国	西部
总指数	11.86	14.51	-3.43	4.17	4.01	6.22	6.77	7.09
经济发展一体化	7.17	5.74	5.23	4.37	2.98	5.10	6.33	4.80
经济发展	8.83	8.82	7.62	7.99	5.44	7.74	7.81	8.46
产业协调	3.94	4.21	5.55	1.65	1.47	3.36	6.13	1.70
要素配置	8.73	4.20	2.54	3.45	2.05	4.19	5.04	4.23
社会发展一体化	19.03	33.22	-26.81	-5.99	-1.23	3.64	5.46	6.00
教育均衡发展	-8.32	3.26	-0.50	3.07	-1.84	-0.87	3.24	2.25
卫生均衡发展	18.55	107.04	-113.53	-19.25	-24.25	-6.29	5.21	6.60
文化均衡发展	34.24	3.64	4.95	6.02	6.24	11.02	6.29	7.16
社会保障均衡发展	31.66	18.91	1.84	-13.78	14.93	10.71	7.10	7.97

续表

项目	2011年	2012年	2013年	2014年	2015年	2010~2015年年均提高		
						青海	全国	西部
生活水平一体化	6.70	9.95	-0.03	6.21	1.44	4.85	7.79	8.12
收入消费水平	17.06	12.63	2.08	8.72	3.64	8.83	10.14	10.56
居住卫生条件	-3.67	7.29	-2.14	3.69	-0.76	0.88	5.44	5.69
生态环境一体化	14.55	9.10	7.91	12.09	12.85	11.30	7.52	9.44
水资源利用	11.11	11.11	22.23	18.80	16.24	15.90	6.15	7.41
污染物排放	12.14	16.47	11.04	9.88	9.39	11.78	8.16	15.34
环境卫生治理	20.40	-0.26	-9.56	7.60	12.92	6.22	8.24	5.55

3. 城乡发展一体化整体进程减缓

2015年，青海城乡发展一体化总水平实现程度进展比上年有所减缓，下降0.16个百分点。经济发展一体化和生活水平一体化两个指标实现程度进展均较大幅度下降；生态环境一体化延续了上年大幅提高的态势，进展继续加快（见表34-2）。

4. 2010~2015年城乡发展一体化整体进展缓慢，但生态环境一体化进展较快

2010~2015年，青海城乡发展一体化总水平实现程度进展缓慢，年均提高6.22个百分点，低于全国和西部地区平均进展，且进展总体上呈下降趋势；生态环境一体化年均提高11.30个百分点，远快于全国和西部地区平均进展；社会发展一体化和生活环境一体化进程十分缓慢，均远低于全国和西部地区平均进展；经济发展一体化实现程度进展呈逐年减缓趋势，年均进展虽高于西部地区平均水平，但低于全国平均水平（见表34-2）。

二 城乡发展一体化实现程度排序与变化

1. 2015年：城乡发展一体化总水平位列全国倒数第2

2015年，青海城乡发展一体化整体水平十分落后，总水平实现程度排序未发生变化，依然位居倒数第2。

4个一体化实现程度排序均处于全国下游，其中，社会发展一体化和生活水平一体化两个指标排序分别处于全国末位和倒数第2。

12个二级指标排序全部处于后10位中，其中有6个指标排序处于全国后

5位，教育均衡发展和卫生均衡发展均居全国末位，社会保障均衡发展和居住卫生条件分别处于倒数第2和倒数第3（见表34-3）。

表34-3 青海城乡发展一体化实现程度排序

项目	2010年	2011年	2012年	2013年	2014年	2015年
总指数	29	28	26	29	29	29
经济发展一体化	23	24	24	24	24	25
经济发展	20	20	20	20	20	21
产业协调	21	22	21	20	21	21
要素配置	20	20	21	21	21	23
社会发展一体化	30	30	28	30	30	30
教育均衡发展	30	30	30	30	30	30
卫生均衡发展	30	30	26	30	30	30
文化均衡发展	29	25	25	25	26	26
社会保障均衡发展	29	29	22	25	30	29
生活水平一体化	22	24	23	24	27	29
收入消费水平	23	21	19	21	23	22
居住卫生条件	21	23	22	25	25	28
生态环境一体化	28	28	28	28	27	26
水资源利用	30	29	29	26	26	24
污染物排放	23	23	23	23	24	24
环境卫生治理	27	18	25	27	27	26

2. 2010~2015年变化：城乡发展一体化总水平排序稳定，生活水平一体化排序大幅下降

2015年与2010年相比，青海城乡发展一体化总水平排序未发生变化，依然位居倒数第2。

社会发展一体化除2012年短暂上升2位外，其余年份均处于末位；生活水平一体化排序大幅下降7位，经济发展一体化排序小幅下降2位；生态环境一体化排序小幅上升2位。12个二级指标排序总体变化较小，但居住卫生条件排序大幅下降7位，水资源利用排序大幅上升6位（见表34-3）。

三 简要评价

青海城乡发展一体化不仅整体水平起点低，进展也较为缓慢，并且基本呈逐步减缓趋势。按照目前的进展速度，到2020年城乡发展一体化总水平实现程度仅能达到40%，与实现目标差距巨大。

青海城乡发展一体化落后是全方位的，特别是社会发展一体化和生活水平一体化。青海城乡发展一体化落后突出体现在以下方面。

经济发展水平较低，2015年青海人均GDP（2010年不变价）低于全国平均水平，也低于西部地区平均水平；人口城镇化率低，2015年青海人口城镇化率基本与西部地区水平持平，但低于全国平均水平。

农业发展水平低下，产业发展不协调，二元经济结构持续恶化。农业劳动力比重依然较大，农业劳动生产率低下，农业综合机械化率低，农业比较劳动生产率提高低于非农产业比较劳动生产率提高，致使城乡二元经济结构不断恶化。

城镇化进程土地利用效率低下，尚不及2007年全国平均水平。

虽然青海农村义务教育教师素质相对较高，且城乡差距很小，但农村人力资源素质依然极为低下，农村人口平均受教育年限全国最低，与2007年全国平均水平尚有巨大差距；人口平均受教育年限城乡差距较大，且缩小速度极为缓慢。

农村妇女健康和保健水平较低，医疗卫生服务人力资源城乡差距巨大。农村基本医疗保障水平较低，城乡差距巨大。

农民收入水平低，城乡居民收入差距较大且缩小进程较为缓慢。

农村居住卫生条件和环境较差，农村无害化卫生厕所普及率和生活污水处理率尚不及2007年全国平均水平，生活垃圾处理率也仅与2007年全国平均水平持平；城市生活垃圾无害化处理率低于全国平均水平。

第三十五章
宁夏城乡发展一体化

一 城乡发展一体化实现程度与进展

1. 城乡发展一体化整体水平较低

2015年，宁夏城乡发展一体化总水平实现程度为29.98%，比全国平均水平低27.07个百分点，与西部地区平均水平相当。

生态环境一体化实现程度远低于全国和西部地区平均水平，但首次超过2007年全国平均水平；其他3个一体化实现程度均低于全国平均水平，但高于西部地区平均水平，其中生活水平一体化实现程度最高，达到57.10%。

12个二级指标中，社会保障均衡发展和居住卫生条件两个指标实现程度相对较高，均高于全国和西部地区平均水平；产业协调、教育均衡发展和污染物排放3个指标实现程度低，均未达到2007年全国平均水平（见表35-1）。

2. 城乡发展一体化总水平实现程度继续提高，社会发展一体化实现程度下降

2015年，宁夏城乡发展一体化总水平实现程度比上年提高6.07个百分点。社会发展一体化实现程度比上年下降3.20个百分点，其他3个一体化实现程度均比上年不同程度提高，延续逐年提高的态势。12个二级指标中，教育均衡发展、社会保障均衡发展和收入消费水平3个指标实现程度下降，其他9个指标实现程度均不同程度提高（见表35-2）。

表35-1 宁夏城乡发展一体化实现程度

单位：%

项目	2010年	2011年	2012年	2013年	2014年	2015年	2015年全国	2015年西部
总指数	-7.99	-3.12	-4.11	14.39	23.91	29.98	57.05	30.32
经济发展一体化	9.20	1.22	5.07	9.47	16.31	23.02	51.56	16.25
经济发展	11.37	22.02	29.31	37.71	46.59	55.82	62.96	33.47
产业协调	4.93	-14.92	-11.71	-10.30	-5.17	-0.05	43.38	-1.61
要素配置	11.30	-3.44	-2.37	0.99	7.49	13.30	48.32	16.87
社会发展一体化	3.60	24.54	-12.14	26.52	35.12	31.92	49.10	31.88
教育均衡发展	-7.97	20.30	14.24	-13.62	18.80	-7.02	34.57	8.70
卫生均衡发展	-27.65	-0.52	-176.34	-10.39	-10.05	2.81	27.49	10.17
文化均衡发展	49.22	50.08	50.93	53.00	51.59	53.13	66.82	46.80
社会保障均衡发展	0.78	28.32	62.63	77.07	80.14	78.76	67.51	61.85
生活水平一体化	4.64	18.75	30.88	40.27	51.96	57.10	62.10	41.40
收入消费水平	-6.99	7.70	20.44	31.79	52.53	49.78	72.13	47.54
居住卫生条件	16.28	29.80	41.31	48.75	51.39	64.43	52.08	35.26
生态环境一体化	-49.39	-56.98	-40.26	-18.70	-7.76	7.88	65.45	31.74
水资源利用	-45.30	-36.75	-28.21	-16.24	-6.84	15.38	45.30	9.01
污染物排放	-132.50	-145.22	-112.37	-81.83	-60.69	-37.34	88.23	44.32
环境卫生治理	29.64	11.03	19.81	41.99	44.26	45.60	62.83	41.88

表35-2 宁夏城乡发展一体化实现程度进展（环比提高）

单位：百分点

项目	2011年	2012年	2013年	2014年	2015年	2010~2015年年均提高 宁夏	2010~2015年年均提高 全国	2010~2015年年均提高 西部
总指数	4.87	-0.99	18.50	9.52	6.07	7.59	6.77	7.09
经济发展一体化	-7.98	3.85	4.40	6.84	6.71	2.76	6.33	4.80
经济发展	10.65	7.29	8.40	8.88	9.23	8.89	7.81	8.46
产业协调	-19.85	3.21	1.41	5.13	5.12	-1.00	6.13	1.70
要素配置	-14.74	1.07	3.36	6.50	5.81	0.40	5.04	4.23
社会发展一体化	20.94	-36.68	38.66	8.60	-3.20	5.66	5.46	6.00
教育均衡发展	28.27	-6.06	-27.86	32.42	-25.82	0.19	3.24	2.25
卫生均衡发展	27.13	-175.82	165.95	0.34	12.86	6.09	5.21	6.60
文化均衡发展	0.86	0.85	2.07	-1.41	1.54	0.78	6.29	7.16
社会保障均衡发展	27.54	34.31	14.44	3.07	-1.38	15.60	7.10	7.97

续表

项目	2011年	2012年	2013年	2014年	2015年	2010~2015年年均提高		
						宁夏	全国	西部
生活水平一体化	14.11	12.13	9.39	11.69	5.14	10.49	7.79	8.12
收入消费水平	14.69	12.74	11.35	20.74	-2.75	11.35	10.14	10.56
居住卫生条件	13.52	11.51	7.44	2.64	13.04	9.63	5.44	5.69
生态环境一体化	-7.59	16.72	21.56	10.94	15.64	11.45	7.52	9.44
水资源利用	8.55	8.54	11.97	9.40	22.22	12.14	6.15	7.41
污染物排放	-12.72	32.85	30.54	21.14	23.35	19.03	8.16	15.34
环境卫生治理	-18.61	8.78	22.18	2.27	1.34	3.19	8.24	5.55

3. 城乡发展一体化总水平实现程度进展连续第二年大幅减缓，但生态环境一体化进展大幅提升

2015年，宁夏城乡发展一体化总水平实现程度进展比上年大幅下降3.45个百分点，连续第二年大幅减缓。

4个一体化中，生态环境一体化进展在上年较快提高的基础上大幅加快，进展速度居全国首位；其他3个一体化进展不同程度减缓，其中，社会发展一体化实现程度下降，生活水平一体化进展大幅减缓了6.55个百分点，经济发展一体化进展虽低于上年，但进展相对较快，进展速度居全国第2位（见表35-2）。

4. 2010~2015年城乡发展一体化整体进展快，总水平进展居全国第2位，经济发展一体化进展缓慢

2010~2015年，宁夏城乡发展一体化总水平实现程度年均提高7.59个百分点，高于全国和西部地区平均进展，进展速度仅次于贵州。

4个一体化中，生活水平一体化和生态环境一体化进程较快，进展速度分别位居全国第2和第3；社会发展一体化进展也相对较快；但经济发展一体化年均进展缓慢，远低于全国和西部地区平均进展，进展速度在西部地区仅快于贵州。

12个二级指标中，经济发展、社会保障均衡发展、收入消费水平、居住卫生条件、水资源利用和污染物排放6个指标进展较快，均快于全国和西部地区平均水平。产业协调、要素配置、教育均衡发展、文化均衡发展4个指标进展较慢，其中，产业协调实现程度较2010年略微下降（见表35-2）。

二 城乡发展一体化实现程度排序与变化

1. 2015 年：城乡发展一体化整体排序靠后，生活水平一体化排序相对居前

2015 年，宁夏城乡发展一体化总水平实现程度排序靠后的状况未发生改变，依然位居第 26。

生活水平一体化排序相对较高，位居全国第 12、西部地区首位；其他 3 个一体化排序靠后，其中，生态环境一体化居全国末位。

12 个二级指标中，社会保障均衡发展和居住卫生条件两个指标排序进入全国前 10 行列，且均居西部地区首位；但大多数指标排序靠后，其中污染物排放和教育均衡发展分别居全国末位和倒数第 3（见表 35 - 3）。

表 35 - 3　宁夏城乡发展一体化实现程度排序

项目	2010 年	2011 年	2012 年	2013 年	2014 年	2015 年
总指数	26	26	28	26	26	26
经济发展一体化	19	25	25	25	25	24
经济发展	16	15	17	17	16	16
产业协调	18	25	24	26	26	24
要素配置	19	23	24	24	24	24
社会发展一体化	25	25	30	25	25	26
教育均衡发展	25	24	21	27	24	28
卫生均衡发展	26	25	30	27	25	25
文化均衡发展	13	14	17	17	21	22
社会保障均衡发展	28	30	11	8	5	7
生活水平一体化	20	19	15	14	12	12
收入消费水平	24	24	24	23	22	23
居住卫生条件	17	12	11	11	12	10
生态环境一体化	29	30	30	30	30	30
水资源利用	25	25	25	25	23	20
污染物排放	29	30	30	30	30	30
环境卫生治理	10	25	23	15	15	20

2. 2010 ~ 2015 年变化：整体排序较为靠后的状况没有发生变化，生活水平一体化排序大幅提升，经济发展一体化排序大幅下降

2015 年与 2010 年相比，宁夏城乡发展一体化总水平排序未发生变化，依然位居第 26。

4 个一体化中，经济发展一体化排序大幅下降 5 位，而生活水平一体化排序呈逐年上升趋势，并大幅提升 8 位。

12 个二级指标中，产业协调、要素配置、文化均衡发展和环境卫生治理 4 个指标排序大幅下降，而社会保障均衡发展和居住卫生条件等指标排序大幅上升（见表 35-3）。

三 简要评价

虽然宁夏城乡发展一体化进展较快，但是由于起点较低，其实现程度依然较低。按照目前的进展速度，到 2020 年，宁夏生活水平一体化将可以如期实现目标，但城乡发展一体化总水平实现程度离实现目标依然还有约 1/3 的路程，城乡发展一体化任务极其艰巨。

1. 提高农业劳动生产率和农业发展水平，促进产业协调发展

宁夏农业劳动生产率较为低下，2015 年比全国平均水平低 23%，且提高速度极为缓慢，2015 年仅比 2010 年提高 5.6%，远低于全国平均增长；农业用水效率低下，远远低于全国平均水平；农业比较劳动生产率远低于非农产业比较劳动生产率，产业发展极不协调，城乡二元经济结构问题严重，不仅没有得到改善，反而有所恶化。

2. 改善城乡要素配置，提高城镇化土地利用效率

提高非农就业水平。宁夏非农就业水平较低，2015 年第一产业劳动力比重高达 40% 以上，尚未达到 2007 年全国平均水平。

提高城镇化土地利用效率。近年来，宁夏城镇化土地利用效率有所提高，但提高速度较为缓慢，低于全国平均增长，利用效率依然较低。2015 年，宁夏每平方公里城镇建设用地第二、第三产业产值为 3.13 亿元（2010 年价格），仅为全国平均水平的 54.2%，与实现目标还有较大差距。

3. 提高农村人力资源水平，缩小城乡差距

宁夏农村人口平均受教育年限较短，远低于全国平均水平；同时，人口素质城乡差距较大，且呈扩大趋势。

4. 提高农民收入水平，缩小城乡居民消费差距

2015 年，宁夏农村居民可支配收入为 7895 元，远低于全国平均水平，实现程度低。此外,宁夏城乡居民收入消费差距较大。

5. 大力减少环境污染排放

近年来,宁夏环境污染状况明显改善,但环境污染依然较为严重,亿元 GDP 化学需氧量排放量远高于全国平均水平,而亿元 GDP 二氧化硫排放量也远高于 2007 年全国平均水平,污染防治和环境保护任务仍然艰巨。

第三十六章
新疆城乡发展一体化

一 城乡发展一体化实现程度与进展

1. 城乡发展一体化整体水平较低，产业协调实现程度高

2015 年，新疆城乡发展一体化总水平实现程度仅为 38.47%，虽比西部地区平均水平高 8.15 个百分点，但比全国平均水平低 18.58 个百分点。

生态环境一体化实现程度最低，不仅远低于全国平均水平，也远低于西部地区平均水平。其他 3 个一体化实现程度均高于西部地区平均水平，但低于全国平均水平。

12 个二级指标中，产业协调、教育均衡发展、文化均衡发展和居住卫生条件 4 个指标实现程度均高于全国和西部地区平均水平；经济发展、要素配置、卫生均衡发展、社会保障均衡发展、污染物排放和环境卫生治理 6 个指标实现程度均低于全国和西部地区平均水平，其中卫生均衡发展实现程度未达到 2007 年全国平均水平（见表 36-1）。

2. 城乡发展一体化水平全面提升

2015 年，新疆城乡发展一体化总水平实现程度比上年提高 6.34 个百分点，延续了逐年提高的态势；4 个一体化实现程度也全面提升；12 个二级指标中，仅卫生均衡发展和水资源利用实现程度略微下降（见表 36-2）。

表36-1 新疆城乡发展一体化实现程度

单位：%

项目	2010年	2011年	2012年	2013年	2014年	2015年	2015年全国	2015年西部
总指数	5.95	10.17	13.25	26.30	32.13	38.47	57.05	30.32
经济发展一体化	13.03	12.80	15.56	22.41	29.70	35.60	51.56	16.25
经济发展	-8.20	-2.76	2.71	8.31	17.75	24.68	62.96	33.47
产业协调	70.42	61.69	58.53	66.33	67.66	69.80	43.38	-1.61
要素配置	-23.12	-20.52	-14.56	-7.41	3.68	12.32	48.32	16.87
社会发展一体化	1.72	16.27	9.77	39.34	37.01	43.22	49.10	31.88
教育均衡发展	26.46	-22.22	2.84	48.31	46.63	49.58	34.57	8.70
卫生均衡发展	-54.25	25.99	-38.75	19.03	-4.28	-8.10	27.49	10.17
文化均衡发展	17.82	29.01	32.89	48.22	60.21	79.26	66.82	46.80
社会保障均衡发展	16.85	32.28	42.09	41.81	45.50	52.14	67.51	61.85
生活水平一体化	29.08	24.23	29.58	38.78	49.48	54.19	62.10	41.40
收入消费水平	10.28	18.38	21.52	29.60	44.56	48.24	72.13	47.54
居住卫生条件	47.88	30.08	37.64	47.96	54.40	60.15	52.08	35.26
生态环境一体化	-20.04	-12.61	-1.91	4.68	12.33	20.86	65.45	31.74
水资源利用	-7.69	6.84	21.37	26.32	32.48	31.62	45.30	9.01
污染物排放	-57.08	-58.33	-42.18	-27.32	-14.50	5.55	88.23	44.32
环境卫生治理	4.66	13.65	15.09	14.86	19.01	25.40	62.83	41.88

表36-2 新疆城乡发展一体化实现程度进展（环比提高）

单位：百分点

项目	2011年	2012年	2013年	2014年	2015年	2010~2015年年均提高 新疆	全国	西部
总指数	4.22	3.08	13.05	5.83	6.34	6.50	6.77	7.09
经济发展一体化	-0.23	2.76	6.85	7.29	5.90	4.51	6.33	4.80
经济发展	5.44	5.47	5.60	9.44	6.93	6.58	7.81	8.46
产业协调	-8.73	-3.16	7.80	1.33	2.14	-0.12	6.13	1.70
要素配置	2.60	5.96	7.15	11.09	8.64	7.09	5.04	4.23
社会发展一体化	14.55	-6.50	29.57	-2.33	6.21	8.30	5.46	6.00
教育均衡发展	-48.68	25.06	45.47	-1.68	2.95	4.62	3.24	2.25
卫生均衡发展	80.24	-64.74	57.78	-23.31	-3.82	9.23	5.21	6.60
文化均衡发展	11.19	3.88	15.33	11.99	19.05	12.29	6.29	7.16
社会保障均衡发展	15.43	9.81	-0.28	3.69	6.64	7.06	7.10	7.97

续表

项目	2011年	2012年	2013年	2014年	2015年	2010~2015年年均提高		
						新疆	全国	西部
生活水平一体化	-4.85	5.35	9.20	10.70	4.71	5.02	7.79	8.12
收入消费水平	8.10	3.14	8.08	14.96	3.68	7.59	10.14	10.56
居住卫生条件	-17.80	7.56	10.32	6.44	5.75	2.45	5.44	5.69
生态环境一体化	7.43	10.70	6.59	7.65	8.53	8.18	7.52	9.44
水资源利用	14.53	14.53	5.13	5.98	-0.86	7.86	6.15	7.41
污染物排放	-1.25	16.15	14.86	12.82	20.05	12.53	8.16	15.34
环境卫生治理	8.99	1.44	-0.23	4.15	6.39	4.15	8.24	5.55

3. 城乡发展一体化进展有所加快

2015年，新疆城乡发展一体化总水平实现程度进展比上年提高0.51个百分点；社会发展一体化扭转了2014年实现程度下降的局面，生态环境一体化实现程度进展也有所加快；但经济发展一体化实现程度进展有所减缓，而生活水平一体化实现程度进展大幅下降。

12个二级指标中，文化均衡发展和污染物排放进展大幅加快，收入消费水平和水资源利用等指标实现程度进展则大幅减缓（见表36-2）。

4. 2010~2015年城乡发展一体化整体进展较为缓慢，社会发展一体化进展较快

2010~2015年，新疆城乡发展一体化总水平实现程度年均提高6.50个百分点，低于全国和西部地区平均进展，在西部地区仅快于陕西和青海。

社会发展一体化进展较快，快于全国和西部地区平均进展，进展速度仅低于贵州；经济发展一体化和生活水平一体化进展较慢，均低于全国和西部地区平均进展；生态环境一体化进展快于全国平均进展，但低于西部地区平均进展。

12个二级指标中，要素配置、卫生均衡发展、文化均衡发展和水资源利用4个指标进展较快，均高于全国和西部地区平均水平。其中，文化均衡发展进展速度列全国首位。经济发展、产业协调、社会保障均衡发展、收入消费水平、居住卫生条件和环境卫生治理进展较慢，均低于全国和西部地区平均水平，其中，产业协调实现程度由于起点较低，进展相对缓慢（见表36-2）。

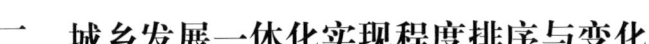

二 城乡发展一体化实现程度排序与变化

1. 2015 年:城乡发展一体化总水平位于全国下游,产业协调继续领先

2015 年,新疆城乡发展一体化总水平实现程度排序小幅下降 1 位,处于全国第 24 位、西部地区中游。

4 个一体化中,生活水平一体化和经济发展一体化排序相对较高,远高于总水平排序;生态环境一体化排序处于全国倒数第 3 位。

12 个二级指标中,产业协调和文化均衡发展两个指标排序进入前 10 行列,特别是产业协调排序位列全国第 2,上升 1 位;社会保障均衡发展、污染物排放、环境卫生治理和卫生均衡发展 4 个指标排在全国后 5 位,其中,社会保障均衡发展居全国末位(见表 36 – 3)。

表 36 – 3 新疆城乡发展一体化实现程度排序

项目	2010 年	2011 年	2012 年	2013 年	2014 年	2015 年
总指数	23	25	25	23	23	24
经济发展一体化	15	19	22	22	20	18
经济发展	22	23	24	24	24	24
产业协调	2	5	5	3	3	2
要素配置	27	27	27	26	25	25
社会发展一体化	27	26	26	24	24	23
教育均衡发展	20	26	23	15	15	14
卫生均衡发展	27	19	27	20	24	27
文化均衡发展	23	23	23	22	13	7
社会保障均衡发展	25	28	30	30	29	30
生活水平一体化	10	15	17	15	15	15
收入消费水平	21	23	23	24	24	24
居住卫生条件	10	11	12	12	11	13
生态环境一体化	27	25	26	27	28	28
水资源利用	19	18	17	17	17	19
污染物排放	28	28	28	29	29	29
环境卫生治理	24	22	27	26	26	28

2. 2010 ~ 2015 年变化:整体排序有所下降

2015 年与 2010 年相比,新疆城乡发展一体化总水平实现程度排序下降 1 位。

4个一体化中,受益于教育均衡发展和文化均衡发展排序大幅上升,社会发展一体化大幅上升4位,其他3个一体化排序均出现不同程度下降,其中,生活水平一体化排序大幅下降5位。

12个二级指标中,文化均衡发展排序大幅提高了16位,教育均衡发展排序提高了6位,而社会保障均衡发展和环境卫生治理排序分别下降了5位和4位(见表36-3)。

三 简要评价

新疆城乡发展一体化实现程度较低,2015年仅为38.47%;进展也较为缓慢。按目前进展,到2020年,新疆城乡发展一体化总水平实现程度仅能达到70%,离实现目标还有较大差距,因此,必须加快发展。

1. 加快经济发展,提高城镇化水平

2015年,新疆人均GDP为38394元(2010年不变价),比2010年增长54.3%,快于同期全国平均增长,但人均GDP水平依然较低,比全国平均水平低11.8%;同时,人口城镇化水平也远低于全国平均水平。经济发展和城镇化水平较低严重制约了新疆城乡发展一体化整体水平的提升。

2. 改善城乡要素配置,提高城镇化土地利用效率

目前,新疆非农就业水平较低,2015年第一产业劳动力比重高达43.9%,比全国平均水平高出12.1个百分点,也高于2007年全国平均水平。

相对于其他省份,资金特别是财政资金的城乡配置略显不合理。

近年来,新疆城镇化土地利用效率有所提高,但利用效率依然较低。2015年,新疆每平方公里城镇建设用地第二、第三产业产值仅为3.53亿元(2010年价格),不仅远低于2015年全国平均水平,与2007年全国平均水平尚有较大差距。

3. 缩小城乡基本医疗保障水平以及居民最低生活保障水平差距

近年来,新疆基本医疗保障水平城乡差距较大幅度缩小,但依然较高,远大于全国平均水平,城乡差距仅小于青海。此外,居民最低生活保障水平城乡差距也大于全国平均水平。

4. 提高农民收入水平,缩小城乡居民收入差距

2015年与2010年相比,新疆农村居民收入水平大幅提高73%,增长快于全国平均水平，但收入水平依然较低，2015年比全国平均水平约低20%；另外，城乡居民收入差距也大于全国平均水平。

5. 大力改善环境

2015年与2010年相比，新疆亿元 GDP 化学需氧量排放量和亿元 GDP 二氧化硫排放量有所减少，但减少幅度小于全国平均水平，排放水平依然较高，亿元 GDP 二氧化硫排放量甚至高于2007年全国平均水平，污染防治和环境保护任务仍然艰巨。

6. 加大农村环境卫生治理力度

近年来，新疆农村生活垃圾处理率有了较大幅度提高，但处理率依然很低，与全国平均水平仍有较大差距；生活污水处理率极低；城市生活垃圾无害化处理率也较低，与全国平均水平有一定差距。

图书在版编目(CIP)数据

中国城乡发展一体化指数.2017:以全面建成小康社会为目标/朱钢,张海鹏,陈方著.——北京:社会科学文献出版社,2017.9
　ISBN 978-7-5201-1177-5

Ⅰ.①中… Ⅱ.①朱… ②张… ③陈… Ⅲ.①城乡一体化-发展-指数-中国-2017 Ⅳ.①F299.2

中国版本图书馆CIP数据核字(2017)第196777号

中国城乡发展一体化指数(2017)
——以全面建成小康社会为目标

著　　者／朱　钢　张海鹏　陈　方

出 版 人／谢寿光
项目统筹／吴　敏
责任编辑／宋　静

出　　版／社会科学文献出版社·皮书出版分社(010)59367127
　　　　　地址:北京市北三环中路甲29号院华龙大厦　邮编:100029
　　　　　网址:www.ssap.com.cn
发　　行／市场营销中心(010)59367081　59367018
印　　装／三河市尚艺印装有限公司
规　　格／开　本:787mm×1092mm　1/16
　　　　　印　张:18　字　数:324千字
版　　次／2017年9月第1版　2017年9月第1次印刷
书　　号／ISBN 978-7-5201-1177-5
定　　价／98.00元

本书如有印装质量问题,请与读者服务中心(010-59367028)联系

版权所有 翻印必究